南方传媒研究
NANFANG MEDIA RESEARCH

南方报业传媒集团新闻研究所　主编

傅剑锋　去做与这个时代相衬的事
——《城市里的陌生人》采写手记

我和我所在的媒体，之所以去揭示这其中的危机，是希望社会应给这些中国城市与中国经济的奉献者们，以更多的机会公平，以更大的人生尊严。我是无力的，我们每个人都是无力的，但当无力者心之所向，汇流成共识与善念时，那就可能改变现实，催生善政。

086

姜英爽　榨出王功权衣服下的“小”

王功权的私奔事件多么具备普遍性和典型性，又有多少个中年男女梦想着这样一场私奔，可以在世俗的眼光里决然不顾。然而，终究是一地鸡毛收场。采访王功权，就是面对人性，面对自己衣服里藏着的那个“小”。

121

鞠　靖　新闻学者的危机

我听说过一个关于国内某一流新闻传播学院的笑话。他们投入千万巨资建设了一个演播大厅，结果一年只使用一两次，还是租借给校外单位使用。之所以这样，是因为如果要使用这个中心，必须要多位具有操作能力的教师同时在场操作，否则根本无法完成。

145

南方日报出版社
NANFANG DAILY PRESS

图书在版编目（CIP）数据

南方传媒研究·第三十一辑：公益报道/南方报业传媒集团新闻研究所主编.—广州：南方日报出版社，2011.8

ISBN 978-7-5491-0240-2

Ⅰ.①南… Ⅱ.①南… Ⅲ.①传播媒介-中国-文集 Ⅳ.①G219.2-53

中国版本图书馆CIP数据核字（2011）第164317号

南方传媒研究

第三十一辑：公益报道

南方报业传媒集团新闻研究所 主编

出版发行 南方日报出版社
地　　址 广州市广州大道中289号
电　　话 （020）83000502
经　　销 全国新华书店
印　　刷 广州市怡升印刷有限公司
开　　本 787mm×1092mm 1/16
印　　张 14.5 彩插 0.5
字　　数 270千字
版　　次 2011年8月第1版
印　　次 2011年8月第1次印刷
定　　价 28.00元

投稿热线：（020）83000503 读者热线：（020）83000502
网址：http://www.nanfangdaily.com.cn/press http://www.southcn.com/ebook
发现印装质量问题，影响阅读，请与承印厂联系调换。

目录 Contents

NO.31

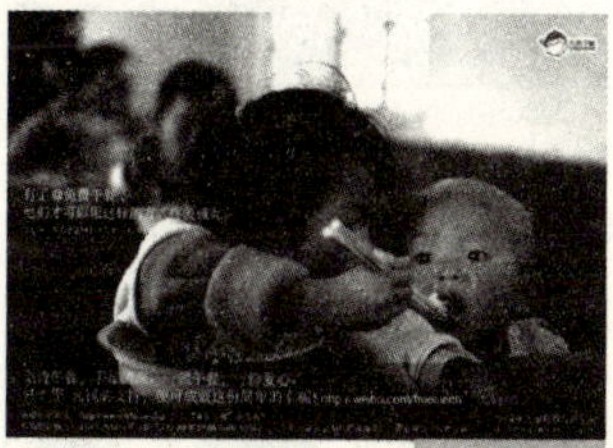

026

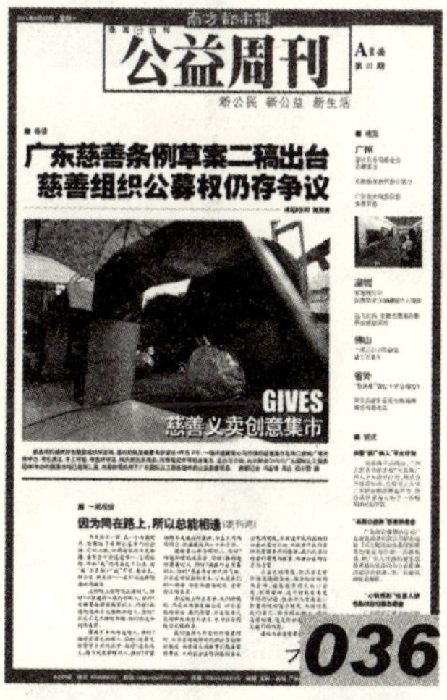

036

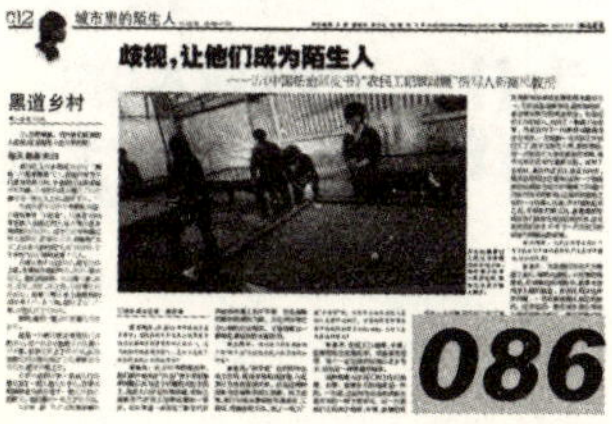

086

传媒动态006

特稿017

本期焦点「公益报道」023

记者讲述086

NEWS OF THE WORLD
The world's greatest newspaper
THANK YOU & GOODBYE
After 168 years
103

“我不后悔私奔
后悔‘微博私奔’”
121

为什么迈向真相的
步伐总是那么
179

编委会

地　址　广州市广州大道中289号
电　话　020-87373998-3364
传　真　020-87363753
邮政编码　510601
电子邮箱　nfcmyj@vip.163.com
nfcmyj@163.com
网　址　http://media.nfdaily.cn

“微博像风一样。谁能关得住风？”

7月26日，知名学者吴稼祥针对温州动车追尾事故发表微博称，“微博构成的信息栅栏，正在慢慢关押权力野兽”。

“德国老百姓要上网非常非常困难，要经过层层审批，而且费用很高，西方对意识形态管理、对新兴媒体，管理远远超过我们，所以应该说我们国家是非常文明、非常民主的，大家应该感到幸福。”

南方都市报7月11日报道，厦门副市长臧杰斌在一个文明上网的交流会上“爆料”。

“要跟上形势，主动和媒体交朋友，给媒体‘喂料’，‘皇粮’吃不饱，媒体就会找‘杂粮’，‘杂粮’也不给它，媒体就会挖你的绯闻。”

南方日报8月4日报道，广东省委副书记、纪委书记朱明国谈提升媒介素养：“有些领导干部开口就埋怨媒体，把事情的过错都推到媒体身上，我看主要原因还在他们自身。”

“使媒体噤声从来都不是解决问题的方法。只有培养独立和多元化的媒体，才能使人们形成自己的见解。”

8月9日，联合国教科文组织总干事伊琳娜·博科娃发表声明，称北约7月30日对利比亚国家电视台设施发动袭击是不可接受的，并对空袭造成3名媒体工作人员死亡，21人受伤表示痛惜。

“不要让鲜花掌声淹没群众意见，不要让成绩数字掩盖存在问题，不要让太平盛世麻痹忧患意识。”

6月30日，广东省委书记汪洋在广东庆祝中国共产党成立90周年大会上的讲话，告诫全省党员干部要清醒地看到问题、勇敢地面对问题、自觉地解决问题。

“为了打击或者遏制一些极个别媒体有意误导人民，对极个别的媒体记者，我们也将建立黑名单。”

6月14日，在由国务院食品安全办和卫生部共同主办的“科学认识食品添加剂”座谈会上，卫生部新闻宣传中心主任毛群安说，“目前正在打造一个健康的媒体报道平台”。

“你是人民的企业、国有的企业，是共和国“长子”，家里的穷人你们管过吗？那么多农民工，你们看在眼里了吗？”

中国经济周刊7月19日报道，全国政协副主席、民盟中央第一副主席张梅颖，称自己这话是在分配不公到了影响社会稳定的地步，还不启动分配制度改革的背景下说的。

“但当青年坚定不移地选择公务员这条道路时，有一系列问题：这是个有名望的职业吗？不是很有名望。付的薪水多吗？付的不多。这意味着，他们选择这条道路是因为这是快速致富的方法。”

俄罗斯媒体7月14日报道，俄总统德米特里·梅德韦杰夫认为，官员职业在俄罗斯青年中受欢迎说明腐败水平很高。

“（请记者离场）是我个人的意思，因为担心专家谈到负面的声音时，被媒体选择性地去报道，担心给东莞城市形象抹黑，希望你们能谅解。”

6月23日，东莞城市形象智囊团成员聘任仪式暨座谈会举行。清华新闻与传播学院教授范红请记者离开，范红被聘为首批东莞城市形象智囊团成员。

“买自己的东西能买得便宜点，这个要求高吗？”

青年参考7月1日报道，复旦大学教授韦森谈及“凭什么美国物价比中国贱”的问题，认为物价背后更深层次的问题是国家经济发展路径的选择。

王克勤

经济观察网 7 月 19 日刊发北京外国语大学教授展江文章，文中提及王克勤团队被迫解散。并称王克勤每月收入 2700 元。“不是工具理性，而是价值理性，支撑王克勤走到今天”。

曹宗文

8 月 5 日凌晨，新浪微博认证华商报记者 @ 王歪发布微博称，4 日送别动车事故遇难者郑杭征后，京华时报摄影记者曹宗文看到王惠抱着丈夫遗像坐车离开，顿时情绪失控，嚎啕大哭，被人架出温州殡仪馆，他坐在马路牙子上痛哭了半个小时，泣不成声。

邓文迪

7 月 20 日，在英国议会就《世界新闻报》窃听丑闻质询默多克父子时，一名男子突然从听众席窜起，手拿餐盘，跨过默多克旁边的人对其袭击，身后妻子邓文迪迅速跃起，第一时间给袭击者一巴掌，成功转移舆论。

托马斯和琼斯

6月18日，加拿大姑娘亚历山德拉·托马斯和澳大利亚男友斯科特·琼斯因“温哥华骚乱中的亲吻”的照片而被世界熟知。琼斯说，骚乱发生时两人急于离开现场，但女友被警察盾牌砸到并摔倒，当时她又痛又怕，琼斯便亲吻安慰她，让她平静下来。

陈扬

8月9日下午，广东知名媒体人陈扬在自己的微博上宣告“新闻生涯另起一行”——加入香港卫视。主持一档电视新闻杂志节目，不再用粤语播音。

陈斌

7月24日，动车追尾事故次日一早，温州市民陈斌驾驶动力伞来到现场上空航拍。几小时后，他拍的视频就在温州电视台、浙江卫视和中央电视台播出。航拍为什么？陈斌说：“让更多的人知道真相。”

刘允洲

京华时报报道，8月4日，因涉嫌帮助浙江横店圆明新园项目违规获得用地审批，受贿200余万元的中国国土资源报原总编辑刘允洲被以受贿罪公诉至北京市一中院。

倪萍

新民晚报7月22日报道，自从倪萍卷入“共和国脊梁”评奖风波后，网上出现批评和维护两种声音。21日下午，新华社发表《倪萍首度受访回应网传“花钱买奖”质疑》一文，在揭露“共和国脊梁”评奖黑幕同时，称倪萍听说评奖黑幕后心有余悸：“这次事件给了我一个巨大的警醒。”

任志强

新闻晚报7月13日报道，因《蜗居》走红的女星李念日前在微博撰文投诉她居住的北京某公寓质量和物业问题，地产大亨任志强在微博上回应，这处物业并不是李念的，“不知其以何关系入住”。有网友指责任志强曝光隐私过于八卦。

漫画

朱门深几许？

在国家一级文物宋代哥窑瓷器不慎被工作人员挤碎后，故宫又被传出近年发生了多起珍贵文物被损毁或被遗弃的事件，相关情况未按要求上报主管部门，包括“扔废弃木箱时扔掉了十多件佛像”、“一级品明代法器人为损坏”、“二级品佛像损坏”等。来源：NEWSCARTOON。

数字

5000万

印度成Facebook第二大用户市场

新华网8月8消息，根据市场研究公司尼尔森的调查数据显示，得益于廉价上网手机的普及，印度明年将会成为仅次于美国的全球第二大Facebook市场，用户数将超过5000万。

40万

五粮液巨额广告登陆纽约时报广场

北京晨报8月10日报道，五粮液的巨幅广告日前正式登陆纽约，在有着“世界十字路口”之称的时报广场亮相。据说，要在这块纽约最贵的广告看板之一亮相，每月花费高达40万美元。

22.3亿

加拿大在线广告收入超过平面媒体

新浪网8月3日消息，加拿大互动广告局发布报告称，2010年在线广告收入22.3亿加元，平面媒体广告收入21亿加元；电视广告34亿加元。在线广告收入已超过平面媒体广告收入。

38亿

114亿

3880万

23种

6亿元

数字

iPhone 中国市场 4 家专卖店吸金数

信息时报 8 月 10 日报道，最近一个季度，整个中国市场（包括港澳台）仅有的 4 家专卖店为苹果贡献了 38 亿美元的收入，同比增长约 6 倍。

第 2 季度互联网广告市场规模

根据易观智库 EnfoDesk 产业数据库发布的《2011 年第 2 季度中国网络广告市场季度监测》数据显示，2011 年第 2 季度中国互联网广告运营商市场规模为 114.2 亿，环比增长 27.1%，同比增长 90.1%

网民上半年受骗人数

中国互联网络信息中心（CNNIC）最新发布的《第 28 次中国互联网络发展状况统计报告》显示，2011 年上半年，遇到过病毒或木马攻击的网民达到 2.17 亿，比例为 44.7%；有过账号或密码被盗经历的网民达到 1.21 亿人，占 24.9%；此外，更有 3880 万网民在网上遇到过消费欺诈。

中国报纸期印数超过 100 万

据新华社报道，从 7 月 20 日在重庆召开的全国新闻出版局长座谈会获悉，2010 年我国出版期刊 9884 种，总印数 32.2 亿册，增长 2.0%。出版报纸 1939 种，总印数 452.1 亿份，增长 3.0%，有 23 种报纸的平均期印数超过 100 万份。

淘宝网分销平台单月交易额

8 月 3 日，淘宝网发布的数据显示，淘宝分销平台上线两周年以来，分销商数量超过 130 万家，单月平均销售额达到 6 亿元。

“站着写新闻，你们值得尊敬”

7月27日，上海《青年报》头版称：今天，本报编辑部怀着谦卑的心，让出头版，转载杭州《都市快报》昨日刊发的一篇报道，向这张报纸致敬；并以此告诉伊伊：你，是我们共同的孩子。网友称，“这是中国新闻史上的奇迹”。

今日上海
多云北部有雨 29-37℃
南到东南风 4-5 级
2011年7月27日
星期三
辛卯年六月廿七
今日40版
新闻热线:61933111
手机爆料:15800581234
QQ:271648648
MSN:qnbyrb@hotmail.com
www.why.com.cn

青年报
YOUTH DAILY

又现“玻璃雨”
业内人士爆料：
便宜玻璃埋隐患
见A08

昨本市多区域飞雹
见A02

今天，本报编辑部怀着谦卑的心，让出头版，转载杭州《都市快报》昨日刊发的一篇报道，向这张报纸致敬；并以此告诉伊伊（虽然若干年后，她才会真正懂得当下发生的一切）：你，是我们共同的孩子！

伊伊 差点被放弃的奇迹

这是一个被放弃之后发生的奇迹。

下转 A03

版署：不允许建立所谓的记者“黑名单”

新华网北京6月27日电，针对国际记者联会指责我国政府某些部门拟建立记者“黑名单”一事，新闻出版总署有关负责人重申：任何组织或者个人不得干扰、阻挠新闻媒体及其新闻记者合法的采访活动，政府从来不允许新闻当事部门、机构建立所谓的记者“黑名单”。

《都市快报》的启事

8月2日，浙江《都市快报》刊登启事:《南方周末》7月28日报道《不可能的事故》对本报7月29日报道《永嘉到温州间的18公里铁路线上到底发生了什么》一文提供了重要的参考和借鉴，在此特向《南方周末》致谢，并对未在文中明示《南方周末》对报道所作出的贡献表达歉意。

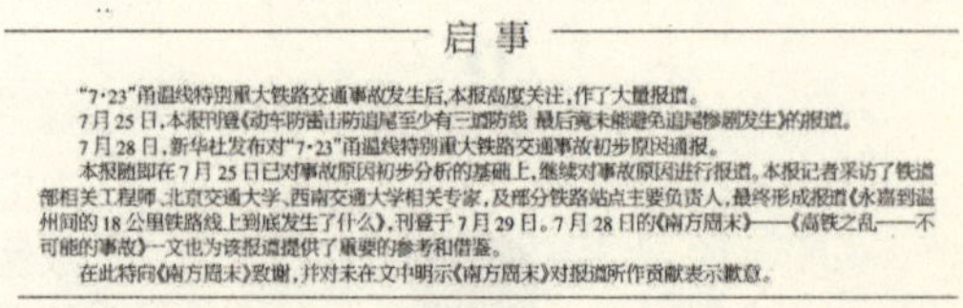
启事

“7·23”甬温线特别重大铁路交通事故发生后，本报高度关注，作了大量报道。

7月25日，本报刊登《动车防撞击防追尾至少有三道防线 最后竟未能避免追尾惨剧发生》的报道。

7月28日，新华社发布对“7·23”甬温线特别重大铁路交通事故初步原因通报。

本报随即在7月25日已对事故原因初步分析的基础上，继续对事故原因进行报道。本报记者采访了铁道部相关工程师、北京交通大学、西南交通大学相关专家，及部分铁路站点主要负责人，最终形成报道《永嘉到温州间的18公里铁路线上到底发生了什么》，刊登于7月29日。7月28日的《南方周末》——《高铁之乱——不可能的事故》一文也为该报道提供了重要的参考和借鉴。

在此特向《南方周末》致谢，并对未在文中明示《南方周末》对报道所作贡献表示歉意。

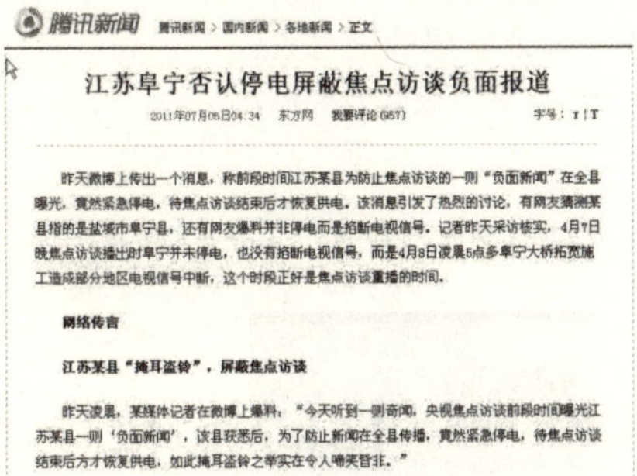
腾讯新闻 腾讯新闻 > 国内新闻 > 各地新闻 > 正文

江苏阜宁否认停电屏蔽焦点访谈负面报道

2011年07月06日04:34 东方网 我要评论(957) 字号：T|T

昨天微博上传出一个消息，称前段时间江苏某县为防止焦点访谈的一则“负面新闻”在全县曝光，竟然紧急停电，待焦点访谈结束后才恢复供电。该消息引发了热烈的讨论，有网友猜测某县指的是盐城市阜宁县，还有网友爆料并非停电而是掐断电视信号。记者昨天采访核实，4月7日晚焦点访谈播出时阜宁并未停电，也没有掐断电视信号，而是4月8日凌晨5点多阜宁大桥拓宽施工造成部分地区电视信号中断，这个时段正好是焦点访谈重播的时间。

网络传言

江苏某县“掩耳盗铃”，屏蔽焦点访谈

昨天凌晨，某媒体记者在微博上爆料：“今天听到一则奇闻，央视焦点访谈前段时间曝光江苏某县一则‘负面新闻’，该县获悉后，为了防止新闻在全县传播，竟然紧急停电，待焦点访谈结束后方才恢复供电，如此掩耳盗铃之举实在令人啼笑皆非。”

英国销量最高周末小报《世界新闻报》谢幕

7月10日，因窃听私人电话信息的丑闻，英国销量最高的周末小报《世界新闻报》的最后一期出版。该报168年的历史到此画上了一个句号。最后一期报纸的头版大字写着：谢谢，再见。8月8日，传出美国调查默多克旗下报纸使用无人机采集新闻是否违反相关规定的新闻。

江苏阜宁否认停电屏蔽焦点访谈负面报道

现代快报报道，7月5日微博一消息称江苏阜宁为防止一则“负面新闻”在《焦点访谈》全县曝光，紧急停电。记者采访核实，4月7日晚《焦点访谈》播出时并未停电，而是4月8日凌晨因施工造成部分地区电视信号中断，这个时段正好是《焦点访谈》重播的时间。

新浪就微博受病毒攻击事件致歉

华尔街日报6月30日报道，新浪因其微博服务受到病毒攻击向用户致歉，这似乎是广受欢迎的新浪微博首次受到此类攻击。据媒体报道估计，中毒账户在3万至3.2万个。

利比亚国家电视台遭北约轰炸18人死伤

综合外国媒体报道，北约空军当地时间7月30日袭击了利比亚国家电视台总部，造成3人死亡和15人受伤。利比亚国家电视台英语频道负责人哈立德·巴泽尔雅30日举行新闻发布会，表示北约在黎明前对该电视台发动了空袭，3个卫星信号发射装置因此被毁。他指责北约空袭不仅违反了联合国安理会有关决议，而且是“国际恐怖主义”行为。

沈阳一局长因家人卖问题粽子遭曝光率队闹报社

新华网报道，6月8日，总部位于沈阳市沈河区的某晚报刊发题为《团购粽子送人，打开一看长着白毛》新闻。见报第二天沈阳市沈河区工商局局长杨晓松带领两面包车人赶到报社大闹。几名报社员工私下透露，事情发生后，杨晓松动用多方力量封锁消息。

央视记者采访大连福佳大化遭围殴　打人者有11人被控

新京报8月10日报道，8日下午，数十名包括央视在内的媒体记者进入大连福佳大化采访溃堤事件，出示证件后受到企业员工监视、围攻和阻拦，多名记者与他们发生撕扯和冲突。来自大连开发区公安局的消息说，目前已有11人被警方控制。

被监督对象设局欲陷害记者

人民网6月23日电，南方都市报日前发表报道《东莞塘厦官员廉价占地大建别墅》。23日，南都一记者在微博上透露：当地有关部门为消除影响，准备送钱物给记者，再揭发记者受贿。这位记者透露，钱物上交，收条及现场录音也已由报社保存。

财新记者邮箱被入侵

财新网7月23日消息，7月21日深夜，财新记者赵何娟发现所用GMAIL邮箱被入侵。经财新技术人员初步勘察，入侵者IP地址来自湖南邵阳；财新传媒已就此事向北京警方报案。赵何娟参加了《邵氏"弃儿"》发表后的后续报道。

引诱记者入厂抢手机夺器材

南方都市报报道，8月3日上午11点45分左右，顺德伦教永丰工业区内顺德鑫还宝资源利用有限公司发生火灾。南都记者、广州日报记者共3人在厂区外采访时，分别被该厂工作人员诱骗至厂区，随后遭辱骂、恐吓，并被抢夺手机、摄影器材。

The Atlantic wire
what matters now
LATEST STORIES
POLITICS
BUSINESS
ENTERTAINMENT
TECHNOLOGY
NATIONAL
GLOBAL
OPEN WIRE
ALL TOPICS
SEARCH

OPEN WIRE
tell us anything

Welcome to the Open Wire: your place to share and discuss story tips, breaking news, photos and videos we need to see, and your sharp opinions on the news or anything else that matters to you now.

This week we're conducting a little experiment of editing the site on the site. As with many web news operations, The Atlantic Wire is mostly edited via terse messages in a group chat room. Editors and writers spend the day logged onto Campfire pitching story ideas, exchanging links and keeping everyone up to date on the news of the day. So we had a thought: why not move that out into the open and let anyone who wants to take part?

极端透明度：美国报纸公开编辑会议

7月，来自美国康涅狄格州Litchfield郡的日报《The Register Citizen》邀请读者参加到新闻编辑室的内部工作中来，参与每周一到周五早上10点举行的在线编辑会议。这是目前美国正在发生的新闻透明性趋势的一部分。不久前，美国《大西洋月刊》（Atlantic）向读者公开其新闻编辑室。

曲别针U盘

U盘的创新设计也是越来越有花样，日本的nendo事务所专门为elecom公司打造的这款曲别针U盘。这款U盘具有两个功能，其一存储，大小为4G；其二就是曲别针功能。平时可以夹些资料，名片等，又或是U盘中打印出来的内容。一切都随你。

弯曲的数码工作台

弯曲的数码工作台，融合了电脑及多点触摸的科技，由Malte Weiss, Simon Voelker, Jan Borchers, Christine Sutter等设计，非常适合传媒人士使用，特别是编辑。

21 世纪经济报道改版

自 8 月 2 日起，21 世纪经济报道持续改版，志在成为中国的“根目录”、变化的“立体派”、不息的“价值流”。

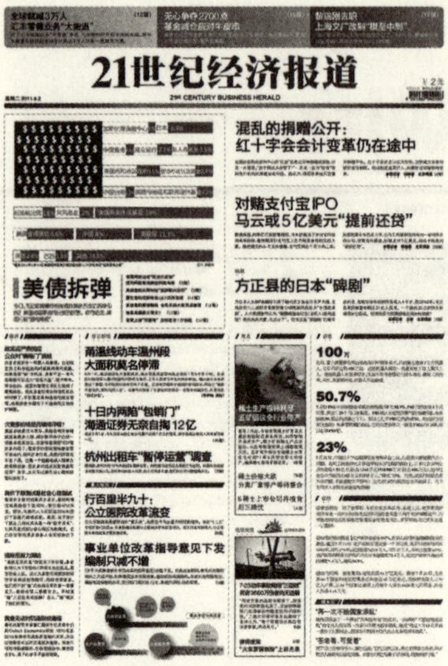
21世纪经济报道
21ST CENTURY BUSINESS HERALD
¥2元
混乱的捐赠公开：红十字会会计变革仍在途中
对赌支付宝IPO 马云或5亿美元“提前还贷”
方正县的日本“碑剧”
美债拆弹
甬温线动车温州段大面积莫名停滞
十日内两陷“包销门” 海通证券无奈自掏12亿
杭州出租车“暂停运营”调查
行百里半九十：公立医院改革流变
事业单位改革指导意见下发 编制只减不增
100万
50.7%
23%

《Across 穿越》创刊

6 月 16 日，《Across 穿越》创刊。该刊是《南方人物周刊》出品的高端人文旅行月刊，全国发行。

大粤网上线

8 月 8 日，由南方报业传媒集团与腾讯公司联手打造的广东城市生活门户网站腾讯·大粤网（gd.qq.com）正式上线。

科学发展立报，改革开放立报，解放思想立报

□南方日报编辑部

编者按

8月9日，《南方日报》启动全新改版。自2002年8月6日第一次改版算起，《南方日报》这已经是第8次改版。发展不止，改革不息。本刊特全文刊发《南方日报》当日社论，以飨读者。

一

今天，是《南方日报》第八次改版的第一天。今天，将再次铭刻在中国新闻史册中。

从2002年8月6日第一次改版迄今，《南方日报》以持续的改革不断书写中国报业尤其是党报发展史的奇迹。这是《南方日报》不坠青云之志、锐意改革的结晶，是南方报人怀抱拳拳报国之心、托起民族传媒之梦的硕果。

改版，是因应社会主义市场经济发展的时代诉求。当下之世界，变化既快，发展亦快。躺在过去改版成功的功劳簿上，或可安逸一时，却难免一步落下，步步落下。要想始终立于不败之地，始终引领时代风潮，只能依靠解放思想，以改革之气魄，开放之胸襟，进取之姿态，谋求科学发展之格局。从单一大报到全媒体军团，从一枝独秀到群雄并起，南方报业突破了一个又一个报业发展的难点，方有当今之成绩斐然。《南方日报》生于广东，长于广东，既见证了“新的中国、新的广东”诞生的激动，也见证了改革开放春雷乍响的激越，更见证了“新的世界、新的南方”之激情

豪迈。近30余年来，在历届广东省委的领导下，《南方日报》始终不敢忘记省委机关报的责任，始终与全省人民站在一起，助推广东改革事业的发展和进步。

高度决定影响力。广东，是改革的省份，《南方日报》，是改革的报纸。这就是高度。我们讲高度，不是高高在上，不是好高骛远，而是要站在时代的前沿，看清时代的方向，把握住社会与自身发展的脉络。新时期办报，将不断面临新技术与新媒体的挑战。挑战不可怕，可怕的是缩手缩脚，顾此失彼，守成而不进取。与以往改版一脉相承，第八次改版又是一次质量的革命。我们将在版面适度调整的基础上实现办报质量的全新突破，让报纸全面升级。世界在变，社会在变，读者也在变，因循守旧没有出路，我们必须通过改革让读者知晓更多的信息，保障他们的知情权、参与权、表达权和监督权，让他们能够借助传媒的平台与执政体系有机互动，携手推动社会进步。

这就是南方报人的新闻理想，也是南方报人自始至终的选择。一张报纸要想长久地生存、发展和壮大，必然要有自己的报魂。无报魂者，难成百年大报；失报魂者，百年大报亦将毁于一旦。《南方日报》立志成为百年大报，我们将不断地张扬社会理想，鞭挞恶，弘扬善，秉持正义，守护良知，为民立言，

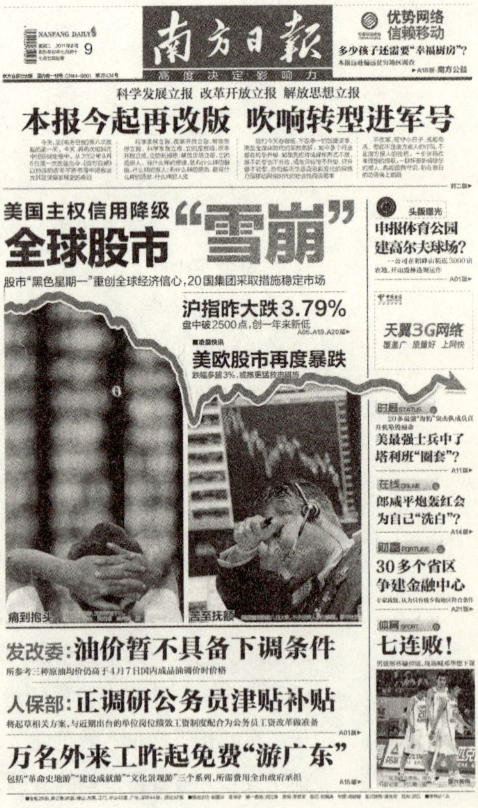

NANFANG DAILY
9
南方日報
高度决定影响力
优势网络
信赖移动
多少孩子还需要"幸福厨房"?
南方公益
科学发展立报 改革开放立报 解放思想立报
本报今起再改版 吹响转型进军号
美国主权信用降级
全球股市"雪崩"
股市"黑色星期一"重创全球经济信心，20国集团采取措施稳定市场
沪指昨大跌3.79%
盘中破2500点，创一年来新低
A05.A19.A20版
美欧股市再度暴跌
头版曝光
申报体育公园
建高尔夫球场?
A01版
天翼3G网络
覆盖广 质量好 上网快
时局 STATUS
美最强士兵中了
塔利班"圈套"?
A11版
在线 ONLINE
郎咸平炮轰红会
为自己"洗白"?
A14版
财富 FORTUNE
30多个省区
争建金融中心
A21版
体育 SPORT
七连败!
痛到抱头
苦至抚额
发改委：油价暂不具备下调条件
所参考三种原油均价仍高于4月7日国内成品油调价时价格
人保部：正调研公务员津贴补贴
将起草相关方案，与近期出台的单位岗位绩效工资制度配合为公务员工资改革做准备
A01版
万名外来工昨起免费"游广东"
包括"革命史地游""建设成就游""文化景观游"三个系列，所需费用全由政府承担
A15版

为这片土地上的一切进步鼓掌，成为中国当代社会发展与变革的建设者、建言者。《南方日报》的报魂，简言之，即科学发展立报、改革开放立报、解放思想立报。

报纸只有挺立，理想方能成就。

二

科学发展立报，立的是报魂；改革开放立报，立的是报格；解放思想立报，立的是报人。

有什么样的报魂，就有什么样的报格，什么样的报人；有什么样的抱负，就有什么样的贡献，什么样的人生。

我们今天办报纸，不是单一的版面变革，而是全媒体时代的革故鼎新。如今各个行业都在转型升级，如果死抱传统媒体形式不放，既不转型也不升级，或者只转型不升级，只升级不转型，恐怕都无法适应急剧变化的网络乃至移动网络时代的社会性阅读需求。今天，我们的改革是一次全新的转型，《南方日报》的全媒体舰队宣告启航！茫茫的信息大海上，即便前方有再多的冰川，我们也要穿越，即便前方有再大的漩涡，我们也要冲过。漫江碧透，百舸争流。只有敢于创新者、敢于突破者，才能称为引航者！

《南方日报》是党报改革的尖兵。当尖兵不容易，改革的路上从来都布满雷区，那么多的改革者折戟沉沙，足以说明改革之难，难于上青天。然而，再难，亦要前行。不改革，死守小日子，或能苟活。但那不是南方报人的作风，不是南方报人的性格。南方报人，是广东这片改革沃土的呐喊者，为别人呐喊，自己却不行动，这样的呐喊必然是空喊。一份张扬改革理想的报纸，一群怀抱新闻理想的报人，焉能因循守旧、躺在昔日的功劳簿上酣睡？

好在历史是公正的。从第一次改版以来，虽有过些许波折，但改革的价值不在于曲折，而在于经曲折而前进，经前进而越来越靠近传媒理想的彼岸。《南方日报》之所以成为党报改革的旗帜，之所以赢得读者的厚爱，全在于我们履行自身社会责任，深入把握社会需求和市场需求，以开放促改革，以改革促开放。《南方日报》八年七次改版，先后推出黄金瘦报、双封面等新形态，正是以开放的思维向世界报业变革新潮流学习与借鉴的结晶；《南方日报》的改革不仅仅是务实，更是张眼望世界，以全球视野办报，与全球报业竞争。正是在这样的追求高度上，《南方日报》用改革求发展，靠改革赢人心，以改革闯天下。真正的改革又是科学化的改革，不是脱离国情的盲动，不是罔顾现实的冲动，更不是力不从心的躁动。回溯既往，《南方日报》走过的是一条改革的路，又是一条科学发展的路。

每个时代都需要有梦想的人。一个能够叫响世界的中华民族传媒，是几代南方报人乃至中国报人的梦想。要想实现梦想，首要的便是解放思想。正因为南方报业拥有一群敢于解放思想、善于解放思想的出色报人，南方报业才能够在纷繁复杂的竞争格局中屹立不倒，日渐成长为具有一定世界影响力的主流传媒。

既要心中充满阳光，又要脚踏实地，坚定前行。

三

所有这些，都是为了肩负民族复兴使命，诠释广东改革风采，激励国人正视自我，奋发而为。

广东正在转型，中国正在成长。毫无疑问，我们正身处急剧变革的年代，奔波于日新月异的热土。然而，这个国家毕竟还在成长，毕竟还在转型，这个国家毕竟还不那么尽善尽美，毕竟还存在这样或那样的问题。因此，该表扬则表扬，该批评则批评，该痛斥则痛斥，不为恶俗而污浊灵魂，不为庸俗而自鸣得意，不为世俗而放弃高贵——如是，我们才能真正擎起中华民族报

NANFANG DAILY 12

南方日報

高度决定影响力

胡锦涛在深会见大运会贵宾

指出大运会将促进奥林匹克运动在中国传播，为世界各国各地区大学生开展交流提供重要平台

世界之门今晚打开

刘翔点燃主火炬？王宇当中国旗手！

○王宇为珠海输送到清华大学运动员

○开幕式今晚8时举行，央视直播

A01.A12.A13版

齐欢庆

倒计时

传火炬

广东

义务教育退费？纯属诈骗！

A07版

首个华裔美驻华大使今到任

三问骆家辉

A06版

"拜客·广州"发起人：

自行车道不会给广州"填堵"

A10版

时局

广东上半年竞争选拔委任制处级以下干部3467名

各市直机关干部逾半竞争性选拔

A04版

辽宁鞍山发现皮肤炭疽疫情

截至昨日已接到21例报告

A05版

财富

人民币对美元升入6.3时代

首破6.4，未来汇率政策或扮演更重要角色

A16版

百亿社保基金入市拉升A股

不同于欧美股市大跌走出独立行情

A15版

列车运行图大调整

分两阶段实施，第一阶段16日起在京津、广珠城际推行，京沪高铁减少22对列车，第二阶段28日推行至所有高铁

居民楼上高铁飞架

合蚌高铁高架桥从合肥一小区居民楼顶经过，部分居民楼将拆除，但扰民伤财之举惹来网友质疑

A03版

绿色周刊

中药厂药渣"变身"生物肥料

广东一厂家试水全新处理方式

A18版

家庭周刊

人身保护令能否防住家庭暴力？

A21版

业的旗帜。

“《南方日报》是主持公道的”，这是群众数年前的一句肯定。时光荏苒。这个世界发生了许多改变，唯独这句“公道”始终牢记在南方报人的心中，须臾不敢忘，须臾不曾变。在历届省委的大力支持下，《南方日报》始终坚持正确导向和秉持新闻良知，努力为广东创造一个风清气正的执政环境，既大行舆论监督之风，又发动社会各界为广东发展建言献策，推动执政层与民间良性互动。无论是《南方日报》还是南方报业的其他媒体，皆以各种方式为广东的改革事业鼓与呼，包括通过报网互动、网络问政、微博问政等新兴传播平台助力新一代改革家的改革探索。

批评是为了让理性更快地生长。社会要想生机勃勃，靠的是在正面激励的同时，不断地发现问题、解决问题，让非理性减弱，让理性增长。一个充满理性的社会才是一个富有建设性的社会。中国正处于转型期，各种社会问题都有所凸显，这为传媒造就了诸多“新闻富矿”。“新闻富矿”的存在，使得中国主流传媒具备了赶超世界主流传媒的“矿产条件”。转型期必然要有转型期的作为，南方报业的作为就是要当一个好的“新闻矿业实战家”，将激励性、批评性、理性、建设性和民族传媒壮大的产业梦想有机结合。

政经大报，新闻管家。信息化社会浪潮滚滚，自媒体技术突飞猛进，信息海洋需要有一个整合，也需要有一个优秀舵手。通过全媒体平台满足主流读者越来越丰富的新闻需求，当好读者的新闻管家，是我们的智慧体现，也是我们的专业诉求。我们始终充满改革的激情：让新闻理想与产业抱负比翼齐飞。没有新闻理想，就没有好的新闻作品，必然失去读者，而失去了读者，产业抱负不过是一场空念；没有产业抱负，新闻理想便没有根基，经不起风吹草动，一不小心便会沦为时代的过客，所谓理想不过是一场空想。

当你们看得见我们的时候，我们是那一条条消息、一篇篇评论、一张张图片；当你们看不见我们的时候，我们在现场。但在全媒体时代，我们既是我们，又是你们。每一个人都是记录者，都是发现者，都可能在场。记录生活，发现属于自己的价值，共同创造属于社会的价值。一个有价值的社会，方可言幸福；一个幸福的社会，不正是我们孜孜以求的理想吗？

和读者一起发现社会，一起见证社会的崛起，一起创造价值，一起为幸福而呐喊。民族复兴，不只是国家经济总量的强大，更要看每一个人是否幸福，而每一个人的幸福正是这个社会需要努力的方向。我们，只是这努力之中的一份子。

国家真正强大了，传媒才可能真正强大。一切的拼搏，一切的奋斗，皆是为国家繁荣而发力，为国家强盛而奔波，为中华民族的伟大复兴而略略地施加一点影响。影响世界，影响中国，影响广东。

通往世界主流传媒之路，我们正在行走。

本期焦点「公益报道」

本期焦点「公益报道」

编者按

慈善是财富的“第三次分配”，公益是促进社会和谐的润滑剂。由郭美美引发的中国红十字会信任危机，恰恰证明了以前中国公益报道的无力与落后，而越来越多报刊、网站纷纷开办公益周刊、公益频道，也正说明了公益报道在社会转型过程中所扮演的不可忽视的重要作用。公益报道，俨然将成为媒体竞逐的热点领域。媒体真的准备好了吗？本期特邀请传媒人、NGO、学者和国外观察者共同探讨关于公益报道的未来与当下困惑。

插图 邝飚

微博做大“免费午餐”

□邓飞

邓飞

如果没有微博，这场始于 2011 年 3 月底的“免费午餐”行动一定不会如此顺利。

一

“免费午餐”缘起我们帮助一个女支教老师的学校，但始料不及的是，微博帮助我们把事情搞大，最后变成一个在中国中西部多省渐次展开，旨在帮助中国贫困山区小学建立食堂，为小学生提供“免费午餐”的浩大工程。

2 月 26 日，在游弋南海的一艘邮轮上，我以“天涯社区 2010 年度记者”的身份参加天涯社区的年会。我的邻座、一个叫小玉的支教女老师告诉我，她的学生都没有午餐，她端着饭盒，却无法面对他们热望的眼神，而不得不快步走进自己宿舍吃饭。

在座的鄢烈山老师感觉震惊，说 30 年前他没有午餐，怎么现在还是如此。我们决定去她的学校，给小学生建一个食堂，然后捐款支持午餐。小玉说，贵州几乎所有小学都没有午餐，这更令大家震惊。次日，我在微博记下此事，呼吁实现乡村贫困儿童的“免费午餐”。

3 月 1 日，《新世纪》发表《营养的贫困》一文，展现西北乡村儿童严重营养不良，总编辑胡舒立在微博上称，政府每年拨款 100 亿元，意在解决贫困地区学儿童就餐问题，为什么现实不能尽如人意?

胡舒立说，现实很复杂，我们需要关心、需要思考，然后需要行动。

二

我在微博上再次发出中国“免费午餐”的呼吁，印度政府为解决小学生吃饭问题，10 年前推出免费校园午餐制度，已让 1.2 亿小学生午餐吃饱，且增加教育普及率。日本在战后困难时期推广午餐配给制度，美国也有此类由政府补贴午餐免费制度惠及 3000 万学生，但中国目前还无该项计划。

收到小玉老师的详细材料后，3 月 24 日，我发出一条微博：3 月 25 日去贵州一悬崖下的乡村小区，学生无午餐，每天中午喝凉水充饥。我们尝试在该校建一个食堂，推动中国贫困山区的“免费午餐”计划。

很快得到《都市快报》、《黔中早报》等媒体朋友的响应。但在贵州多地，我们一群记者发现了小学都没有食堂，令人酸楚。而黔西县花溪乡沙坝小学校长也是因为微博，联系上了我们。

我同样使用微博来实现对项目的控制。目前，大多数接受”免费午餐”的学校都开通了微博，将资金的使用情况在网上公开。这些信息最后将公开在”免费午餐”的官网——有无一个鸡蛋，有无一碗饭和菜。

离开贵州，我去了深圳，

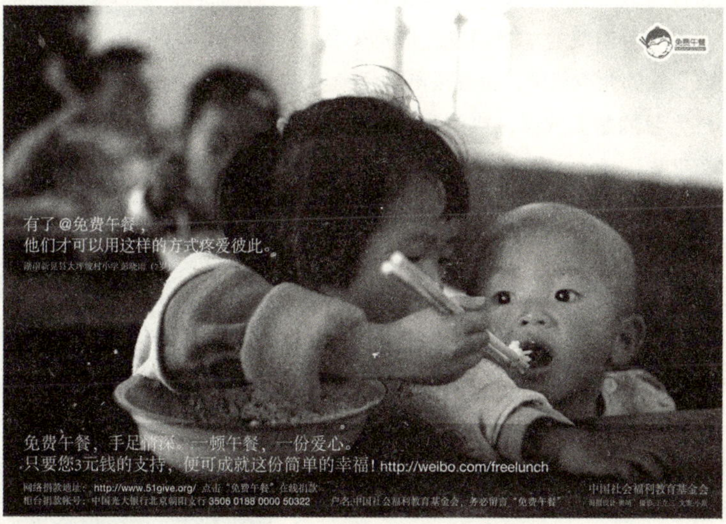

找一个朋友筹集2万元启动资金。在深圳，我和一个叫深圳小斯的微博网友见面。后来，这名招商局集团的职员成为我最重要的伙伴之一。她协助我建立了“免费午餐”品牌管理组，负责和企业、媒体之间的联络和信息传递。事实证明，她的品牌组制作的宣传海报一面世，就赢得巨大反响，捐款者众。

通过微博，我组建了自己的团队，一共7人，其中只有一人是基金会专职人员，其他6人都是志愿者。我们分散在这个国家各地，但因为共同目标而凝聚，并展现令人惊讶的力量。

3月29日，我发出微博，称贵州黔西县花溪乡沙坝小学在4月2日做饭，给百余学生提供一碗米饭、一碗菜汤和一鸡蛋。我们将到现场测试、优化“免费午餐”供应模式，供西南他省各自复制。

《华西都市报》、《云南信息报》、《三湘都市报》、《湖湘地理》和浙江卫视等媒体派出记者跟随采访。著名演员孔维也通过微博联系我们，要求一起去看小朋友。另一个叫胡益华的网友，他是一名处事周密的北京律师，也要来参加活动。他成为我的重要伙伴，帮助我处理任何法律事务。

广州的微博网友刘嵘是一个企业家，约见我，指导我用做企业的手法做“免费午餐”模型，简约、易控制和便于复制。我们决定将“免费午餐”标准化，一碗米饭、一个菜再加一个鸡蛋。

4月2日，我们在沙坝小学举行了开餐仪式，并在微博上展现了小朋友快乐用餐的笑脸，引发了微博网友强大共鸣。

三

我们需要解决筹款的问题，只有得到源源不断的捐款，我们才能推动“免费午餐”进行。晚上 10 点，在沙坝小学操场上，我给北京的微博网友去了一个电话，他们很快帮助我在中国社会福利教育基金会“多背一公斤”基金设立一个专项账号，帮助我们取得公募资格。

随即，我在新浪微博上发出一条“免费午餐公募”信息，呼吁网友捐款帮助，反响巨大，捐款在 3 天里就冲破 5 万元。

河南《大河报》记者朱长振在微博上看见我们的行动，提出他将回到伏牛山下家乡也执行一个学校的“免费午餐”。

4 月 12 日，一个旅德的网友梁靖看见我们的行动，设计了一个娃娃捧碗开心吃饭的 LOGO 送给我，鼓励我坚持前行。该 LOGO 成为“免费午餐”最为醒目的标准符号。后来，他接连帮助我们设计了 11 张海报，令无数人潸然泪下，被称为“免费午餐”的秘密武器。

4 月 17 日，河南鲁山，我用微博直播在河南两个小学展开“免费午餐”。而刘崃在微博上称，他愿意支持我们的“免费午餐”，谁转这条微博，他就向我捐款 9 元。微博再度燃烧，数以万计的网友转发、评论，最后转发 10 万多条，刘捐款 90 万元。

微博令“免费午餐”传播宽广、深远，并形成一个巨大磁场，激活众

人心里的良善，并持续增力“免费午餐”。

普通网友则开始捐出物品筹集善款。一个叫贺永强的网友在新浪微博上晒出一只水晶老鼠，将其拍卖，然后捐款给我们。此后，水晶饰件、龙井茶叶、章子怡的裙子等形形色色的物品在微博上开始拍卖，一波又一波。

5 月 5 日，我在微博上募集 10 名顶尖摄影师来拍摄“免费午餐”，动员摄影界用镜头来铭记中国贫困山区儿童求学生活之困境，中国各阶层如何达成共识，齐心协力来帮助他们摆脱困境。

很快，《新京报》、《中国青年报》、《都市快报》、《春城晚报》、《潇湘晨报》等十家媒体派出各自最优秀的摄影记者参与拍摄。

5 月，中国最大的团购网——拉手网在新浪微博上称，转发并评论其一条微博，他们就捐一顿午餐，并在拉手网上呼吁网友团购每份 3 元的午餐。拉手网承诺将帮助筹募资金 100 万元。

另一微博网友、著名演员马伊琍跟随我们去了湖南新化大山，参加一所百年小学的开餐活动。她亲手为小朋友分菜，深受感动，一共为“免费午餐”捐款 8 万元。而孔维和马伊琍的参与，引起了中国娱乐界的注意，更多明星通过微博私信找到我，捐款捐物或表示参与活动。

广州《新快报》一名叫肖萍的部门主任同样是我的微博网友，也加入“免费午餐”团队。她的报社成为“免费午餐”在广东的伙伴，为连南县一个 400 多学生的小学开餐。

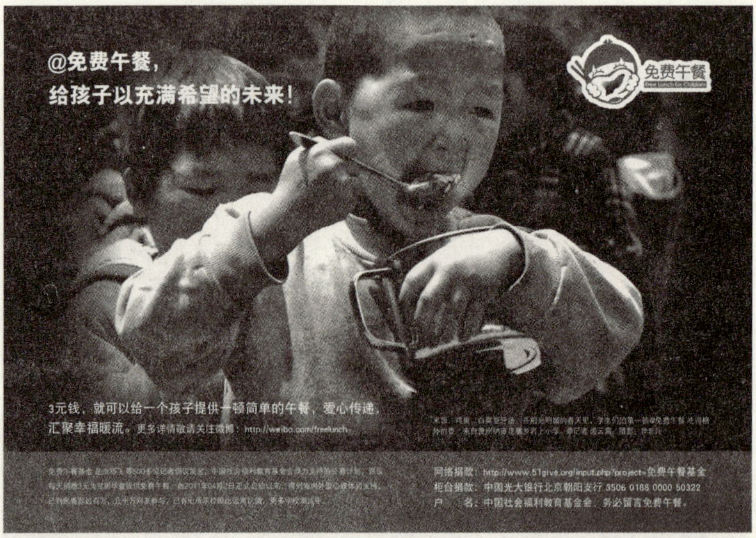

四

募集资金、召集伙伴只是这个运动中的重要两环，监督资金的使用情况同样重要。

我同样使用微博来实现对项目的控制。目前，大多数接受“免费午餐”的学校都开通了微博，将资金的使用情况在网上公开。这些信息最后将公开在“免费午餐”的官网——有无一个鸡蛋，有无一碗饭和菜——“我们试图通过信息的完全而及时的公开，来实现社会监管，确保杜绝贪污截留”。

随着我们在贵州、河南、湖南、云南、广东等五省渐次铺开，学校越来越多，我们需要解决持续而稳定的募捐。网友在微博上的义卖启发了我们团队，我们能否利用公益拍卖来实现一个稳定募捐?

阿里巴巴首席市场官王帅在“微博打拐”时就关注了我的微博，他说，知道“免费午餐”打算开淘宝店后，便觉得这是一件非常有意义的事情。而且，这样一个由互联网发动起来的运动，必须用企业的手法去运作，必须保证透明。

在王帅的直接帮助下，我们在淘宝网上建立了一个网店。我在微博上动员网友捐出自己的闲置物品，集中放置在淘宝店里对外标价销售或者竞拍销售。同时，阿里巴巴不仅免去公益店入驻商城的佣金，而且还取消销售商品类目的限制，为我们开通了一条特别通道。

7 月 13 日，“免费午餐”淘宝商城公益店正式上线 (http://mianfeiwucan.tmall.com)。全国各地的网友都可以在线拍下并支付一个标价为 3 元的虚拟产品，就可以为学童提供一顿午餐。

有了一个稳定的资金供给后，我们决定在广西马山县、湖南新晃县全境展开”免费午餐”，并计划在下半年进入西北多省。

五

微博上民意澎湃，有人惊叹几乎每天都可以看见“免费午餐”的信息，这场社会运动持续拍打着中国社会，激活着无数人对孩子的善良和爱意，更多资源流入。我们深知一定会被国家注意。我们渴望国家出手，国家才能解决问题——数千万乡村小朋友的午餐，一年耗资数百亿元，我们不能。

好消息出现在 7 月 19 日，国家决定从 2011 年秋季学期启动民族县、贫困县农村“免费午餐”试点工作，并将宁夏确定为首批试点省区。宁夏自治区主席王正伟主持召开主席办公会，专题研究宁夏开展“免费午餐”工程试点工作的实施步骤和操作方法。他强调，4 块钱的“免费午餐”要全部放进学生的饭盒里面。

回到北京，在一个座谈会上，我才得知早在 5 月，国家就高度重视“免费午餐”，并组织相关部委开始贫困学童午餐调研，然后决定试点和明年铺开。

在贵州、湖南等五省已经铺开 27 所学校，已有 4723 名小学生得到“免费午餐”，到 9 月，我们将新增 100 所学校，将共有 15000 名小学生需要供给。“免费午餐”在明年国家全面接手之前不会停歇。

完成“免费午餐”之后，我们将集中精力，在微博上发起另外一场新的社会运动——我们将继续在微博和淘宝网站上积累资金，为乡村小学生购买大病医疗保险，一旦有重大疾病，就有保险公司帮助他们免于大病伤害。

（作者系凤凰周刊记者部主任、”免费午餐”项目发起人）

我为什么要转身做公益

□孙春龙

孙春龙

当酷暑让我们燥热不安的时候，中国的慈善业却因为郭美美而步入寒冬，且是一个看不到春天的寒冬。就在这个时候，我在微博上宣布了辞去《瞭望东方周刊》总编辑助理职务、投身“老兵回家”公益活动的消息，引起众多朋友的关注，力挺者有，当然也有很多人不解，从一个光环拥簇的职位，到一个冷清而又边缘的职业，是为什么？

仔细算来，也正是在12年前的夏天，我成为一名记者。整整一个轮回之后，我的转身，显然并不华丽。在这期间，很多的同行，有的步入仕途，说话开始变得飘忽；有的开始创业，踌躇满志；有的依然是个“大忽悠”，游刃于权贵，比郎咸平还像一个“托”；当然，还有很多依然用螳螂挡车的方式坚守着职业的良知，在接踵而来的底线一再被突破的恶性事件中，日益抑郁和抱怨，甚至连稿子的标题都是“他妈的”。

越有梦，越痛苦。

原本以为，记者会成为我这一辈子的职业。或许是因为出身草根的缘故，上中学的时候，我就希望将来去做一名记者，最起码在城管欺负小贩的时候，我可以拿着记者证吓吓城管。

永远站在鸡蛋一边，无畏于高墙，一直是我做记者时对自己的要求。因为我明白，社会的公平，源自各方的力量均衡。所以，我的作品，更多关注的，是对权贵的监督和揭露，以及这个社会的底层，从出租车司机，到留守知青，到煤矿工人，到被遗忘的二战老兵。

新闻同行的一句话，“让无力者有力，让悲观者前行”，至今铭记。

但理想太丰满，现实太骨感。真正成为记者之后，竟然发现，记者证根本吓不住城管，权力失去制衡，最终造就的，只是沈阳小贩夏俊峰，用最极端的方式，保护自己的生存空间。

在帮助许多的“无力者、悲观者”之后，我竟然发现，自己亦陷入一种悲观和无力的状态。为揭露山西的安全事故瞒报，我的性命差点搭进去，最终在谦卑和亲民的总理批示之后，真相大白，十多位官员入狱。但我发现，这不是胜利，因为更大的安全事故还在继续，更为巧妙的瞒报还在继续。

这无疑是记者的悲哀，也是社会的悲哀。

接触二战老兵是在 2005 年，一位流落缅甸的中国远征军老兵指着我的鼻子说：“你说我们不抗日，那么你去国殇墓园看一看，看看我们那么多兄弟是怎么死的？”那时候，我竟然不知道国殇墓园是何物。

以前做记者是监督强权，现在去做公益是扶助弱者，不是逃避，是迂回；其实两者有一个共通的地方，不管是尝试推倒一堵墙或者帮扶一个鸡蛋，其目的都是为了自己生存环境的日益趋好。

救赎也从自己的无知开始。从 2008 年起，我开始帮助流落在缅甸、云南的中国远征军找家，并寻找资助帮他们回家。30 多位老兵，在志愿者的爱心接力下，长达约 70 年的远征，方告结束。

“我是从监狱里面刚刚出来的人，我希望给你捐一点钱，帮助那些流落在缅甸的老兵回家，我没有钱，只能捐一点点，不知道是否可以？”这是一位网友在博客上给我的留言，当我看到这个留言的时候，我突然觉得，我们帮助的是老兵，但温暖的是我们自己。

这个社会不缺少抱怨，缺少行动者；也不缺少爱心，缺少对爱心的尊重和唤醒。抱怨再多，改变不了现实；爱心，也只是因为残酷的现实而深藏心底。红十字即使在我们的谩骂中死去，慈善业也不能因此而萎靡。所以，当我看到“老兵回家”活动让更多的人开始反思、开始参与，开始自我救赎的时候，我毅然选择了辞职，去筹备一个民间的慈善基金会。

以前做记者是监督强权，现在去做公益是扶助弱者，不是逃避，是迂回；其实两者有一个共通的地方，不管是尝试推倒一堵墙或者帮助扶起一个鸡蛋，其目的都是为了自己生存环境的日益趋好。后者，更是一个力所

04-05

孙春龙：一个人的远征

能及的，能让自己感到有力，能让更多的人感到温暖的事情。

转身公益，并不是理想的泯灭，而是延续。让弱者前往，让人性回归，是用另一种方式，阻止这个社会的沉沦。

（作者系“老兵回家”公益活动发起人、《瞭望东方周刊》原总编助理）

南都公益周刊的构想与实践

□龙科

龙科

2011年6月27日，《南方都市报》公益周刊创刊。这份随主报发行的周刊，每周8版，周一出街。它的出现可谓"躬逢盛世"，因为此前十余年，随着国内公益慈善事业的提速发展，公益媒体纷纷出现，传统媒体也开始提升对公益领域的关注。南都公益周刊正是在如此大势中登场。

一

回顾国内公益媒体的发展历程，大概可以分成三个阶段。

第一波是公益慈善领域的业内报刊、网站的兴起。1996年，面向自然之友会员的内部刊物《自然之友通讯》创刊；1997年，《中国发展简报》创刊；2001年6月1日，《公益时报》创刊；2005年1月，NGO发展交流网（NGOCN）创立；2005年9月，《NPO纵横》（现已更名《社会创业家》）杂志创刊；2006年6月16日，公益中国网开通；2008年1月11日，中国宋庆龄基金会主办的《环球慈善》杂志在京创刊；2010年5月，中国青少年发展基金会主办的《希望工程》杂志创刊。

第二波是新兴网络媒体公益频道的开设。新浪、搜狐、网易、TOM网、腾讯、凤凰网、人民网、中国网等各大门户网站的公益频道均属此类。

第三波则是传统媒体尤其是报刊平面媒体的公益介入。2010年6月

20日，《京华时报》公益周刊宣告创刊，《人民政协报》、《华夏时报》、《南方周末》等也开辟了公益专刊，南方报市报也在珠三角8城地方版开设了公益慈善专版；今年，深圳《晶报》、《云南信息报》等先后开办公益周刊，公益媒体与公益传播可谓风起云涌。

从媒体与公益的行业本位来观察，这些公益传播实践，一类是公益界自办媒体传播公益，一类是传统或新媒体自办专刊、频道关注公益界。就这两方面已有的经验来看，前者是行业内刊物，是自己人办给自己人看，面临“自说自话“的困境，对普通大众的影响力有限；后者则面临媒体过度市场化取向下对弱传播性的公益慈善领域缺乏持续、有效及深度关注，很多公益报道因在新闻性上没有竞争优势，同样无法在大众媒体上有效传播。因此，如何改善公益传播的困境，媒体与公益界是从各自的行业经验与困境出发，但又达致殊途同归的效果，并产生了跨界交流、取长被短的合作冲动。

搞好新闻报道和舆论监督是实践大公益，传播现代公益理念和资讯、支持公益组织发展、报道公益慈善事业进展是实践小公益。南都公益周刊希望以自身实践打通大公益与小公益的社会内在循环。

南都公益周刊就是媒体与公益界跨界合作的产物。立足于中国扶贫基金会与南方都市报组建的《中国财富》这一月刊采编平台，《公益周刊》是这一采编平台为南方都市报输出的内容产品，《中国财富》月刊则是这一采编平台为中国公益界输出的另一内容产品。

二

客观地说，媒体搞好新闻报道和舆论监督，就是它立足行业所能做出的最大的社会公益。公益周刊的问题意识，正是认识到中国当下亟需以现代公益的发育促进公民社会发育，进而对个体的生活方式与国家的社会转型提供支持。公益周刊就是以传播支持公益，以公益联结社会，其方法论就是通过公益传播调动和整合政府、商界、学界、民间资源，产生社会进步的聚合效应。因此，搞好新闻报道和舆论监督是实践大公益，传播现代公益理念和资讯、支持公益组织发展、报道公益慈善事业进展是实践小公益。南都公益周刊希望以自身实践打通大公益与小公益的社会内在循环。

具体而言，南都公益周刊的价值观可以用公民公益与全民公益两个词来概括。公民公益是将公益置于公民——国家的视野与框架之中，它关心的是先有公民后有公益，还是先有公益后有公民的问题，它的思考嵌入在批判与建构的关系之中，批判是建构的前提，但仅有一个前提是不够的，这就推动媒体对社会介入的方式有更丰富多元的实践。全民公益则是把公益置于个体——社会的维度思考，它关心的是人性中的自利利他、自助助人，以及社会的自我组织和自我治理，它要求把公益建立在普遍的人性之上，而不是圣徒与苦行僧的道德专利，这就把现代公益、快乐公益、人人可为的公益等等理念都有效结合起来。

在公民公益与全民公益的价值统领之下，我们需要处理的不仅仅是如何激发社会爱心的方法问题、如何对具体个案有效帮扶的实践问题，这只是基础实践部分。同时还需要深刻把握在公益慈善领域中发生的所有重大主题：传统与现代的关系、公民与私民的关系、精英与大众的关系、本土与全球的关系、资本、权力与公益等诸多关系。在此基础上，公益周刊才能打开视野，克服过去的种种局限，真正以公益实践形成对社会进步的聚合。

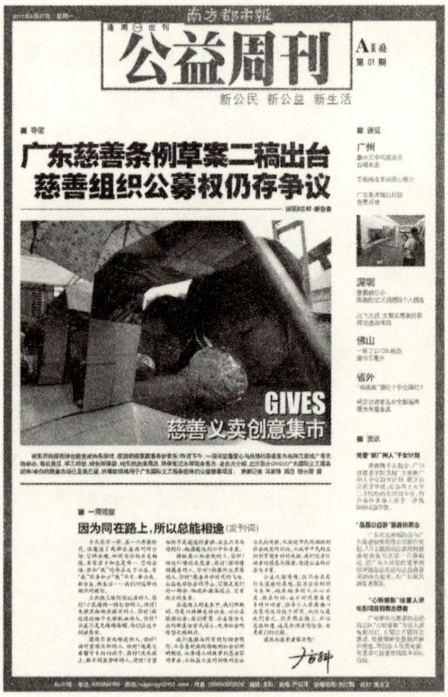
南方都市報
公益周刊
A叠
第01期
新公民 新公益 新生活
广东慈善条例草案二稿出台
慈善组织公募权仍存争议
广州
深圳
佛山
GIVES
慈善义卖创意集市
因为同在路上，所以总能相逢（发刊词）

三

目前，南都公益周刊每周八版，设置了封面、新慈善、深公益、社区社群、

南方都市报
公益周刊
A1叠 第06期
新公民 新公益 新生活
图公益
陈利浩：
微博转发百万捐款
一周观察
公民公益和全民公益
公益评传
雷闯：请客吃饭就是战斗

南方都市报
公益周刊
A1叠 第02期
新公民 新公益 新生活
一周观察
透明度与公信力
是需要制度促生的社会资本

公益评传
牛根生：
被尊重的慈善
被谴责的“狰狞”

企业公民、社会创新、新益思、资讯服务等版面。新公民、新公益、新生活，这是公益周刊的口号。具体来说，头版是观点呈现与行业观察，兼顾周刊封面的版式与视觉要求，设有“图公益”、“一周观察”、“公益评传”三个栏目。“一周观察”由记者编辑执笔，为各种公益现象和公益事件做出及时解读；“公益评传”选择各种参与公益实践或与公益相关的人物，展现个体生命的复杂丰富与公益精神对人的影响和改变；“图公益”以一周重点公益活动或公益人物的特写照片，传递公益信息，强调版式效果和画面表达。

新慈善版侧重新闻动态，反映政府政策、NGO 动态、公益事件的最新发展，兼顾自主策划的话题报道。关注国内公益慈善政策环境的变动，全面搜集相关政策信息和动态新闻，反映公益政策体系的变化。另外，报道各类公益慈善组织的活动，关注公益组织的各种动向，通过积极传播产生社会倡导效果。

深公益版尝试以深度报道的形式，关注公益故事、人物与事件，强调的是行业的议题聚焦、调查性和故事性。通过选择对当前公益领域有重大影响的事件和主题，通过记者深入采访报道，形成对选题的深度开掘，以及对议题的聚焦效果。理想的状况，是有足够的故事和细节，支持公益报道的可读性。

社区社群版专门关注地理意义上的城市与乡村社区，同时也关注关系意义上的各种社会群体。社区与社群是社会体系中的微观共同体，通过报道社区与社群中的普通行动者，各类社区公益互助活动，发掘社区公益的创新做法，强调帖近性与社会介入，深度关注民间社会的自我训练和成长发育。

企业公民版是关注企业社会责任的版

面。现代公益的发展，市场力量不可忽视。通过全面报道企业界的各种公益行动，关注企业的社会责任表现，选择有代表性的企业公民，彰显企业的公益理念，形成积极正面的舆论鼓励。同时邀请优秀的企业界人士，发表对企业公益的认识和想法，传播现代企业的公益理念和公益作为，既能对本土企业社会实践提供示范，也能引荐国外企业 CSR（企业社会责任）实践经验、同时为公益与商业经验的结合提供讨论与借鉴。

社会创新版强调以创新手法解决社会问题，重在提供对公益方式、公益技术与项目设计的讨论与交流。创新公益作为体现现代公益创造性解决社会问题的一种方向，对国内公益领域的现代转型意义重大。通过关注社会创业家、社会企业、NGO 与 NPO 治理，试图为国内公益实践找开大视野，找到新思路。强调从创新角度，提升公益行动的影响力，选择介绍世界上的各种公益创举，引导社会公众对公益创新的投入和关注。

新益思版其实就是公益周刊的专栏版。这个专栏版的设置，不同于观点性的评论专栏，也不同于文艺性的副刊专栏，而是强调经验分享、大众视角与思想性兼具的个人写作版面。通过公益人士的实践呈现、经验分享、职业生涯，以及志愿体验、开放专栏等形势，真正体现公益慈善领域的人气和脉动。

资讯服务版是一个完全的信息服务版面。通过提供各种公益慈善领域的实用信息，比如每周公益活动预告、第三部门人才招聘、公益演出、展览、招募、

南方都市报
逢周一出刊
公益周刊
A叠
第03期
新公民 新公益 新生活
图公益
必须保卫海洋！
一周观察
真问题，真公益
公益列传
李连杰："汝，今能持否？"

图书推荐等信息，同时为公益产业链上的各个机构和个人发布信息，为公益资金寻找好的公益项目，为好的公益项目寻找公益资源，促进公益上下游各个环节的衔接和联动。真正做到大众传播对公益领域的服务性、互动性，使公益参与者能及时了解到本地的公益慈善信息，成为普通读者的公益生活指南。

公益周刊只是南都厚报时代的每周 8 个版，对它的前景，正如我在创刊号上的发刊词中写到："它的出现虽有万千却总是唯一。它的出场，亦如"我"的存在之于公益，有'我'不多却少'我'不可。我们寄望，公益能为大众的新生活方式培土，也为社会的转型之路助力。"在新媒体深刻改变传播格局、各类资讯爆炸增长的现时代，不可能期待一份公益周刊产生一纸风行的传播效果，但它却可以成为细水长流的公益支持力量。方向感，就是我们的力量之源。

（作者系南都传播研究院研究员、南方都市报公益周刊负责人、中国财富采编中心主编）

为什么是云信公益周刊

□郭敏

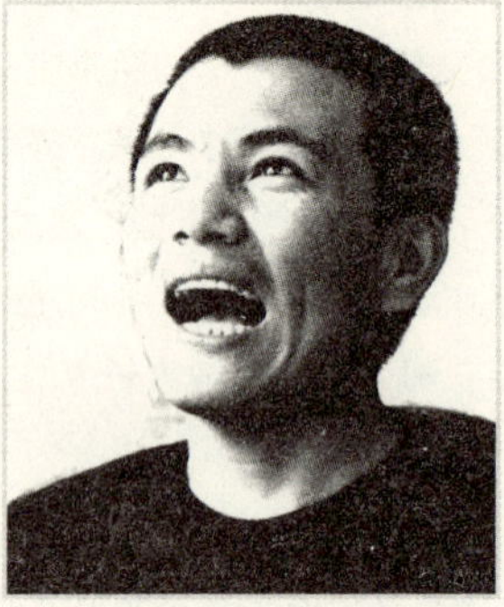

郭敏

6月28日《云南信息报》公益周刊创刊，这个谋划了很久的计划，终于落地。此前一天，《南方都市报》公益周刊也出街，再往前一个月，深圳《晶报》公益周刊出街，再往前一年，《京华时报》公益周刊创刊。

这些都不是巧合，也不是跟风，是浩浩汤汤，大势所趋，未来中国媒体的公益报道，必将成为一门显学。横向对比，各家公益周刊的栏目设置，关注选题，操作手法几乎无太大差别；纵向来看，中国公益报道刚刚起步，专业化和职业化都是面对的必选题。本文拟从云信公益周刊的诞生和几期试运作的思考入手，再尝试引出中国公益报道未来趋势的大话题。

为什么会有公益周刊

云信公益周刊的诞生，是一个必然。原因有三：

一、云信公益周刊是个新产物，但是公益报道却不是新内容。自2007年9月19日改版起，云南信息报就联合云南省青少年发展基金会创办了“爱心版”。

“爱心版”关注的主要内容是社会救助信息，创办3年，“爱心版”先后为社会各界需要救助人士筹集善款数十万元。救助人士包括贫困大学生、医疗事故受创者、因贫困穷苦而无法自救人士、远征军老兵等等。社会效果虽好，但却被读者反馈为“悲情版”，某种程度上，“爱心版”确实过多地集中了这个社会的悲苦救助信息，它不可能全面，却十足真实。

从信息流通的角度，“爱心版”很好地完成了它的使命，但是它仅止于关于救助信息的报道，往往忽略掉了对救助现象的深层分析和拷问。我认为，简单的救助背后，可能是规则的失范、制度的缺位和人性的缺陷，反过来，一个简单的捐款动作和救助行为，一个看上去不起眼的社会创新，也许代表了某种力量的蓄势。这股力量，或许就是启蒙。

因此，探究这些缺陷和力量，就成了“爱心版”需要拓展的内容，“公益”的概念因此衍生出来。公益包含爱心，但是远远大于爱心。这个角度上，我们说，公益周刊是爱心版的升级版。

二、其实我们要感谢郭美美，让我们认清了中国慈善事业的很多问题。无论郭美美的事情有没有搞清楚，中国的公益事业都走到了一个关口。这个关口无关生死，而是关于明白和糊涂。

我们思考的问题是，到底什么是公益，慈善和公益到底什么关系，公益和日常生活有着怎样的纠缠，官办慈善和民间慈善的优劣在哪里，公益事业需要什么样的制度来规范等。这些问题，也会在建设公民社会的话题中遇见，健康的公民社会也必须对这些问题求解。

站在这个关口，我们思考的问题是，到底什么是公益，慈善和公益到底什么关系，公益和日常生活有着怎样的纠缠，官办慈善和民间慈善的优劣在哪里，公益事业需要什么样的制度来规范等。这些问题，也会在建设公民社会的话题中遇见，健康的公民社会也必须对这些问题求解。

我们还要认清楚一个问题，中国的公益事业发展数十年，为什么我们现在有能力有条件来讨论这些问题了。没错，拜社会化媒体大行其道所赐，无论从公益行为和公益理念的更大范围普及，还是从社会热点问题讨论的广度和深度，我们都迎来前所未有的好时代。郭美美之所以一夜成名，红十字会之所以如此“深入人心”，和微博是分不开的。

社会化媒体聚集了很多双眼睛，恰好盯住了公益的命门——诚信。失信于人，公益必死，取信于人，公益才能继续下去。

当然，这些概念的厘清，和媒体承担必不可分。从媒体人的角度，普及和宣扬准确的公益理念，是分内之事。而云信本身，承袭南方风气，立志做云南本土政经主流大报，开风气之先的事情理应牵头。因此，有了云信公益周刊。

三、云南这片土壤，适合公益周刊的成长。香港乐施会中国项目总监廖洪涛说过，云南是NGO的天堂。

云南活跃着多少家NGO？现在没有清晰的数据。但是几乎全部在中国开设了项目办公室的国际NGO，在云南都会有项目落地，而国内的大型基金会，大型企业的非公募基金会，全国性的NGO组织，也都会在云南开展一些项目。基于这些成熟组织的从业经历和培训，云南民间草根NGO这两年也渐成燎原之势，仅挂靠在云南省青少年发展基金会下面的草根NGO，就有十几家之多，直接和间接从事公益事业的人群，主要集中在大学生和白领两个领域。

为什么会这样？我想，这是由云南本身的特点决定的。云南是边疆地区；经济落后；国境线长且情况复杂；25个少数民族中有数个极少数人口民族，民族民俗文化丰富；动植物资源非常丰富，境内高黎贡山、哀牢山、老君山、金沙江、泸沽湖、怒江、香格里拉、西双版纳等地把人文和自然资源的多样性结合在了一起；民风淳朴政策宽松。这些特点决定了国内外的NGO组织愿意把项目做在云南，容易出成绩。

此外，云南向东看，属于老少边穷地区，但是向西向南看，却又成了中国面向东南亚南亚开放的最前沿。近年来云南做大旅游和文化产业，经济增速明显，落后地区在快速现代化过程中，必然出现文化存废上的挣扎，先进与落后，环境破坏与经济建设上的争论。急需发展的和亟需保护的，必然在某一个层面上发生冲突和矛盾。这些，既是讨论的热点话题也是实践的绝佳对象。

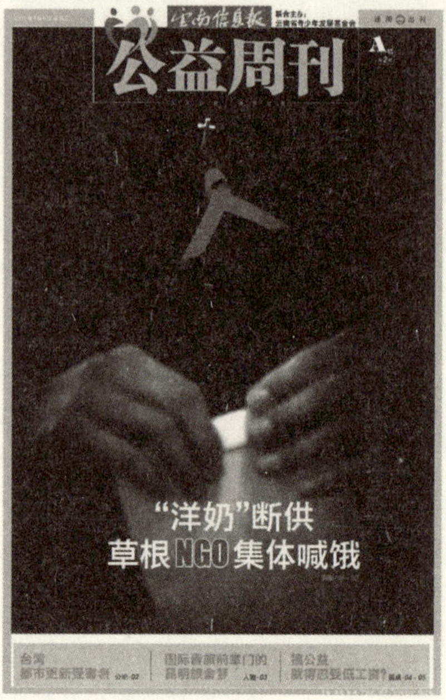

因此，在云南活跃的NGO和NPO，关注的领域都集中在环保、教育、卫生、扶贫和文化上，基本上都符合“非营利非政治非宗教”的“三非”原则。这些关注的内容，应该是NGO关注的通例，但是在云南格外明显。

政策方面，由于云南省经济落后，政府财力投入严重不足，尤其在保护生态方面，政府需要民间力量发挥作用。2008年和2010年，云南省政府联合多家民间组织召开了两届滇西北生物多样性保护联席会议，省长秦光荣率领省府官员出席，强调“充分发挥民间环保组织的积极作用”。当然，这个强调，被云南省政府包含在打造“七彩云南”生态文明这个大的语境中。这既和云南省政府正确认识省情有关，也和国际环保NGO在云南多年耕耘，取得更大效果的公关成绩有关。

公益周刊要做什么

首先我们要厘清一个概念，什么是公益?

我理解的公益，就是公共利益。公共性是它最主要的特质，有可以公开讨论的空间，是开放性的话题和事件。因此，凡和公共利益有关的人和事儿，都应该是云信公益周刊报道的范畴（当然，具体操作上，还得加上地域性和报纸本身定位的限制）。

举例来说，6月28日首期云信公益周刊的封面文章，“免费午餐为神马这样红”，我们从《云南信息报》承接云南地区首家免费午餐的新闻事件入手，邀请了梁树新、邓飞和肖隆君等三位切身体验“免费午餐”壮大过程的人来讲述，在社会化媒体大行其道的时代，“微公益”是如何火起来的，它的前景如何，局限又在哪里。这是国内媒体中首篇深度分析“微公益”的文章。

我们想通过这类分析公益事件的文章，传递给读者一些更清晰的信息——什么是公益，为什么这么做就是公益，公益的元素是什么。

公益新闻不一定是延时的新闻，静态的新闻。7月19日我们的封面文章是“水葫芦治滇，危险游戏？”针对那几日微博上下炒得沸沸扬扬的“水葫芦治滇”大讨论，我们邀请若干专家和NGO人士发言，大家从生物科技、养殖加工技术、水体净化等等角度解读了水葫芦种植给滇池治污带来了机会和麻烦。当然，官方依旧没有接受记者的采访，文章后面，针对专家和民众的疑惑，我们重磅抛出了“拷问水葫芦，留下十三问”，将十三个大大的问号留在了版面上。两日之后，昆明市委宣传部联合滇池管理局，在微博上以微访谈的形式回答民众的提问，公益周刊提出来的13个问题，他们一一作答。

公益新闻也不一定是软新闻，公益领域也有猛料。7 月 5 日的封面文章是“抗艾资金冻结，云南草根防艾 NGO 遭遇困境”，这篇文章梳理了“全球基金”对华援助停止后，云南防艾草根组织的困境。事实上，全球基金是中国在卫生领域最大的国际合作项目，项目实施8年来，累计签约资金 9.37 亿美元，已执行资金 5.48 亿美元。对华援助冻结后，云南地区至少 160 家防艾草根 NGO 受影响，多家发不出工资。这类文章，无论是放在社会调查新闻里还是财经新闻里，都已经是相当不错的题材。而在公益新闻里，它就是一个公益新闻调查题材。

公益新闻还偏重理论，这和公益本身的启蒙属性有关。我们要让读者知其然还要知其所以然，每周的 8 个版面里，我们现在拿出一个版来“公论”，内容五花八门，形式上也放弃普通版面上的严肃和八股，希望通过讲故事来说理思考。在话题讨论的宽度上，我们邀请香港、台湾、英国、美国等国家和地区的学者来论，毕竟在公益事业前进的道路上，他们比我们走得更远，走得更健康，眼下，他们还是我们的榜样和未来。

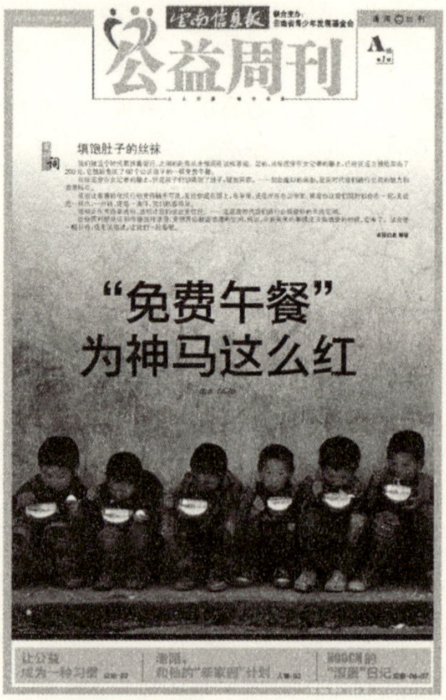

现在总结一下，公益新闻是新闻的一种类型，它具备普通新闻应该具有的属性，比如客观真实等等，但是它也有他独特的特质，比如不那么讲究时效性，有时候可能会不那么中立。不那么中立如何解释？我们在采写普通新闻的时候，很少只采访发表单一当事人的看法说法，但是在公益新闻领域，单一的公益人物、公益组织和公益行为常常成为单一的新闻主角，少有旁证。另外，公益新闻的“论”比较多，普通的公益事件，我们希望通过“论”来阐明原理，这和普通新闻要求记者只说不论单纯记录不太一样。

此外，公益新闻对记者和编辑的要求，也有特殊性。首先要懂公益，知道什么是公益，其次还要有公益心，有情怀，才能愿意付出。事实上，大陆目前可以操作公益新闻的成熟记者不多，投身于这个领域的，目前多集中在环保领域，比如南方周末的绿版等。从这个角度讲，公益新闻是行业新闻，需要具备专业的素养。

面对的问题

中国的公益报道和公益模式的创新都在摸索和探讨，我根据云信公益周刊的运作，提一些分散的思考出来，和大家分享。

一、公益报道的领域很广，亟需我们去拓展。按照公益就是公共利益的定义，老兵回家是公益，免费午餐是公益，独立选举人是公益，公民记者航拍动车事故现场是公益……我们原来的公益报道，还局限在爱心、慈善、扶贫、助学和环保几个领域，这和上述领域在国内发育比较早比较成熟有关系。眼下的趋势，我们正在向灾害治理、社区教育、组织成长等领域延展，但是未来的公益报道，一定要在公共事件和社会创新两个话题上进行探索。其中社会创新是一个很大的概念，新的公益模式，社会企业的发展，都需要我们仔细去关注和发现。

二、公益周刊的运作，未来应该以活动为基础，内容和活动并重来推动公民社会的建设。内容提供案例和解读，活动提供读者和支持。公益周刊和其他新闻周刊最大的不同，就是应该建立在活动之上，因为公益本来就是一种盘活各种资源做好事的行为，尤其在倡导人人公益的时代。活动会给我们提供摸索创新的机会，观察的机会，会给我们带来有高粘性的读者群，给我们带来各种支持资源。《京华时报》公益周刊定期有公益演唱会，《南方都市报》公益周刊创刊以来也举办了系列论坛，启动了“责任中国”计划，都是活动支撑内容的典范。

三、公益周刊的运作，应该放在报社战略品牌这个高度来做。我个人的观察，越来越多的广告商认为单纯的平面广告的投入已经无法最大限度的吸引客户，他们的投入方式需要创新，而普通的新闻和版面是无法满足这一点的。公益周刊恰好连接了网络网民、线下活动、民间智库、政府关注、公民参与等等资源，可以为广告客户量身定做结合公益和广告的活动。

比如汽车企业的公益自驾之旅，时尚品牌的民族民俗扶持等等。当然，这些活动的举办，必须举报社之力来进行，仅仅靠公益周刊这几个人，是无法完成的。这一点上，南方都市报给我们提供了榜样。

四、专业的公益新闻和职业的公益新闻记者的诞生，给眼下传统媒体记者的转型提供了示范。邓飞发起的“免费午餐”活动，集结了庞大的社会资源，孙春龙搞的“老兵回家”活动，也动用了庞大的闲散社会资源，他们被人定义为“社运型记者”，其实无论这种标签是否恰当，一个成熟的公益记者，一定是一个相对活跃的社会活动家，同时也是一个更冷静深刻的观察者。他要知道自己在做什么，为什么这么做。这些积累起来的社会资源，也许有一天，会为一个记者的另外选择提供帮助和出路。

五、公益的最终目标，是推动公民社会的建设。而公民社会的建设，应该建立在民众、民间组织、企业、媒体和政府各方力量良性互动的基础之上。因此，公益报道要避免偏颇，避免仇官仇富的心态。为什么强调这一点？因为当下我们推动一点点的进步，有时候需要付出很大的成本，来自官商的阻力太大，一些极端的环保案例维权案例的出现，都和这些阻力有关系，一些媒体人转型为公益人，也有极端的案例。但是建设一定是一个温和的过程，起码不应该极端。我们首先要保持警惕和苛刻，但如果我们有心通过公益来推动进步，就应该看到并团结这个阶层里面的开明分子，共同努力。

六、公益新闻的创新，值得我们尝试。既然公益新闻的某些属性和特质和传统新闻不一样，既然公益新闻的使命很明确，那我想在考虑受众如何更好地接受和领悟上，应该在符合报纸整体的气质基础上，打破窠臼，大胆创新，不拘一格。如何能做到，这是我和我的伙伴正在努力的东西。

以上，是云信公益周刊诞生一个月来，我的一些零散的思考，希望和大家分享，也愿意和大家讨论。

（作者系云南信息报公益周刊主编）

公益报道大有可为

□戴远程

戴远程

“真没想到在富裕的广东，也有中午吃不上一顿热饭菜、喝上一口干净热开水的学生。”2011年4月26日《山里孩子想要个“幸福厨房”》在南方日报南方公益版刊出后，广东公益人士不少连连感慨，广东人把公益做到了全国各地，却差一点忽视了广东省内也存在类似问题。

报道也引起了南方公益联盟各企业成员的高度关注与重视，他们纷纷致电南方日报表达资助广东本地学校解决学生餐饮问题的意愿。美的日电集团负责人更是主动提出，愿意无偿提供帮扶资金，尽其所能为幸福小学兴建“幸福厨房”，提供厨房家电及相关配套物资服务。经过不到一天时间的讨论，南方公益联盟“幸福厨房”公益项目启动。

南方日报是南方公益联盟的首倡与发起单位。早在2009年5月12日，南方日报就率先开辟每周二固定的公益版面，传播公益资讯，关注慈善故事，分享行善心得。与此同时，立足于公益报道的平台，南方日报及其南方公益联盟成员单位开展多项公益慈善项目，除了前文提及旨在帮扶中小学生午餐的“幸福厨房”，还包括“绿苗行动”（帮扶各地福利院孤儿生活）、“影动南方”（为外来工放映正版热播电影）、“GAPPER青年公益营”（援助大学生公益环保）等。

经过两年多的南方公益版面运营与公益项目联动，在我们看来，立足于媒体平台，传统媒体公益报道事业大有可为。借助于公益报道平台，传统媒体在公益事业领域中的角色已经从单纯的报道者、传播者，延伸至公益事业的组织者、行动者。通过公益事业的号召力，影响力，媒体品牌一方面能实现自身媒体品牌价值的增值，同时也有助于媒体各项采编、经营联动事业的提升。可以说，通过公益平台，媒体公益报道的空间十分广阔。

公益新闻应运而生，生机勃勃

公益新闻是指包括慈善新闻在内的，关于救济弱势群体、动员社会大众参与公益事业、与公共利益密切有关的新闻。20 世纪初，我国报纸就有过公益新闻的报道，如 1903 年《申报》刊登了《劝募山东四川两声急赈》，报道山东四川洪灾，呼吁民众捐助。

不过在此后的几十年时间里，媒体对公益新闻的报道主要还是局限在高大全的典型报道上，或者是在某个特别的日子里，集中宣扬公益行善，动员社会救济。反映在媒体报道版面上，要么是集中性的煽情轰炸式报道，要不就是散落于一人一事，传播影响力一般不大。

进入 21 世纪，特别是在 2008 年，因为大事多、灾难多、同仇敌忾的委屈多，政府和民间组织积极介入社会救济，媒体广泛报道并发起捐赠，公民、企业参与热情空前高涨。特别是“5•12”汶川大地震发生以后，社会公益事业得以蓬勃发展，民间公益群体激昂。此情此景，也迅速激发起新闻媒体对公益新闻的报道热情。媒体越来越意识到公益事业对社会救济

的重要作用，不仅投入大量采编队伍，并且提供大幅版面报道，而且更主动地担当或联手公益机构共同组织公益活动，弘扬媒体社会公益责任。有人因此也将2008年作为中国公益元年。

汶川大地震发生后，包括南方日报在内的媒体，不惜版面地大量报道各级政府、社会机构的救援行动，也大量报道企业、个人的个人公益行为，大量挖掘弘扬社会正气，公益感人事迹的精彩报道。借助公益理念的传播，也使得曾一度失落下滑的媒体公信力得以全面提升。典型的案例是，出于对媒体渠道充分信任等原因，很多著名企业、个人纷纷委托媒体代为联系慈善机构和物质捐赠处置。比如，地震发生后的第四天，美的集团副总裁黄晓明便于5月16日赶到南方日报，将美的旗下各经营单位和员工自发募捐的700万元赈灾爱心支票，通过南方日报转交慈善部门。广药集团特别携手南方日报共同组织救援车队，及时将灾区急需的大量药品、食品运往灾区。

借助于公益报道平台，传统媒体在公益事业领域中的角色已经从单纯的报道者、传播者，延伸至公益事业的组织者、行动者。通过公益事业的号召力，影响力，媒体品牌一方面能实现自身媒体品牌价值的增值，同时也有助于媒体各项采编、经营联动事业的提升。

感动于太多的企业公益，南方日报于当年5月28日推出《大爱无边——企业公民在行动》特刊，大张旗鼓地向企业的责任善举致敬！大声预言，一个有着强烈社会责任感的本土企业公民团体正在形成。这份特刊“心型”的设计封面当年被业界广为传播。

汶川地震之后，各地媒体对公益领域传播报道的关注热情以前所未有的面貌呈现，从传播内容、公益理念，报道形式上都遍地开花。至于传播内容，初期的媒体对公益新闻的报道一直都比较重视，特别是对困难群体的求助，更是不惜版面报道，并发动市民捐款捐物。但是，这种“一人一事”的模式最大的不足是救助对象单一，面对越来越多的单个求助者，媒体如果都通过新闻报道发动社会捐助，容易形成阅读疲劳和爱心疲劳。所以，许多媒体开始寻找一种能惠及更多人的模式。其中，成立专项行动基金是当前比较通行的做法。

比如信息时报、新快报均采取与当地一家公益机构联合，通常是诸如慈善会、红十字会、广东狮子会等，由媒体报道需要帮扶对象，再亮相发动民间慈善资源和企业捐赠，以帮助特定的群体。这种公开信息招募式的帮扶对象相对明确，救济效果较好，媒体也专注于传播报道，至今这种方式仍然是国内媒体公益板块的常见新闻业态。

作为省委机关报，南方日报选择在2009年5月12日，即汶川地震一周年之际，推出“大爱无疆、滴水有情”南方公益版。这也是全国最早推出每周固定公益版面的平面媒体之一。南方公益版面每周二固定在A叠显著版面，既担当公益资讯的专播平台，关注企业和市民身边的慈善公益故事，同时也致力于搭建一座互助互爱的桥梁，弘扬真爱。

在公益报道方兴未艾之时，媒体的公益报道也曾有过浮躁、困惑期，尤其是在不少知名慈善机构、明星“假捐”、“被捐”风波之后，有不少媒体开始反省我们的公益报道是否有些虚火上升，是否可持续规范发展。很多反思性的公益话题，民间的理性的公益新闻报告开始升温。诸如陈光标式高调的慈善方式，比如南京彭宇案（助人者反遭其累），也比如南方日报报道过的《丁磊捐款捐出一肚子委屈》等话题，也不断引起业界讨论，反思。可以说，如今慈善公益的动机越来越遭到普遍的不信任，而另方面，也正是因此类似话题，导致媒体公益报道的空间得以大幅延伸，越来越宽广。

从公益传播者到公益组织者

如果说2008年是中国公益元年，来自民间与社会的公益热情在随后的时间里持续升温，而媒体对公益新闻的报道也持续升温，不仅如此，媒体对公益新闻的参与和报道，也不再局限于一报了之，而是更

南方公益
A14
山里孩子想要个“幸福厨房”
说出你的故事，我为你表演

南方公益
A08
广东迈向民间慈善新时代

主动地介入，既宣传报道，又通过自身努力推动公益事业的发展。媒体在公益新闻中的角色已从单纯的报道者向组织者转变。

由于政府部门、民间组织的大力推进和媒体的参与报道，争做公益的良好舆论氛围得以形成，社会大众参与公益事业也更加积极，媒体以此作为自己的责任并引以为荣，与红十字会、慈善会等公益部门合作发起主办公益活动已成为最初的一种模式。如《中国新闻周刊》与中国红十字基金会合作，连续多年举办企业社会责任评选和国际论坛。北京电视台开办的“志愿者真情耀中华”栏目，推出志愿者真情基金，倡导志愿精神。也正是借助中央电视台的公益组织平台，广东凉茶品牌“王老吉”掷出一亿，一举扬名。

与之前不停地参与报道各种公益活动的方式不同，近些年，媒体也开始倾向于着手打造自己的公益品牌，通过品牌的影响力来凝聚爱心。如央视从 2002 年开始推出“感动中国”，倡导人间真情，倡导奉献，影响了整个中国，已成为广受关注的公益品牌。《21 世纪经济报道》联手雪佛兰、爱普生等企业推出“红粉笔计划”，号召和组织受过良好教育的商务人士到乡村学校支教，帮助改善偏远地区师资力量薄弱的状况。《21 世纪经济报道》联手中国平安打造的“小桔灯”乡村小学图书馆计划，同样可谓是媒企合作打造公益品牌的典范。

作为广东省委机关报，南方报业传媒集团的旗舰报纸，南方日报旗下南方公益板块从诞生起，就致力于打造新的公益品牌。在南方公益创版一周年之际，由南方日报携手广东移动、美的集团等 9 家知名媒企共同自发组织的纯公益的南方公益联盟。成员单位通过南方公益联盟平台为纽带，发挥各自优势、调配各方资源。致力于参与文化、教育、扶贫、环保、医疗等公益事业，并在出现重大公共危机、自然灾害时做出应急行动。2010 年底南方公益联盟成功扩容至 15 家，吸纳格力电器等实力爱心企业参与公益共建。

从“南方公益”创刊两年多的运营情况看，公益事业给媒体、企业均带来超常的品牌增值与社会效应。南方公益创版之初，便吸引广东移动、美的集团等企业冠名协办。今年以来，南方公益板块启动四大公益品牌项目，包括“幸福厨房”、“绿苗行动”、“影动南方”、“GAPPER 青年公益营”等，同样是与实力企业、社会机构合作共建，也越来越在业界赢得尊重与品牌口碑。反过来，媒体公益报道的品牌价值提升，也越来越受到合作伙伴的尊重和看重。用广东移动负责人的评价是，“做公益，再多的投入都有足够的稳定回报。”其负责人明确表示，愿意为南方公益开展公益新闻报道，公益品牌活动提供所有必要的支持。

（作者系南方日报专刊中心副主任，南方公益联盟负责人之一）

逻辑与挣扎

□鲍小东

鲍小东

一

采访他人，以解决自己的人生困惑。我说。但有朋友批评我太自私了。

二

在公益人物的聚会里，常感觉自己很轻很飘，像一团烟雾，没有头脸。因为在我眼里，他们都很纯洁、高尚，这更加反衬出我的龌龊。

我一直认为自己很龌龊。每隔一段时间，就会深陷在这个问题里，认为自己活着会污染大地。更为糟糕的是，我常常以己推人，认为人性都是相同的，继而认为这个人世充满肮脏。

公益人物应该让我更为积极、乐观，但他们带给我的困惑却是：早上起床，他们也排泄吗？夜深人静的时候，他们也会做爱吗？有了快感的时候，他们也叫喊吗？

于是，我就很想探究他们，他们是不是真的纯洁？是什么使得他们如此高尚？假如找到了足以让我信服的逻辑，我就认为他们是真实的，我的公益报道就是客观的。

三

举例言之。

2010年，我在见到郑卫宁之前，就想象他和很多富人一样狡诈，我下定决心不要把他写成“好人好事”。

郑卫宁何许人也？他是深圳残友集团董事长，受胡锦涛四次接见。

他的事迹如下：他创办的残友集团专门解决残疾人的就业，建立了无障碍工作生活环境，并建立退养制度，即“残友”员工因身体原因无法工作后，公司仍按其工作期间的最高工资标准支付其生活补助，直至其生命终结；2005年，郑把公司签字权交给集团总经理；2008年一次病重时，他将个人持有的残友集团90%的股份，和各地分公司51%股份全部捐赠给郑卫宁慈善基金会；他还把他近年获得的几百万元奖金都捐给郑卫宁基金会等等。

仅看这些事迹，郑卫宁简直是个“神”。

但我也有朋友能够接近一些上层人的生活，他们吃喝玩乐，消费女人，还在毒品中寻求刺激。新闻媒体也经常曝光一些富人借用慈善炒作自己，提高品牌美誉度，并提升股价。

而郑卫宁虽是重度残疾人，能够享受的物质不多，欲望自然会降低，但谁能保证他不为自己的亲人谋取利益呢？

我想寻找他的行为背后的真实逻辑。

A04-05

深度周刊·公益

“残友”不残

对于勾心斗角的健全人商业世界，她像是一个响亮的提醒经过采访，他的身世和逻辑是这样的：他是先天重症血友病人，因其父是军人，所以每次发病时都有战士为他输血，在父亲去世后，母亲于1995年带着全家搬到深圳。他的病日益严重，只能呆在家里看电视、报纸，失去了与外界的联系。妻女们各自忙着工作和学业。他还要不断输血，花费家里太多的钱。后因抑郁症，他自杀过三次。

“残疾人原本没有梦，后来只有一个梦，就是自己能养活自己。但那时，连这个梦都破了。”郑卫宁说。

当他的妻子将他引入网络的世界后，他的人生从此改变，亦成就了今天的残友集团。而当初活下来的理由仅是“为了解决寂寞，改变一种活法”。

他还有很多震撼人心的话，记录如下：

1. 残疾人都是在一边负罪（指给亲人、社会带来负担）、一边创造价值中挣扎着。

2. 别人是在生的欲望的驱使下成就自己，我是在死亡的阴影下成就自己。

3. 我活了今天，不一定有明天，所以今天能够解决的事情，一定今天解决。

……

而他做了那么多的理由是：他很在乎名誉，他的家人越为他自豪，他的平衡感就越大。

新闻唯一的服务对象当是真相。因为社会中，每个机构都有其各自的职责，促进社会运动的自有其独特的渠道，而不应以牺牲新闻的真实性为代价；新闻一旦参与社运，和公益组织结成战友情谊，尤其成为利益共同体后，那么其在报道时，难免有所偏向；这一次，他们的行动出于公众利益，但谁能保证下一次不是出于私利呢?

四

一个超越生死的人，对物质的看法和普通人一定不同。况且他的妻子有固定工作，将来有退休金，女儿在大学任教，她们对物质并无太高的奢求。

我很信服他的人生逻辑，当然，这也需要采访更多的人予以佐证。有人说，采写正面报道难于负面报道。我也如此认为，因为负面报道中，记者出于自我保护，努力收集证据，而在正面报道中，记者往往疏于证据的收集和佐证。这也是“神”时常被制造的原因之一。

在找到这个逻辑之后，我就对郑不再崇拜了，甚至认为，他的所为顺理成章。

我虽把他拉下神坛，但我更加尊敬他。我们的社会从来不缺乏神，甚至神太多了。但对于我们凡夫俗子而言，神只能用来膜拜。只有那些实实在在的、有血有肉、优缺点兼有的人，才有可能在某些方面成为我们的榜样。榜样才是用来学习的。

在采访郑卫宁时，我努力寻找他的缺点，极力想让他离人间、离地面更近些。

在我的引导之下，他终于说："即使现在也没有想过为所有残疾人谋利，只想为身边的残疾人多做些，如果有能力，就多解决一些残疾人就业。"

他自称，他是一个投机主义者，为了身边残疾人利益，可以不顾其他团体的利益。

他甚至说，他仇恨这个社会，因为这个社会对残疾人的漠视是很多年的积习。

我相信，他肯定还隐瞒了很多不闪光的思想和行为。尤其当一个人已经成为神之后，就再也难以自己主动走下神坛。这就像我们身边有不少人总爱呆在云深雾绕中一样，你看不见他的眼睛，只能看到他一张一翕的嘴。

五

郑卫宁虽然不再是神，但似乎也不具有复制性。难道我们都像他一样残疾了，才能像他那样对待物质？才能像他那样高尚地度过一生吗？

汹涌的欲望就像人生道路上杂乱的荆棘、纵横的沟壑，需要消磨多少生命才能克服啊！

郑卫宁仍值得我们认真学习：像他这样的肢残者，为解决人生的寂寞，为其他肢残者做更多事情，是顺理成章的；以此类推，失明者也当为更多失明者寻找光明，失聪者也当为更多失聪者寻觅声音，同性恋者也当为更多同性恋者谋取生的尊严等等，这也能构成公民社会的基础；再者，我们多少人身无残疾呢？即使肢体健全，又能保证不是"脑残"吗？残疾人因为自知残疾而更加努力，弥补身体的缺陷，而很多四肢健全者却因不能认知自己的"残疾"，也就不能更努力地经营人生，相比而言，他们的人生将更为遗憾；再进一步说，地面车来车往，空中飞机穿梭，人类的活动空前活跃，谁又能保证自己某一天不会遭遇不测呢？纵使我们一生都平安，但是我们毕竟身处这个社会，外界的嘈杂或安宁，肮脏或清洁，丑陋或美好，不都会投影到我们的生活吗？

因此，公益并不只是为弱势群体，实际上是为人人；所以，公益不同于慈善，公益当是公民之义务。

然而，郑卫宁的公益逻辑不是公益的唯一逻辑。公益有很多种逻辑，有宗教的影响，有学习的收获，亦有人性反思、社会反思的结果，等等。

作为记者寻找的不仅仅是事物表象，更应当是背后的逻辑。表象让人迷惑，是用于造神的；只有坚实的逻辑，才能让人醍醐灌顶。

六

如前所述，郑卫宁还有更多“不闪光”之处。

比如我调查得知，“残友”曾因组装山寨机而被工商部门查处过。举报他的人，也是残疾人。

但当年，我并没有把这写进我的报道里。彼时的理由是：他承接山寨机组装业务，并不是为了他自己，而是分发给重残者。那些重残者卧于床上，不仅无法工作，还是家人沉重的负担。而组装山寨机不但解决他们的寂寞，减轻家人的负担，更能使他们获得尊严。而郑并非不知道这是违法的，但这个社会为残疾人提供的资源太少太少了，所以他要“抢”！

我认为，不应该把这笔账算到郑的头上。

但此时，在写这篇文章时，我突然后悔：当初应该把它写进报道里。首先，它能让我们反思这个社会，其次，作为记者应该忠于事实，而不该出于情感的需要进行筛选。

有意识的筛选使得报道更加远离客观。

在很长一段时间内，新闻业内、公益圈内都流行一种说法：公益是社会治理的一种正向手段，因此，在其弱小时，媒体要悉心呵护草根 NGO，而不是报道她的负面新闻。在某些特殊的高压时期，这种说法尚且成立，但在环境宽松之后，这种观点则不可再延续。那些具有官方背景的公益组织发展了 30 年，如今越来越失于诚信，不正是因为缺乏监督、不够公开透明的结果吗?

监督是使其健康成长的重要条件。

由此延伸的另一个话题是：如果我们承认公益是社会治理的一种正向手段，那么新闻是否可以参与到社会运动中去?

举例言之。4 月份，广州市政府为了保持亚运会的灯光美景，计划投资 1.5 亿元对珠江沿岸及海心沙周边光亮工程进行升级改造。消息甫出，舆论哗然。一市民剃了光头，并在网上征集光头，发起了“征集光头，照亮广州”的活动，质疑这一计划出台的程序及其合理性，旨在拦下这一工程。媒体刚介入报道不久，即戛然而止。这一活动也随之流产。

几天后，针对此工程，又有一个姑娘发起“广州建委，我相信你”的拇指行动。

媒体随之评论认为，这都是公民个体的自发行为，代表广州公民意识的觉醒。并印证“广州在自由、理性和包容的氛围上，是最像欧美发达国家的一个城市”。

当我对这两起事件逐一采访时却发现，事实并非之前媒体报道的那样。这两起事件并不是各自独立的，而是连贯的，都是精心策划出来的。他们在“征集光头”行动遭禁后策划出了“拇指姑娘”。他们认为，“女性”、“大学生”等元素更具有新闻效应，更能引起社会的关注。

但出于“策略”的考虑，在接受采访时，均强调她们的行为都是自发的。而由此引发的思考是：当你得知真相时，记者该如何处理？如果不报道策划过程，则新闻失实，但这失实的报道也是为了促进社会之进步；如果报道了真相，则她们行动的社会效应大为削弱，不能对相关部门构成压力，而且她们隐瞒相关事实，并非为了个人名利，而是公众利益。

“社运型”记者大多会支持前者。

而我认为，新闻唯一的服务对象当是真相。因为社会中，每个机构都有其各自的职责，促进社会运动的自有其独特的渠道，而不应以牺牲新闻

A14

城事 南方都市報

2011年7月8日 星期五 编辑 方军 美编 何云 美编助理 吴少图 校对 刘俊文

市建委主任约见“拇指妹” 穗光亮工程暂停设计招标

■ 新闻追踪

南都讯 在“拇指妹”和“光头哥”先后就光亮工程向广州市建委申请信息公开后（此前本报曾报道），昨日市建委主任侯永铨在办公室约见了“拇指妹”区佳阳。

区佳阳首先问，光亮工程可行性研究报告能否公开。侯永铨说，光亮工程原来设想一边进行设计方案招标，一边报批可研报告，在市民陆续提出意见后，市建委随即要求暂停设计招标，等可研报告做出来再说。“现在已经组织了十多位专家编制报告，完成后可以按信息公开条例的规定予以公开。”

区佳阳又对自己在建委工作窗口遭到的冷遇提出质疑。侯永铨说，建委工作窗口只负责收案，并不懂具体的业务，只能将意见转交给具体处室回复，“希望你能谅解。”

侯永铨特意回答了拇指妹“自我炒作”的问题，他说，“我不认为青年人关心光亮工程是自我炒作，关心社会公共事件是对的，不过我个人不赞同没得到回复后的工作人员送皮球和鸡架的做法，这不仅影响正常工作，而且东西收多了也没地方放啊”。

这番表态让区佳阳不禁微笑，她告诉媒体，非常感谢市建委的约见，未来自己会继续关注光亮工程，“但可能不会再选择送皮球和鸡架，会选择另外的表达方式”。

详解 “1.5亿投资只会减少不会增加”

约见拇指妹同时，侯永铨也回答了媒体对于1.5亿光亮工程的疑问。他表示，1.5亿工程费用中有1亿是企业投资，并非全部工程款都是政府资金。

南都：*亚运会已经结束，广州的光亮工程已经很美了，为什么还要再搞1.5亿光亮工程？*

侯永铨：亚运过后还要搞这个工程，主要基于以下三方面的考虑：一是去年亚运会时的部分灯光设施是临时租用的，现在合约到期需要拆除，这次要对拆除后的临时灯光设施再进行设计和建造，这部分预计投资3000万；二是珠江沿岸之前完成的景观夜景灯饰中，有些不完善，有些被人为损坏或被盗，还有个别的因光污染受到市民投诉，这些都需要进行适当的完善整修和补充调整，这部分投资2000万；三是要在白鹅潭和海心沙两个区域再建设LED光屏及其周边对应的配合灯光，这个LED光屏完成后，主要用于公共信息和公益广告的发布，这部分是预计投资1个亿，由市城投集团负责。

这1.5亿光亮工程中大部分的内容都是亚运前经亚组委审定的规划方案中列有的，当时时间紧没有全部完成，现在继续建设完善。目前的投资额仅仅是一个初步估算，后期还会根据实施方案的调整而作相应调整。不过可以肯定的是，只会减少不会增加，最后的投资不会超过1.5亿这个额度。

南都：*光亮工程是否违背了环保节能的建设理念？*

侯永铨：我认为要辩证客观地看待节能环保和城市景观照明之间的关系。既要充分考虑节电低碳，又要把美好的城市夜景表现出来，尽可能做到两者有机统一。我们现在在建设工艺、选材等各个环节进行节能控制，此外也借鉴了巴黎、纽约等国内外城市的经验，在一些特定区域进行有层次的光亮工程规划建设，而不是满城皆是。考虑到广州市的实际情况，将珠江两岸和新中轴线作为城市光亮工程的主要和重点区域。

采写：南都记者 魏凯 通讯员 成乡伟 孙卫农 左西尧

深圳准备好了吗
南方报业大运会全媒体联合采访团

绿色大运火炬手今日揭晓

南方报业大运会全媒体联合采访团同时启动

南都讯 南方报业传媒集团主办的“寻找绿色大运火炬手总决选”活动今日将在南山区海岸城露天广场举行，20万网友投票选出来的30名候选人竞争最后15个大运会火炬手名额，而南方报业大运会全媒体联合采访团也在活动现场举行了出征仪式。深圳大运会执委会副主席梁道行和南方报业传媒集团管委会主任杨兴锋一起向联合采访团代表授旗。

今年5月大运会倒计时100天开始，南方报业联手深圳大运会火炬传递指挥部面向广东全省选拔绿色大运火炬手，短短两个多月时间吸引了近百万人关注，收到有效报名资料近3000份，累计超过20万网友参与在线投票。

主办方表示，今天现场选拔火炬手的评分主要来自两个环节，一个是前期的网络投票结果，占总评分的30%，另一部分评分来自现场的大众评委，这部分评分占总评分的70%。

绿色大运会火炬手选拔结束之后，南方报业大运会全媒体联合采访团也将正式启动，杨兴锋表示，南方报业传媒集团旗下各报纸网站媒体将统一步骤，从大运会开幕倒计时一个月开始，围绕“深圳准备好了吗”持续每天推出一期主题报道，通过多媒体手段传播深圳大运会“不一样的精彩”。今天的活动现场，航拍采访组乘坐的直升飞机在上空待命，而采访团第一站的目的地就是大运会开幕式举办地深圳湾体育中心。

南方报业大运会全媒体联合采访团 记者 刘勇

南方民间智库围观会周日开坛

南都讯 记者田霜月 实习生刘晓園 你是拍砖高手，还是草根大侠？快来参加“南方民间智库围观会”。本次活动主办方广发英雄帖，公开招募网民代表10人。

据了解，该活动是由南方都市报、南方民间智库、奥一网主办的常设性网络论坛，第一期7月10日举行，讨论主题是“为什么领导可以骂娘群众不能骂娘”。

报名时间：2011年7月8日-7月9日17时。报名方式：1.网上报名（wz.wen.oeeee.com/Content/74700.htm）2.电话报名（020-87366070）3.电子邮件报名（oewenzheng@126.com）

的真实性为代价；新闻一旦参与社运，和公益组织结成战友情谊，尤其成为利益共同体后，那么其在报道时，难免有所偏向；这一次，他们的行动出于公众利益，但谁能保证下一次不是出于私利呢？

从新闻和政党的历史关系中亦可见，媒体一旦具有党派特性，其惯性万难改变。公益机构作为第三部门，虽与政党不同，但或许也有相对强势的一天。

七

以上所思产生于理想状态下。但新闻并不发生于真空里，它无时不刻不在真伪、义利、公私、美丑等等伦理间博弈。

这就如我，外表平静，内心却终日翻滚、挣扎着。无论我如何通过学习、阅历增加自己的修为，这挣扎仍会贯穿我的一生。

（作者系南方周末记者）

做环境报道的三重法门

□冯永锋

冯永锋

根据多年的工作经验，本人简单总结了一下做环境报道的方法，大体有三重“突破”法，一是“与环保组织结伴法”，二是“无知搏有知法”，三是“低调亲赴现场法”。

一

首先说一说与环保组织作伴法。

很多人忌讳与环保组织作伴，深怕自己身陷其间，为其左右。《中外对话》总编伊莎贝尔女士 2011 年 7 月 2 日作客达尔问自然求知社时，提到一个观点比较客观。她说，要报道好环境问题，必须和民间环保组织交朋友，他们有大量的案例和信息可刺激你思考更多的选题；当然，记者本身要注意不要只报道环保组织的成就，而要擅长从环保组织提供的信息里发现新闻线索，而不是只为环保组织说话。

比起她的这个观点，《南方都市报》的喻尘，则更加保守一些。他在一次环境报道的研讨会上说，他不建议南都的记者参与到民间环保组织的事件中去，尤其不要成为其一员，因为他担心记者本身的独立性受影响。他这话容易给记者造成一种误会性恐慌，以为所有与环保组织沾边的事，都不要去参与，免得被组织上当成“参与环境保护运动”。其实这个界限是很清楚的，任何记者都会有基本的职业独立性，从环保组织那获取信息源，与从企业、政府、个人那获取信息源，都是一个来路而已。如果因为担心自己丧失独立性，那么，任何信息源也不能接通，社会上的任何机构，无论政府企业个人都无法接触。

整体来说，环保组织确实有一些特点比政府和企业更加吸引人。和环保组织的合作，一是替社会在环境领域探险，去做些社会普遍上认为无法做的事——那么，这样的故事，总是具备极其良好的新闻吸引力。二是发现很多边缘问题，这些边缘问题往往在当时社会环境中，要么不为人所广泛认知，要么不被人所接受——那么，其传播这些边缘思想、先锋知识的过程，其实也是很吸引媒体的过程。换句话说，环保组织只要在行动，其身上就一定充满了新闻性。任何媒体只要按照媒体本性去行事，那么，积极地与环保组织结伴，是其从业的基本前提。

无论你如何专业，也无论你浸泡的时间有多长，担任一个记者，最需要的仍旧是你的情感，无论是对这个社会的情感，对自然界的情感，还是对你所报道的事件当事人的情感。都非常重要。

事实也证明了这一点。目前中国所有在环境报道领域做得出色的媒体人，几乎无一例外是环保组织的好朋友。大家不信，就去数一数，列一列。我在这里，就不一一点名了。

反过来说，中国大量的民间环保组织，也是媒体很要好的朋友，如北京的自然之友、北京地球村环境教育中心等等。因此，我认为一个不会与环保组织打交道的记者，不可能成为好的环境记者。当然，一个只会与环保组织打交道的记者，也不是一个好记者。不过，我从来不担心记者本身会丧失所谓的新闻独立性，物理距离不等于逻辑距离；我更不担心记者会缺乏专业能力，即使他个人一时糊涂，其所在的单位领导、编辑、读者，也会及时提醒他、纠正他。

没有什么能阻挡你成为专业记者，但有很多成见和忧惧会阻挡你成为一个有情有义的专业记者。

二

其次，说一说“以无知搏有知法”。

这句话是我在 2010 年的一次环境媒体报道研讨会上信口说的。当时我看不过有人动不动说记者要有“专业能力”，尤其要对所报道的领域非常熟悉。我想，这些强调记者专业性的人，其实强调的是“第二专业性”，也就是报道领域的知识专业性。记者一般首先遭遇的是“第一专业性”，即新闻专业性，就是说你永远要记得你是个记者，要按照记者的专业方式去工作。

那么，到底是新闻专业性重要，还是报道涉及领域的专业能力重要呢？我想，我们得承认一个最基本的现实，就是所有的记者，其实都是一些领域的外行。甚至有意思的是，越是外行，越可能写出更符合新闻专业性的稿件，内行对行业特点丧失了敏感之后，其写出来的东西，表面上深刻，恰恰可能反而沾染了行业的呆板与无趣。

一个人是不是有才能——或者说专业能力，其实是看在给定时间最短、信息量最不充分、资源最稀缺的情况下，他仍旧能够做出相对出色的报道。记者这个行业，说到底你遭遇的任何一个新闻议题，不管是你主动发现的还是报社派定的，其实都要求你在极度“外行”、“时间紧任务重人手少资金紧缺”的情况下，仍旧能够写出相对出色的报道。

所有的新闻议题都很无情，今天关注了明天可能就抛开，而且可能永远不再关注。记者每天面对的都是大量的、常规性的工作，记者每天都可能面对一个新鲜的知识系统，这实际上要求记者牢牢把握的是新闻行业的基本专业能力，而不是对每个领域都要精通和熟悉。如果一个记者只能写

某个领域，那么这个记者必然是不称职的。如果一个记者在行业共识的时间长度内，以“不理解某个行业”为理由，无法写出普通质量的稿件，那么这个记者也是不称职的。这也是媒体虽然表面为文字、图片或者说视频，但其永远不可能用艺术作品来被人对待的原因。这也是记者编辑其实是一个门坎很低的职业的原因。

如果一个记者真的想成为好记者，隔个五六年，适当地换一下报道领域是必要的。

三

我最想说的是第三个，“低调亲赴现场法”。

记者要甘于平庸，尤其在这个媒体乱军拥上的时代，你的任何一篇作品，都可能是某个事件报道的重复性报道中的一篇。指望通过自己一篇报道就产生轰动效果或者参与解决了某个问题，在今天没有多方共进，没有持续报道，单篇作品的影响力作用都是低微的。

一切媒体的前提，是要奔赴现场。可惜，无论是过去现在还是未来，肯奔赴现场的媒体，一向都很少。而肯低调奔赴现场的媒体，更是少。

在发生事件时，公众最需要知道的当然是现场的情况。但一旦发生事件，现场却往往是最难“靠近”的，因为社会的关注恰恰会给新闻当事人、新闻利益相关方制造“赶紧关起门来”的冲动。在这个时候，高调地宣称自己是媒体，手举记者证处处要人配合，结果往往可能适得其反。你得

海南频道　海南要闻　社会　美图　视频　旅游　房产　政务　言论　访谈　直播　专题　副刊　女性　服务

您所在的位置：首页 >> 新闻中心 >> 新华社记者写海南 >> 赵叶苹　　新华搜索：

国际先驱导报：海南，那些消失的“海上森林”

http://www.hq.xinhuanet.com　2011-07-25 09:55　来源：国际先驱导报　分享到新华微博

编者按：“在红树林里穿行时，脚趾能在淤泥下感受到红树林根系的错结和缠绕，不时能听到贝壳闭合时发出的‘嘭嘭’声，和林间鸟儿翅膀的扑棱声。”红树林之于海南，不仅仅是风景，还有更多的生态意义，比如固堤、防止海水被污染，它还是很多濒危物种的家。由于缺乏保护，从解放初期到现在，海南超过60%的红树林已经消失不见。

在华润事件发生一个多月后，我们才推出关于红树林的报道，其实是想等待一个结果：旅游开发与生态保护能不能够并存。结果多少有些让人失望，无论解释多么圆滑，破坏都是现实的存在。如果地方政府不能在发展与保护之间找到一条出路，红树林将会消失得越来越多，换来的，也许是大自然越来越严酷的惩罚。

背景知识：红树林

生长在热带与亚热带海岸潮间带滩涂上的木本植物群落。有“海上森林”和“海底森林”之称，因其树皮富含单宁酸，遇空气氧化后呈红色而得名。包括水椰、红榄李、海南海桑、拟海桑、木果楝等品种。

红树林的防浪护堤功能十分显著，台风来袭时，可以保护村庄和农田。

海南红树植物种类丰富、类型多样，是我国红树植物的分布中心。所有的红树种类（36种）都可以在海南省找到，其中12种真红树种类仅自然分布于海南。

爆料人网民“海南刘福堂”在接受新华社记者采访。（6月19日摄）

新华社记者 赵叶苹 摄

行走在海南岛的海岸线上，到处都能看到正在开发建设的工地和被砍伐的树木，围绕这里最多的话题就是征地、卖地，最优质的海岸线均被房产巨头圈走

毁林事件已经过去一个多月，刘福堂仍不停在微博上记录着事件最新动态，大有孤军也要奋战到底的架势，更何况，他现在并不觉得自己是孤军——越来越多的石梅湾村民站在他这一边。

他是海南省森林防火办原主任、民革海南原副主委。今年6月，正是他在微博中爆出了华润置地毁林的事情。事发地海南省万宁市的石梅湾，有6公里长的碧海银滩、海湾内植被繁茂，也是中国面积最大的成片野生水椰生长地。

到的，往往是所有人都得到的消息——虽然只要到了现场，你得到这些信息，就已经算是一个基本称职的工作表现了。

更低调的“亲赴现场法”，当然是在某个事件刚刚露出苗头，需要媒体去放大时。这时候，如果你能够率先出现在现场，并在信息尽量完整、利益相关方尽量充分的情况下，写出一篇足够成立的报道，就很好了。你这时候的工作恰恰不是追求全面和深刻，而是要做到“够用就好”，只要现场给你的信息足够你支撑一篇稿件，那么你就放手写吧。你做的报道很可能帮这个事件完成了“从零到一”的升级。所谓的“从零到一”，就是让原来没有成形的事件，通过你的采访拢聚成形，给后来报道者提供极好的“挖掘通道”。

当然，奔赴这样的现场，其实需要的反而不是所谓的“勇气”，而是你克制自己怀疑、出走的冲动的能力。因为面对一个冷问题，你得设法说服自己还得说服同事，你写出来的报道，甚至只有很小的一部分会成为媒体行业一时追逐的重大事件。这时候，我们确实发现，一个人对一个行业适度的了解和“同情”，在一个“行业现场”里相对长时间的浸泡，确实也是非常必要的。

但无论你如何专业，也无论你浸泡的时间有多长，担任一个记者，最需要的仍旧是你的情感，无论是对这个社会的情感，对自然界的情感，还是对你所报道的事件当事人的情感。都非常重要。这么说不是因为只有记者才是一个需要情感的行业，而是因为作为一个人，得有相对充沛的情感源泉，这样，你才有

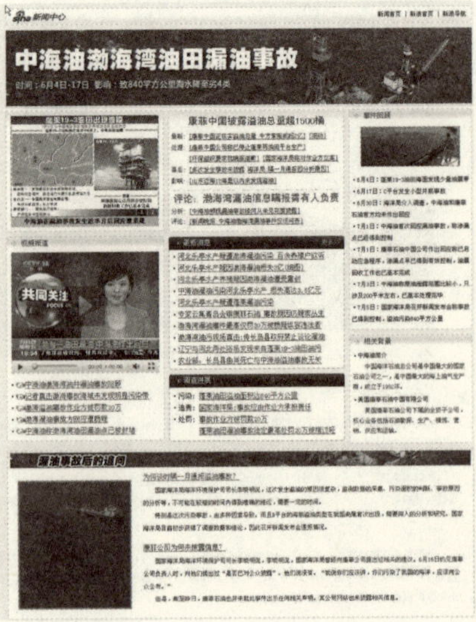

可能无论是看到苦难还是遇上欣喜时，都能够迅速在第一时间“灵魂附体”到采访对象身上，即从“技术层面”充分理解，又从“情感层面”对他们充分领悟。

如果说，我上面所写的这一切都还没觉得让我过瘾的话，那么，我要说的最后一句话是，无论你做不做环境报道，如果可能，请去自然界观观鸟，请去自然界认识一下植物、昆虫、雨水和风沙。你可以跟着推广自然认知的环保组织一起去，你也可以自己随意去。一个不热爱自然的人，一个与自然界存在诸多阻隔的人，确实还是很难做好环境报道。我不知道这是不是一种“专业性”，我只觉得，这是作为一个活在自然界中的人，应当基本具备的才能，不在于你当不当记者。

（作者系光明日报记者、达尔问自然求知社研究员）

在纠结中共同前行
——浅谈环保 NGO 与媒体的关系

□刘晨

刘晨

十年前，中国环保 NGO 中还鲜有专门负责媒体工作的人员，更不要说专门设立负责媒体和传播的部门了。但是，现如今，有越来越多的环保 NGO 意识到媒体工作的重要性，有些已经或正在搭建自己的媒体工作团队。这从一个侧面折射出二者关系的变化。

互动

在过去几十年间，环保 NGO 与媒体的互动从来就没有间断过。

首先，媒体是环保 NGO 的重要平台之一。专业性是许多环保 NGO 的特长所在，然而，这些机构毕竟与研究单位有别，后者致力于学术贡献，而前者则在于通过让人们知道“为什么”，来去提高他们保护环境的意识，或者改变某些环境问题。因此，如何让更多的人们了解专业问题和知识，是环保 NGO 工作中首要去解决的问题，而这些人可以是普通的公众，是能够改善某个环境公益问题的决策者，也可以是与之相关的某个行业，甚至可以是环境破坏的直接受害者。因此，媒体显得格外重要。如果说环保 NGO 是专业地发现和解决环保公益问题的基地，那么媒体就是一个将这一切变成故事、讲给更多人的平台。

以气候变化为例，对于普通公众而言，乍看上去，这是一个与己无关的事情。可是当媒体呈现出一个个因气候变化所导致的极端天气灾害时，当媒体讲述一个个与此相关的受害者故事时，“气候灾民”四个字便把那些原本遥远复杂的科学问题与普通公众眼前的生活一下子联系在了一起。

与政府机构、企业相比，环保 NGO 算得上是弱势群体，因为它不可能运用权力或者金钱去扩大自己的声音，媒体有时候是 NGO 唯一让自己产生影响的渠道。NGO 的专业性，只有通过媒体才能让它真正发挥到作用。

其次，发现问题、揭露问题是环保 NGO 和媒体密切互动的第二个重要方面。常常有人会把环保 NGO 误认为是媒体，这也难怪，从“揭黑打假”的角度而言，这两者倒是常有所类同。众所周知，因为经济飞速发展等原因，现今中国的环境灾难频发，环境问题日益凸显。因此，揭露破坏和污染环境的行为，成为许多环保 NGO 和媒体的一项重要工作。具体而言，二者在这一问题上的互动模式，无外乎以下三种。

常常都会邀请中外媒体，经过几次之后，我们发现，外媒几乎很少迟到，越是有声望的媒体越如此，相比之下，每次必然有不少中国记者迟到，从迟到 15 分钟到一个小时不等。更有趣且常见的是，很多中国记者前一天满口答应会出席，第二天则全然没有踪影，连条短信都没有。

一是媒体爆料在先，NGO 随后介入调查。由于新闻敏感性等原因，媒体时常会先于环保 NGO 发现突发的重大污染或破坏现象，然后，环保 NGO 才会根据事态的情况和自身的能力决定是否跟进。不少环保 NGO 做的项目，最初都是源于媒体的相关披露报道，尤其是一些突发性的污染问题。例如，2010 年 7 月紫金矿业造成当地水污染一事，被媒体曝光之后，当地环保 NGO 进一步重点跟进调查。

二是环保 NGO 与媒体一起行动、去实地调查。例如，绿色和平今年 3 月与记者共同赴四川调查当地非法砍伐树林一事。从媒体的角度而言，NGO 的专业知识能够帮助到其更好地完成调查报道，而对 NGO 来说，记者的存在，则是从第三方见证了它在实地调查的真实性和公正性，最终的结果，无论是记者，还是 NGO，都是为了能够呈现给公众一个客观的真相。

三是媒体的调查报道源于环保 NGO 提供的线索。对于有些项目，环保 NGO 由于各种原因已经结束，或者迫于资源等问题，而暂时没有能力开展，而媒体又有兴趣关注，那么，环保 NGO 便可以为媒体提供重要线索和背景。例如，电子垃圾问题，这是绿色和平几年前曾经深入做过的项目，但后来由于多种原因，绿色和平的工作重点逐渐转离这一议题。然而，这个问题仍然存在，也是媒体时常关注的话题。因此，当有媒体要去实地调查或者讨论这一问题时，绿色和平常常能够为媒体提供相关的背景资料，甚至于他们曾经去做过调查的实地线索。

总而言之，无论是平台也罢，还是共同揭露问题也罢，环保 NGO 与媒体的互动在于二者之间的互补长短，尤其是在中国大陆当下的政治和社会现实中。去年发生在大连湾的漏油事故之后两者之间的互动，可以被视为一个案例。

2010 年 7 月 16 日，大连新港中石油输油管道发生爆炸，引发火灾，并致使大量原油泄漏，造成大连港附近大面积海域被污染。

与以往的突发事件一样，媒体第一时间赶到现场进行报道。大约一天之后，由于其他原因，多家媒体纷纷离开大连。同时据新华社通告，油污已经基本清理完毕，对环境影响不大。

与此同时，绿色和平也在事发后 48 小时内赶到现场。与媒体不同，绿色和平在接下来的 10 天内，先后出海 4 次，对 100 多公里的海岸线进行勘察，记录事故对当地环境和民众的影响，以及事故处理情况，并于第一时间向媒体和公众发回了现场勘察的图片和第一手资料。那一批实地调查资料，在媒体上再一次掀起了对该事件的关注。

通过这一次经历，我们看到，或许有时候，当媒体被迫噤声时，环保 NGO 凭借着其专业性，反而能够冲破限制，做出东西来，从而最终对揭露问题起到作用。当然，媒体在这其中仍然扮演着不可忽视的平台

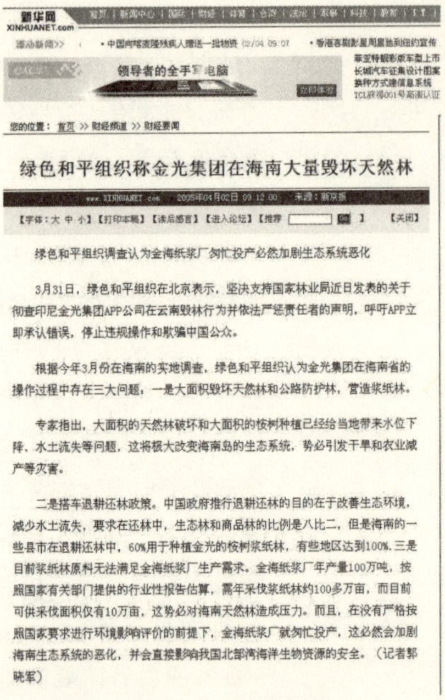
新华网 XINHUANET.com

您的位置：首页 >> 财经频道 >> 财经要闻

绿色和平组织称金光集团在海南大量毁坏天然林

www.XINHUANET.com 2005年04月02日 09:12:00 来源：新京报

绿色和平组织调查认为金海纸浆厂匆忙投产必然加剧生态系统恶化

3月31日，绿色和平组织在北京表示，坚决支持国家林业局近日发表的关于彻查印尼金光集团APP公司在云南毁林行为并依法严惩责任者的声明，呼吁APP立即承认错误，停止违规操作和欺骗中国公众。

根据今年3月份在海南的实地调查，绿色和平组织认为金光集团在海南省的操作过程中存在三大问题，一是大面积毁坏天然林和公路防护林，营造浆纸林。

专家指出，大面积的天然林破坏和大面积的桉树种植已经给当地带来水位下降、水土流失等问题，这将极大改变海南岛的生态系统，势必引发干旱和农业减产等灾害。

二是搭车退耕还林政策。中国政府推行退耕还林的目的在于改善生态环境，减少水土流失，要求在还林中，生态林和商品林的比例是八比二，但是海南的一些县市在退耕还林中，60%用于种植金光的桉树浆纸林，有些地区达到100%.三是目前浆纸林原料无法满足金海纸浆厂生产需求。金海纸浆厂年产量100万吨，按照国家有关部门提供的行业性报告估算，需年采伐浆纸林约100多万亩，而目前可供采伐面积仅有10万亩，这势必对海南天然林造成压力。而且，在没有严格按照国家要求进行环境影响评价的前提下，金海纸浆厂就匆忙投产，这必然会加剧海南生态系统的恶化，并会直接影响我国北部湾海洋生物资源的安全。（记者郭晓军）

作用，离开了媒体，环保 NGO 的专业性依旧不能够广为人知。

必须承认，在过去的这些经历中，环保 NGO 和媒体都曾有过或多或少的不足，而他们正是在这些磨合中共同成长。几年之前，当我们邀请媒体来参加新闻发布会时，许多媒体基本不清楚“绿色和平”是什么，而现在，几乎很少有记者会困惑地说，没有听说过绿色和平、没有听说过自然之友。同时，环保 NGO 的专业性也是一步步成长起来的。很多被媒体曝光的问题，环保 NGO 当时没有办法做，却不意味着永远不能做。许多像“公众环境研究中心”等环保 NGO，对环境问题的调查能力，已经不是几年之前所能想象的，近期公布的“揭露苹果供应链”的报告，便是一个很好的例证。

期望

不得不承认，环保 NGO 和媒体之间仍然时有误会产生，也意味着双方仍然有很大空间可以去共同努力和开拓。在一定程度上，二者面对着的是一样的环境。其中，来自相关部门的压力，常常成为约束工作进展的魔咒。

其实，生活在这个社会中，大家对各自工作的艰辛都存有理解之心。当我们打电话给记者，告诉他们有关于某问题的新的调查结果出来时，记者常会不无遗憾地表示，实在无能为力帮忙公之于众。然而，有好几次，电话那端的记者会说：“对于你们的工作，我和我的同事都非常佩服和支持。”对于一个做环保公益的人和机构而言，这些不曾谋面的简单言语，都是一种莫大的鼓励。

只是，当这种魔咒被内化，演变成一种严重的“自我审查”时，对媒体自身和对环保 NGO 就都造成了伤害。

比如，经常有媒体用“某国际环保组织”来代替“绿色和平”的名称，这可能出于“规避风险”的原因。实际上，从自身的工作目的出发，“绿色和平”四个字见诸报端显然不是一家环保 NGO 的意图所在，能够让大家意识到他们所揭露的环境破坏问题，并进而带来改变才是其媒体工作的初衷。然而，当新华网都已在大方地援引“绿色和平”时，某些报纸还在扭捏地用着“某国际组织”，不得不让人为那些过度自我审查的媒体而哀叹。而当以“上面不让报道某国际组织”为由拒绝关注问题本身时，对媒体而言，已然成为一种悲哀。

另外一个期望是，希望未来能见到更多更加敬业和专业的媒体从业者。不可否认，中国目前的媒体圈里并不乏有新闻理想，并为之努力的媒体人，但是，很多时候，不少记者的表现，甚至让外行人都感到无奈。而这背后有时或许仅仅只是态度的问题。

比如新闻发布会，尤其是备受大家关注的话题，常常都会邀请中外媒体，经过几次之后，我们发现，外媒几乎很少迟到，越是有声望的媒体越如此，相比之下，每次必然有不少中国记者迟到，从迟到 15 分钟到一个小时不等。更有趣且常见的是，很多中国记者前一天满口答应会出席，第二天则全然没有踪影，连条短信都没有。其实，记者临时有事来不了是常有的事儿，也是可以理解的，但是，有些记者几乎每次如此，前一天满口答应，第二天毫无音讯，这就让人难免不担忧和质疑他的专业水平和职业素养了。

此外，记者的功课还是应该自己去做。除了采访和资料之外，我们常常碰到记者问我们要其他相关方的联系方式，通常而言，如果我们有，当然尽量会提供给媒体，但当许多媒体把几乎所有需要去找的联系方式都丢过来让 NGO 去提供时，实在是有些让人无语。类似的情况，也时常发生在搜集其他相关的资料方面。

最后，专业的媒体离不开独立性。中国的政治和舆论管制环境暂且不论，媒体如果还屈从于商业利益，则是一件颇让人失望的事情。我们知道，如今很多环境问题的产生直接与企业公司的某些行为相关，而作为致力于保护环境的 NGO，不可避免的会跟这些污染者针锋相对，当然了，最终的目的并不是搞臭谁的名声，而是在于解决问题，制止污染。然而，当本该处于中立地位的媒体，作为企业的说客，或者与企业一同找上环保 NGO 的门时，还让我们和公众日后如何相信这些媒体的报道

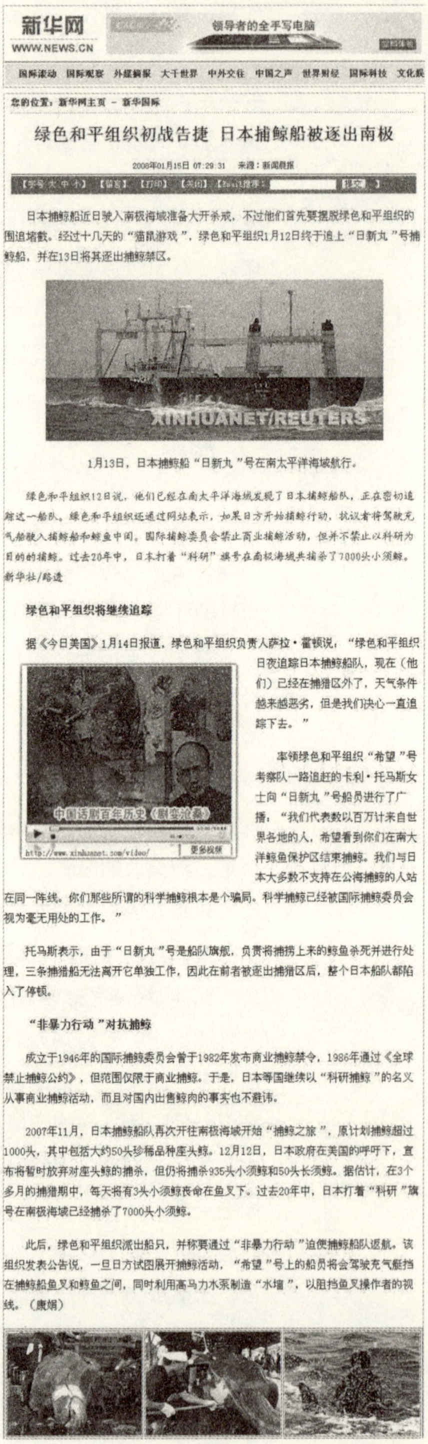
新华网
WWW.NEWS.CN
领导者的全手写电脑
国际滚动 国际观察 外媒摘报 大千世界 中外交往 中国之声 世界财经 国际科技 文化娱
您的位置：新华网主页 - 新华国际

绿色和平组织初战告捷 日本捕鲸船被逐出南极

2008年01月15日 07:29:31 来源：新闻晨报

【字号 大 中 小】【留言】【打印】【关闭】【Email推荐： 提交 】

日本捕鲸船近日驶入南极海域准备大开杀戒，不过他们首先要摆脱绿色和平组织的围追堵截。经过十几天的“猫鼠游戏”，绿色和平组织1月12日终于追上“日新丸”号捕鲸船，并在13日将其逐出捕鲸禁区。

XINHUANET/REUTERS

1月13日，日本捕鲸船“日新丸”号在南太平洋海域航行。

绿色和平组织12日说，他们已经在南太平洋海域发现了日本捕鲸船队，正在密切追踪这一船队。绿色和平组织还通过网站表示，如果日方开始捕鲸行动，抗议者将驾驶充气船驶入捕鲸船和鲸鱼中间。国际捕鲸委员会禁止商业捕鲸活动，但并不禁止以科研为目的的捕鲸。过去20年中，日本打着“科研”旗号在南极海域共捕杀了7000头小须鲸。新华社/路透

绿色和平组织将继续追踪

据《今日美国》1月14日报道，绿色和平组织负责人萨拉·霍顿说：“绿色和平组织日夜追踪日本捕鲸船队，现在（他们）已经在捕猎区外了，天气条件越来越恶劣，但是我们决心一直追踪下去。”

中国话剧百年历史《剧变沧桑》
http://www.xinhuanet.com/video/ 更多视频

率领绿色和平组织“希望”号考察队一路追赶的卡利·托马斯女士向“日新丸”号船员进行了广播：“我们代表数以百万计来自世界各地的人，希望看到你们在南大洋鲸鱼保护区结束捕鲸。我们与日本大多数不支持在公海捕鲸的人站在同一阵线。你们那些所谓的科学捕鲸根本是个骗局。科学捕鲸已经被国际捕鲸委员会视为毫无用处的工作。”

托马斯表示，由于“日新丸”号是船队旗舰，负责将捕捞上来的鲸鱼杀死并进行处理，三条捕猎船无法离开它单独工作，因此在前者被逐出捕猎区后，整个日本船队都陷入了停顿。

“非暴力行动”对抗捕鲸

成立于1946年的国际捕鲸委员会曾于1982年发布商业捕鲸禁令，1986年通过《全球禁止捕鲸公约》，但范围仅限于商业捕鲸。于是，日本等国继续以“科研捕鲸”的名义从事商业捕鲸活动，而且对国内出售鲸肉的事实也不避讳。

2007年11月，日本捕鲸船队再次开往南极海域开始“捕鲸之旅”，原计划捕鲸超过1000头，其中包括大约50头珍稀品种座头鲸。12月12日，日本政府在美国的呼吁下，宣布将暂时放弃对座头鲸的捕杀，但仍将捕杀935头小须鲸和50头长须鲸。据估计，在3个多月的捕猎期中，每天将有3头小须鲸丧命在鱼叉下。过去20年中，日本打着“科研”旗号在南极海域已经捕杀了7000头小须鲸。

此后，绿色和平组织派出船只，并称要通过“非暴力行动”迫使捕鲸船队返航。该组织发表公告说，一旦日方试图展开捕鲸活动，“希望”号上的船员将会驾驶充气艇挡在捕鲸船鱼叉和鲸鱼之间，同时利用高马力水泵制造“水墙”，以阻挡鱼叉操作者的视线。（康娟）

是客观的呢?

以上这些问题并不是指责媒体从业者，只是此前我们工作中的一些观察，而且，希望也相信更多的中国媒体人并非如此。我也曾有个过几年的记者生涯，我深知做记者的辛苦，尤其是在中国现今的环境之下。提出这些只是希望意在我们能够有越来越独立、专业和敬业的媒体队伍。其实，这些期望与其说是提给媒体，倒不如说是给环保 NGO 与媒体共勉，因为专业、敬业和独立是这二者都一直在努力做的。

实现信息公开、让公众知道真相，是当下中国现实中，媒体和环保 NGO 努力的目标之一。无论是媒体，还是环保 NGO，想要争取这一点，的确都需要勇气。显然，若要实现一个真正健康的公民社会，实现一个人与自然、人与人能够和谐相处的社会，离不开包括环保 NGO 和媒体在内所有社会成员的共同努力。

（作者系国际环保组织绿色和平媒体经理）

韩国媒体的“公益报道”

□李成贤

李成贤

不久前，新浪微博上一个名叫“郭美美 Baby”的网友在中国颇受关注，因为这个自称“住大别墅，开玛莎拉蒂”的 20 岁女孩，其认证身份居然是“中国红十字会商业总经理”，由此而引发不少网友对中国红十字会的非议。笔者还观察到在中国“公益报道”讨论通常涉及到媒体如何介入慈善报道以及媒体应持的态度和理念。这反映了“中国特色”。

虽然中国官方媒体对“郭美美事件”保持低调，但随着在微博等互联网上人们的广泛关注，使得官方媒体也“反应过来”而迅速成为“全国性”事件。在本文里，笔者作为外国媒体工作者想提出一些个人观察和感受，然后谈一谈韩国公益报道的情况，既希望对两国同行之间交流有所帮助，也希望有助于感兴趣的中国新闻工作同行和学者们在这方面的研究。

在韩国“郭美美事件”得不到如此广泛关注

第一，本人认为该事件的本质不是郭美美，而是当今中国慈善机构财务运作上的不透明，更是中国社会对官方机构缺乏公信力的问题。

第二，本事件具有“中国特色”。如果在韩国发生类似事件的话根本得不到如此广泛的网民以及媒体的关注，这样的事情在韩国目前国情下不会发生。韩国舆论环境中媒体有很强的揭露能力，这并不是说韩国媒体素养很高，但这的确带来了媒体对政府以及官方机构的强力监督功能。比如，韩国一位前总理在韩国的“3.1 节”，也就是韩国独立纪念日，忙着跟一些商人打高尔夫，在强烈的舆论压力下辞职。当天铁路工人也举行大罢工，导致铁路和地铁交通一半以上停开，陷入瘫痪状态。韩国媒体指责他“在不适当的时间同不适当的人打高尔夫”，导致来自在野党和开放国民党的强大压力下辞职。类似的案例在韩国不少。

在媒体天天仔细观察社会动态的情况下，“郭美美”这样的人物能够进入红十字会的可能性很低（事后，中国红十字会总会发表声明，称旗下并没有“红十字商会”这一机构）。

此外，在传统上，韩国是一个“集体文化”因素很强的国家，一个人很难敢于表现出自己“与众不同”。同时，很多外国人来了韩国才发现，韩国是在“地缘”、“学缘”、经济程度等方面上，存在着看不见的“阶级制度”的社会。这样的社会环境导致大家都很小心不想刺激韩国社会最不舒服的神经。换而言之，在韩国有人在微博上自豪地展示自己的豪华生活，主动成为“人民的公敌”的可能性很少。总之，韩国媒体竞争很激烈，八卦新闻多，左右派报纸之间政治立场也截然不同，媒体的“活跃性”也防止了“郭美美”这种人物出现在韩国。

一个有趣的现象是，在韩国包括慈善活动的公益机构越来越不想得到媒体关注，不想在媒体出现。一个原因是他们已经充分经历了“Media Play”的好坏处，即媒体捧人、媒体害人的“双刃剑”。同时，随着社会的进步，韩国人也慢慢开始从平常心态来看待捐款活动。

第三，中国红十字会总会发表声明，称旗下并没有“红十字商会”这一机构后，为什么人们还是期待郭美美事件的“真相”？尽管各方面已经出面辟谣以正视听，但目前各种说法仍是满天飞，人们还是保持怀疑，期待真相。笔者认为这应该是围绕郭美美事件的核心问题之一，也是为中国媒体提供值得思考的线索。

第四，在韩国没有“公益报道”的概念。“公益报道”这个词对我来说也稍微“陌生”，因为在理论上所有报道都具有公共性，应服务于公众利益，不需要前边加“公益”这个词。“公益报道”就是媒体报道的原则。这个词在英文里也没有，他们只有“公益广告”（public service advertising 或 public service announcements）这个词。中国媒体学者们跟国外同行进行交流时，互相之间把这个“公益报道”概念上的理解说清楚然后讨论会比较有效。

所以，在韩国发生的围绕“公益报道”的争论大部分实际上归结于知情权的问题。“郭美美事件”本身包含中国国情因素，直接把两个国家的“公益报道”比较是不能成立的。此外，韩国慈善活动并不是媒体关注的亮点。在中国的国情下，人们往往习惯于对捐赠者本人特别是对名人的捐赠行为进行严格监督，形成了一种捐赠得越多越受监督的现象。在韩国，捐赠者可以不公开、不透明，充分尊重捐赠人的意愿。除了一些个别案例（在下面说明）外，慈善活动不是媒体特别关注、监督的对象，媒体也不太关注捐款者财产形成过程。此外，因为有了比较规范的公益组织运作方式，针对公益组织的媒体“舆论监督”也不是像在中国一样那么活跃。在这方面，我首先希望得到中国读者的理解。

韩国围绕慈善机构报道一般都是“正面”报道为主

由于今日中国特别关注“公益报道”的原因之一，是与围绕红十字会的所谓“郭美美事件”有关，所以笔者查了在围绕韩国红十字会有关文章，做简单的比较。在韩国最大的门户网站 NAVER.COM 的闻网站上搜索前一个月里（2011 年 6 月 29 日到 2011 年 7 月 29 日）包括“红十字会”标题的新闻报道，共有

A32 网眼 南方都市报

“郭美美”引爆传言潮 各方紧急撇清关系

调查显示其真名为郭美玲，年初曾在网上叫卖九成新二手MINI Cooper

“与郭长江同机”被证伪

网友重提杨澜捐款旧事

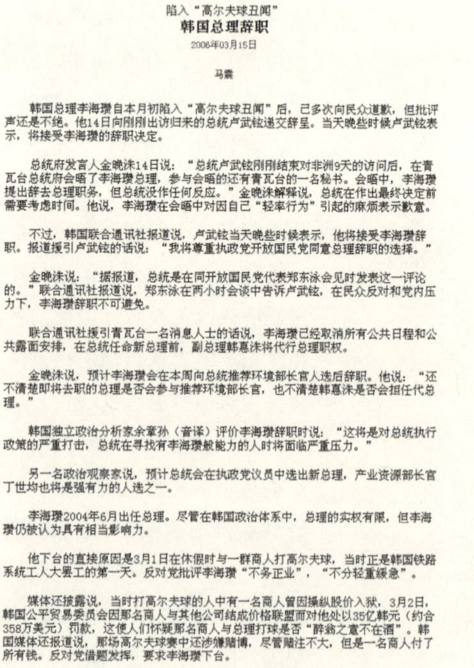
陷入“高尔夫球丑闻”

韩国总理辞职

2006年03月15日

马震

韩国总理李海瓒自本月初陷入“高尔夫球丑闻”后，已多次向民众道歉，但批评声还是不绝。他14日向刚刚出访归来的总统卢武铉递交辞呈。当天晚些时候卢武铉表示，将接受李海瓒的辞职决定。

总统府发言人金晚洙14日说：“总统卢武铉刚刚结束对非洲9天的访问后，在青瓦台总统府会晤了李海瓒总理，参与会晤的还有青瓦台的一名秘书。会晤中，李海瓒提出辞去总理职务，但总统没作任何反应。”金晚洙解释说，总统在作出最终决定前需要考虑时间。他说，李海瓒在会晤中对因自己“轻率行为”引起的麻烦表示歉意。

不过，韩国联合通讯社报道说，卢武铉当天晚些时候表示，他将接受李海瓒辞职。报道援引卢武铉的话说：“我将尊重执政党开放国民党同意总理辞职的选择。”

金晚洙说：“据报道，总统是在同开放国民党代表郑东泳会见时发表这一评论的。”联合通讯社报道说，郑东泳在两小时会谈中告诉卢武铉，在民众反对和党内压力下，李海瓒辞职不可避免。

联合通讯社援引青瓦台一名消息人士的话说，李海瓒已经取消所有公共日程和公共露面安排，在总统任命新总理前，副总理韩惪洙将代行总理职权。

金晚洙说，预计李海瓒会在本周向总统推荐环境部长官人选后辞职。他说：“还不清楚即将去职的总理是否会参与推荐环境部长官，也不清楚韩惪洙是否会担任代总理。”

韩国独立政治分析家余章孙（音译）评价李海瓒辞职时说：“这将是对总统执行政策的严重打击，总统在寻找有李海瓒般能力的人时将面临严重压力。”

另一名政治观察家说，预计总统会在执政党议员中选出新总理，产业资源部长官丁世均也将是强有力的人选之一。

李海瓒2004年6月出任总理。尽管在韩国政治体系中，总理的实权有限，但李海瓒仍被认为具有相当影响力。

他下台的直接原因是3月1日在休假时与一群商人打高尔夫球，当时正是韩国铁路系统工人大罢工的第一天。反对党批评李海瓒“不务正业”，“不分轻重缓急”。

媒体还披露说，当时打高尔夫球的人中有一名商人曾因操纵股价入狱，3月2日，韩国公平贸易委员会因那名商人与其他公司结成价格联盟而对他处以35亿韩元（约合358万美元）罚款，这使人们怀疑那名商人与总理打球是否“醉翁之意不在酒”。韩国媒体还报道说，那场高尔夫球赛中还涉嫌赌博，尽管赌注不大，但是一名商人付了所有钱。反对党借题发挥，要求李海瓒下台。

157 篇新闻。以下是按最近日期发表 20 篇新闻报道的标题。

1.“红十字会在水灾地区开展救护活动”（NEWSIS）
2.“红十字会在蔚山市捐赠 60 台风扇 ”（联合通讯社）
3.“暴雨后，红十字会紧急增加 1000 套救护工作用品”（联合通讯社）
4.“红十字会在大田贫困地区为 1800 家提供 6000 万元相当的一般性救护品”（NEWSIS）
5.“暴雨也冲击朝鲜，国际红十字会开展救护工作”（NEWSIS）
6.“国际红十字会在朝鲜黄海道开展救护工作”（朝鲜日报）
7.“国际红十字会在朝鲜黄海道开展救护工作”（YTN）
8.“国际红十字会在朝鲜黄海道开展救护工作”（联合通讯社）
9.“国际红十字会在朝鲜黄海道开展救护工作”(NOCUT NEWS)
10.“红十字会与 SK（韩国一家公司）人员一起准备小菜提供给 100 户低收入家庭”（NEWSIS）
11.“韩国红十字会在老挝国开展 11 天义务工作”（NEWSIS）
12.“庆尚北道红十字会会长亲切问候度假地区志愿者（每日新闻）
13.“韩国红十字会在老挝开展义务工作”（ASIA TODAY）
14.“日本广岛青少年访问大田红十字会”（大田市 JOURNAL）
15.“第 30 次红十字会海外志愿者开工仪式”（联合通讯社）
16.“仁川红十字会捐赠给延坪岛住民”（京仁日报）
17.“红十字会志愿者亲身体验救护品装配过程”（NEWSIS）
18.“红十字会志愿者亲身体验救护品装配过程”（联合通讯社）
19.“莞岛被选 2011 年红十字会捐款优秀地区”（消费者新闻）
20.“红十字会捐款首次突破 500 亿元”（E-DAILY）

很明显，大部分围绕红十字会报道是正面的。不过，这些新闻都不会在头版上出现，因为媒体很少关注这样的消息。

在红十字会得不到韩国媒体关注的情况下，第 20 条新闻“红十字会捐款突破 500 亿元”报道值得关注。看起来，这个有一点难理解。得不到媒体关注，红十字会怎么可能得到历史上最多的捐款呢？韩国红十字会工作人员在报道里面说，“这是成熟的捐款文化与企业参与的结果”。这值得思考。

慈善是企业应尽的社会责任。如果一个社会有健康的捐款文化的话，不需要媒体来“弘扬”。媒体自己也不要认为自己的介入才可以帮助公益活动。当然，社会需要对慈善活动的认可，而这方面媒体可以发挥作用，但这不要成为媒体热炒的理由。有的时候，媒体介入就会伤害原来的慈善精神。媒体不要认为自己在公益事业当中拥有“渠道霸权”，涉及到公益组织的舆论监督也是同样的道理。公益事业、慈善活动从来不是韩国媒体优先关注的对象。但这也有“代价”，比如，跟西方比起来的话，韩国捐款文化还要走漫长的路。最近一份报告显示，不到10%首尔市民有捐款习惯。而这在西班牙、英国、加拿大、美国等西方国家一般超过50%。

韩国“公益报道”主要是涉及到“知情权”

笔者在上面提出在韩国的媒体土壤里“公益报道”主要是涉及到“知情权”的问题。接下来介绍这方面的一些案例，想帮助中国读者的理解。

【案例 1】

1997年9月，韩国TV电视台MBC窃听一个主流报纸董事长和一家企业高层领导私下商榷在总统选举时期如何利用金钱来影响选举的内容。MBC快要播放该内容时，当事者们也发现了他们的私下谈话内容被窃听，立刻向法庭起诉要求法律保护他们的“隐私”。韩国通信保密法规定非法窃听或偷听市民会判刑10年监禁。这引起公益报道知情权的争论。一些媒体工作者主张通过金钱

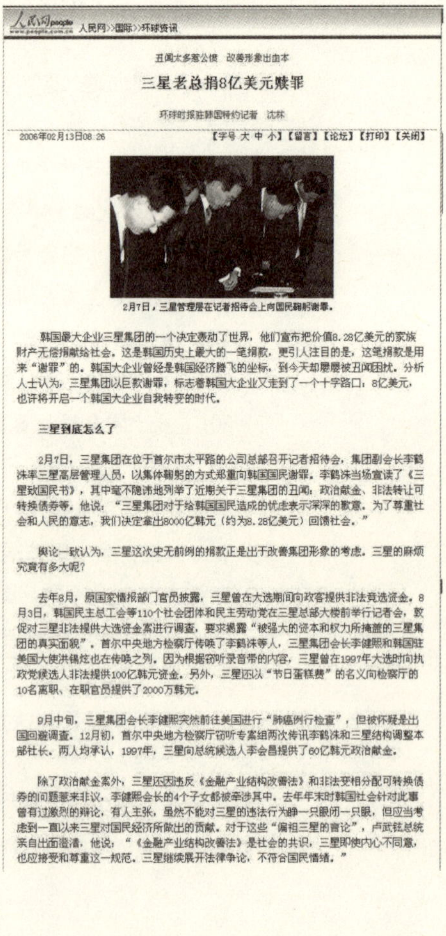
人民网>>国际>>环球资讯

丑闻太多惹公愤　改善形象出血本

三星老总捐8亿美元赎罪

环球时报驻韩国特约记者　沈林

2006年02月13日08:26　【字号 大 中 小】【留言】【论坛】【打印】【关闭】

2月7日，三星管理层在记者招待会上向国民鞠躬谢罪。

韩国最大企业三星集团的一个决定震动了世界，他们宣布把价值8.28亿美元的家族财产无偿捐献给社会。这是韩国历史上最大的一笔捐款，更引人注目的是，这笔捐款是用来“谢罪”的。韩国大企业曾经是韩国经济腾飞的坐标，到今天却屡屡被丑闻困扰。分析人士认为，三星集团以巨款谢罪，标志着韩国大企业又走到了一个十字路口：8亿美元，也许将开启一个韩国大企业自我转变的时代。

三星到底怎么了

2月7日，三星集团在位于首尔市太平路的公司总部召开记者招待会，集团副会长李鹤洙率三星高层管理人员，以集体鞠躬的方式郑重向韩国国民谢罪。李鹤洙当场宣读了《三星致国民书》，其中毫不隐讳地列举了近期关于三星集团的丑闻：政治献金、非法转让可转换债券等。他说：“三星集团对于给韩国国民造成的忧虑表示深深的歉意。为了尊重社会和人民的意志，我们决定拿出8000亿韩元（约为8.28亿美元）回馈社会。”

舆论一致认为，三星这次史无前例的捐款正是出于改善集团形象的考虑。三星的麻烦究竟有多大呢？

去年8月，原国家情报部门官员披露，三星曾在大选期间向政客提供非法竞选资金。8月3日，韩国民主总工会等110个社会团体和民主劳动党在三星总部大楼前举行记者会，敦促对三星非法提供大选资金案进行调查，要求揭露“被强大的资本和权力所掩盖的三星集团的真实面貌”。首尔中央地方检察厅传唤了李鹤洙等人，三星集团会长李健熙和韩国驻美国大使洪锡炫也在传唤之列。因为根据窃听录音带的内容，三星曾在1997年大选时向执政党候选人非法提供100亿韩元资金。另外，三星还以“节日蛋糕费”的名义向检察厅的10名离职、在职官员提供了2000万韩元。

9月中旬，三星集团会长李健熙突然前往美国进行“肺癌例行检查”，但被怀疑是出国回避调查。12月初，首尔中央地方检察厅窃听专案组两次传讯李鹤洙和三星结构调整本部社长。两人均承认，1997年，三星向总统候选人李会昌提供了60亿韩元政治献金。

除了政治献金案外，三星还因违反《金融产业结构改善法》和非法变相分配可转换债券的问题惹来非议，李健熙会长的4个子女都被牵涉其中。去年年末时韩国社会针对此事曾有过激烈的辩论，有人主张，虽然不能对三星的违法行为睁一只眼闭一只眼，但应当考虑到一直以来三星对国民经济所做出的贡献。对于这些“偏袒三星的言论”，卢武铉总统亲自出面澄清，他说：“《金融产业结构改善法》是社会的共识，三星即使内心不同意，也应接受和尊重这一规范。三星继续展开法律争论，不符合国民情绪。”

来试图影响选举已经是不道德行为（也是违法行为），要求法律也不要阻止“公益报道”原则。

【案例 2】

2001 年，韩国南部地区全罗南道的一所麻风患者医院的董事长起诉两个记者，称他们诽谤他的名誉，因为他们披露了他涉嫌挪用公款。但是法庭认为该报道服务于社会公共利益以及知情权，是正当行为。这是媒体报道引起社会对该事件关注，后来司法机构也介入发现确实有挪用公款行为。

以上两个案例是在韩国国情下，涉及到“公益报道”争论的典型案例。更接近目前中国媒体关注的公益报道的案例可能是笔者现在想介绍的韩国“问题富豪”的救赎方案。

【案例 3】

韩国一家公司在 1997 年韩国总统竞选时发生政治献金案。直到 2005 年才被媒体曝光。三天后该公司宣布捐款 10 亿美元“给社会”。当时，韩国检察官已经放弃对有关政治献金案提出起诉，因为证据不足且时效已过。该公司在 2006 年又一次碰到非法转让可转换债券等麻烦，令形象受损。该公司决定 8000 亿韩元（约为 8.27 亿美元）家族财产无偿捐献“给社会”。这是韩国历史上数额最大的一笔捐款。该公司希望通过这笔高额善款，将自己从“过去错误的行为”中拯救出来。

原来捐款行为不应该是有任何条件，这样才是美丽的行为。在一个有着政治影响力的公司自己选择社会捐款的方式来“谢罪”时，韩国媒体在报道该事件时心里很复杂。对大部分韩国报纸来说，该公司是他们最大的广告收入来源，如果报道力度太大又保持批评的态度，他们怕得不到该公司的广告。这样的后果真的发生，导致批评该公司的一家报纸经济困难。

韩国公益机构越来越不想得到媒体关注

以上笔者从郭美美事件引发的“公益报道”入手，介绍了韩国的情况。笔者认为直接对比或是困难的。同时，也感到这很正常，因为各国的媒介环境与报道重点反映了各自不同的国情土壤。

在中国，慈善事件已经成为媒体追逐的热点。这跟中国国情有关。问题有两个：一是慈善公益组织收了多少钱，二是这些钱用到哪里去了。在郭美美事件当中，中国媒体广泛关注该事件的负面因素，还有把该事件和现在中国社会其他问题联系起来报道。

这并不是坏事。随着经济日益发展人们也开始关注社会问题，关注各种不公平现象，经济事件背后的政治权利问题。媒体就是这个过程的见证者。媒体是否要“推进”事件的发展和演变，新闻机构在社会形象提升中要发挥什么样的作用是每个社会与媒体之间博弈关系的结果。在媒体学界里，这叫 Social Marketing（社会推销）。

总的来说,“郭美美”事件发生之后,中国公益慈善事业陷入舆论漩涡。中国媒体研究者日益关注事件动态,同时思考中国媒体如何通过国际比较,借鉴国外红十字会在相关问题的国际通行规则与经验的报道，希望更好地促进中国公益慈善事业走向制度化、透明化，是积极的表现。

一个有趣的现象是，在韩国包括慈善活动的公益机构越来越不想得到媒体关注，不想在媒体出现。一个原因是他们已经充分经历了“Media Play”（媒体热炒或媒体炒作。这是韩国媒体使用的说法，准确的英文说法是“Media Hype”)的好坏处,即媒体捧人、媒体害人的“双刃剑”。同时,随着社会的进步，韩国人也慢慢开始从平常心态来看待捐款活动。这就是为什么在韩国很难出现“郭美美”，也很难出现“陈光标”这种在媒体走红的人物。

（作者系韩国 THE KOREA TIMES 记者、清华大学国际传播研究中心研究员）

从公众新闻、公民媒体到公益传播

□任珏

任珏

公众新闻：审议民主的进路

公众新闻最早出现于20世纪80年代末、90年代初。1988年美国总统大选，一些政党与媒体炒作竞选议题，占据重要版面，冲高收视率，传播政治谣言、导致美国民众对新闻媒体的公正性产生怀疑和失望。“公众新闻”（Public Journalism，在台湾称为“公共新闻”）的概念是由新闻学学者戴维斯·麦瑞特（Davis Merrit）和杰·罗森（Jay Rosen）在1992年提出，提出这一概念的目的是希望能够强化新闻界与公众生活的密切关系。

美国“公众新闻”具体做法是通过举办民调或社区会议，找出民众关心的政策议题，要求候选人回应，并加以报道。进一步则邀请选民来参与讨论，或者叫做“审议”，要求候选人回应选民的议题。根据台湾传媒学者黄浩荣的统计，从1990年开始，美国已有1/5的报纸执行过程度不同的公民新闻学计划，而各种形式的做法累计到800件以上。例如《太阳报》的公共论坛，《威奇塔鹰报》的“市民计划”，《瞭望者报》的“色彩问题”计划，都是各类“公众新闻”的早期实践。

当然，公众新闻也招来一些批评和非议。当媒体的“公众新闻”趋势越来越明显的时候，一些美国的媒体人也担心由于强调媒体与读者的友好关系，是否可能导致公共新闻媒体不敢报道社区的负面消息，进而使得媒体为了迎合读者，而放弃社会监督和批判社会的“守门犬”职能。但是从公众新闻学的角度来看，美国的媒体人认为公众新闻并非特定价值的鼓吹者，主要的职责是辅助公民参与公共事务，解决社区问题的行动者。

如果我们将这样的评价标准置于中国语境，我们不难发现，这些社会职能在中国主要是由一些NGO来担负的，例如绿色和平主要聚焦于环保领域、益仁平机构则主要关注劳工权益和艾滋病维权领域。

当然，我们也可以看到本土的公众新闻雏形初现。如邓飞发起的“免费午餐”项目，就是首次以媒体人的身份介入大型公益行动，以媒体人的社会资源和公信力，整合各界媒体力量，为同一公益主题共同发声。这种活动模式，正是将解决边缘地区贫困儿童的吃饭问题为新闻报道的导向，以行动带动报道，又以报道推动公益行动。这也正是公众新闻的价值取向，这是中国本土的公众新闻实践，具有划时代的意义。

美国的公民媒体

Civic Media，公民新闻，当然也有人认为也属于“公众新闻”的一部分。麻省理工学院“未来公民

about | sites | how-to | tools

Silver Stringers

Pioneering citizen publishing

Silver Stringers is a community-centric approach to news coverage and presentation intended to train and equip its members to be reporters, photographers, illustrators, editors, and designers of a localized Web-based publication. The program is also intended to adapt and develop technological tools to facilitate the journalistic activities of the group. We are interested in enhancing grass-roots communication while at the same time learning new models for media coverage. [illegible] of the older generation in order to develop techniques for the next-generation media coverage of cities and towns.

Since the project began, we have expanded our vision to include communities of all ages all over the globe. One of them, the Junior Journal, began publishing in 1998 on a monthly basis and has had more than 300 children and teens (ages 9 to 18) participate from more than 91 countries. Publication was suspended in 2005 after all the editors had gone off to college.

Faculty Advisers: Walter Bender, Jack Driscoll.
Alumni Researchers: Dennis Quan, Marko Turpeinen, Ingeborg Endter, Alex Stouffs, Marco Monroy, Carla Gomez Monroy.

媒体中心”的负责人 Ethan Zuckerman（也是 Global Voices 的创办者）就曾调侃，在哈佛被称之为“公众新闻”的东西，在城的这一边，我们叫它“公民媒体”。在我看来，公众新闻，更多的是强调传统的大众媒体有意识地主动介入公共议题，推动民主审议的进程，更带有媒体精英式的入世精神。而公民新闻，虽然也以公共议题为导向，但是更多地强调在大众媒体之外的草根的、小众的媒体形态，多以“公民记者”，即非职业记者的草根民众作为新闻报道的主体，较之“公众新闻”更带有平民色彩。

公民媒体的类型多种多样，Ethan Zuckerman 指出，视频、语音、博客、Flickr 网站都可以成为公民媒体的一种形式。由此看来，充斥着诸多花边新闻和小道消息的微博，同样也可以成为一个有效的公民媒体，关键是看个体如何使用这个技术。

公民媒体技术为草根公民记者提供了发声工具和舆论平台。例如，“银发记者”（http://stringers.media.mit.edu/），就是一个在马萨诸塞州的老年公民记者社群，他们的年龄都在 50 岁以上，从一开始，他们就将关注的目光聚焦于全世界的任何年龄段的人们，1998 年开始，他们的出版物，月刊 Junior Journal，聚集了 300 多名从 9 岁到 18 岁的年轻人和孩子，来参与他们的媒体行动。

微博对于“公益传播”的意义在于，能够将精英范的“公众新闻”与草根派的“公民媒体”形成一种有效整合，让媒体人和普通民众，可以以灵活多样的形式参与公共议题。

还有“牢笼之间”（http://betweenthebars.org/blogs/），则是为美国囚犯设计的博客平台。这些公民媒体都在大众媒体之外有着自己独特之处，聚焦于小众人群，提供针对性的服务，将小众的声音和诉求带入公众传播的范畴。

美国的草根公民媒体，背后蕴藏着美国大众和知识分子对美国传播文化的一种批判。美国很多知识分子认为美国的民主文化已经落后了，现在有一个呼声，就是我们要重建美国的民主文化，从何着手呢？就是从草根社区技术的研发，来推动草根的社区民主。这是美国的 Civic Media 的重要格局。

公益传播：媒体的公共性问题

从美国的公益传播范式和中国本土的行动实践来看，公益传播在中国的出现，体现的是媒体价值观的转变。

“公众新闻”和“公民媒体”的传播主体不尽相同，但两者都有着参与公共议题，推动社会变革的历史使命。这也正是媒体公共性的体现，进而实现各类媒体进行“公益传播”的社会责任。

香港中文大学新闻与传播学院教授陈韬文曾经指出，在社会急剧转型的时代，所谓传媒的公共性，是指传媒如何可以成为社会开放、平等、理性的平台，如何可以让公共利益通过商议而得到体现。而这种传媒的公共性正是“公益传播”的核心价值。

在大众媒体时代，这种核心价值主要由电视、广播或报纸的传媒人在主流媒体中来践行。而在Web2.0的时代，草根公民的个人媒体行动，体现公民媒体的社会价值。到了微博时代，大众媒体的从业者也纷纷出现在这个公民媒体平台上，试图寻找各自东家之外的发声渠道，来参与公共议题的讨论。而草根公民则利用这个平台，不仅加深不同NGO之间的合作，更与主流媒体实现了有效对接。微博平台上的公民传播者，不仅实现了跨领域的合作，也实现了不同媒介形态的整合传播。

微博，对于“公益传播”的意义在于，能够将精英范的“公众新闻”与草根派的“公民媒体”形成一种有效整合，让媒体人和普通民众，可以以灵活多样的形式参与公共议题。例如邓飞的“免费午餐”和南都公益周刊，这两者正是“媒体人创办公益活动”和“媒体以报道公益做公益”的代表，在前一个个案中，媒体人利用微博这个公民媒体平台，参与公益活动，并结合自身优势，帮大众媒体策划新闻选题，进而促进大众媒体参与公共事件。而后者，传媒人主动开辟版面进行“公益新闻”运作，以专题策划的方式进行公益报道。

在我看来，公众新闻也好，公益传播也好，体现其社会性意义的重要之处，还是在于掌握传播技术的个体如何运用这些技术。以微博为例，虽然我们看到越来越多的媒体人在微博上参与公共议题的讨论，我们也不能忘记，微博同样可以用来讨论家长里短、明星八卦、吐口水和发牢骚。

微博对社会变革的推动力有多大、推动的速度有多快、推动的时间能持续多久，都需要进行进一步的耐心观察和仔细研究。尤其是微博作为公益传播的重要工具，与社会权力系统进行讨价还价的“议价能力”到底有多大，是公益传播的行动策略和范式研究的重要议题。

这也正是Ethan Zuckerman提醒我们注意的，“不能对媒体有着浪漫主义的想象”，对传统大众媒体如此，对新兴的公民媒体也是如此。他强调的是，我们不能仅仅关注技术，更需要关心这些技术是如何被使用的。

他认为，公民媒体（或者我们可以扩展到“公益传播”）的灵魂之处在于民众的“公民参与”，也就是说，民众被新闻吸引、乐意谈论公共议题。

由此看来，如何在推动“公民参与”上面下功夫、做文章，也许是中国本土“公益传播”需要进一步探索的方向。

（作者系《家庭》杂志记者、香港中文大学博士候选人）

去做与这个时代相衬的事

——《城市里的陌生人》采写手记

□傅剑锋

傅剑锋

2011年7月7日深夜，难以入眠。打开电脑，在微博上写下了几句感慨之言："这是个令我感动的夜晚——观察5年、采写3个月的稿件（后发现，算错了，其实是采访了3个月，写作了2个月），在冷藏了4个月后，终在今夜签发了。这是对中国的新生代农民工犯罪何以占城市犯罪1/3的观察，这是对'永远跳不出打工这个圈'的2亿劳工的观察，是对那些走向失败人生的个体的观察。感谢南方周末，感谢所有接受我采访的人，静夜里深深感谢！"

这组稿件就是《城市里的陌生人》系列。

此前，我经常自问，作为媒体从业者，我们能写出与这个伟大而复杂的时代相衬的东西吗？能真正为记录、解释这个时代提供有分量的东西吗？能把"易碎品"做成经得起时间与思想检验的东西吗？我时时反省自励，并以此高标为志业。

一

《城市里的陌生人》系列报道，产生于6年前一则令我惊惧的新闻。

深圳公明马田村闹市砍手抢劫事件爆发——打工者余富兵的手被抢劫者当街砍落。此后不久，广州天河又有一女工的手也被抢劫者当街砍落。

后来警方破案，得知深圳“砍手党”都来自广西温江村。南都记者丰雷采访了一名砍手党成员，犯罪者十七八岁，身体孱弱。丰雷问他：“你看起来很年轻，你怎么下得了手？”其人答：“（犯罪的）人多了，就砍了。”又问：“看你这样年轻，为什么不好好打工，却去干抢劫？”其答：“以前也打工，后来看到我们村里的年轻人都来珠三角抢劫，我也就跟着抢了。”

在犯罪者与丰雷的对答中，最令我震惊的是“整个村庄的年轻人都出来抢劫”的信息。如果真如其言，这座村庄，与深圳这个城市，必然有一种可揭示这个时代病的隐喻，这是我当时的直觉。

我决定去那个村庄看看。心里是害怕的，担心揭其家丑，一言不慎就被砍了。

2005年1月，到了温江村。四围皆山，很多没人住的砖房。没人听得懂我的普通话，村人以敌意、警惕的目光观察我。

城市里的陌生人

三代人跳不出打工这个圈?

我明白过来，找普通村民难以沟通，须要乡村精英才能对话。直接和村干部联系犯罪者的采访，显然容易让他们反感。遂决定先接触温江村小学的教师。同吃同住数天，为学生们上课，很快被老师们接纳。学生基本是留守儿童。老师们告诉我，砍手党中的年轻人，曾有是留守儿童的。老师们还告诉我，不少所谓“砍手党”少年，都曾是老实单纯的乡村少年，“他们往往只能找到最差的工作，所以也最容易去干坏事”，这是老师们的解释。

慢慢融入这个村庄。村民多数淳朴、善良，最大的痛苦是贫困与无知。人均月收入只有几十元，出路只有两条，要么去附近县挖矿，要么去广东打工。挖矿死了不少人，有些年轻人的选择是，“打工挣不了钱，挖矿是死，抢劫是死，那还不是抢劫死划算”。

于是，我明白，所要去揭示的，或许是巨大的城乡差距背后的乡村贫困。

善意终于赢得了村支书冯成金的理解与信任。这是一位快乐善良的老头子，对越战争的战斗英雄。他带着我一家一户去见，这些家庭的破败令我震惊。抢劫并没有使他们家富起来，相反，被抓或被击毙后，其家庭更加贫困。冯成金让我看铁盒子里厚厚一沓逮捕通知书，长吁短叹：“在家都好好的，为什么到深圳就变成坏人了呢？”

听其一言，如引我路。这不只是乡村贫困的问题，他们的蜕变定与城市环境和打工生态有关。

也在其时，我遇到后来报道中的主角阿星。他认为是城里人的歧视和黑心的工厂把他们逼上了这条路。他告诉我，有不少抢劫者，以前在打工时，经常被收容，有的人腿都被打断过，他们恨城里人。工厂又经常拖欠工资，让他们活不下去，“那还不如去抢了”。我反驳他：“你这是为他们开脱罪责。你和他们一样穷，为什么他们去抢，你还能好好打工？”阿星说：“如果有一天老板也拖欠我的工资，并且连回家的路费都没有。我也会去抢！”我当时一下子被震住了。在生存面前，他们的道德防线极其脆弱。这是一名徘徊在善恶边缘的少年，我给他名片，告诉他，“有任何困难，都可以找我，绝不能走犯罪的路”。

之后，“砍山党山村”报道在《南方都市报》刊发，不少人震惊，也开始反思城市如何善待农民工的问题。也有网友去温江村，

城市里的陌生人

歧视，让他们成为陌生人

黑道乡村

帮村里修起了公路。阿星也经常给我打电话，说起对未来的苦闷，我一一尽己所能地帮他解答。

阿星最大的愿望是结束每天 12 小时周而复始的机器生活，希望找到一份 8 小时的工作。山西法官卫彦虎看到报道后，致电称可以帮阿星找工作。一切看起来正朝好的方向发展。

二

但我把世界想得太美好了。2005 年 7 月的一天，我正在北京采访。阿星打来电话，语气很急："我很绝望……我要辞工……我找不到工作也想抢劫……"我一听就急了，其时脱不开身。我就说服中国青年报的何磊。几天后，何磊去采访了阿星，并告诉我阿星应该没事了。

何磊来电后第二天晚上，阿星从深圳给我打电话：他杀人了，因为辞职时老板拖欠工资、扣押身份证。原来，就在何磊采访他时，他刚刚洗干净血衣，并从容自如地和何磊交谈了一番，何磊居然没看出端倪。我在电话里极力劝他自首。他被我说服，哭了。他说，城里人都歧视他们，我是他唯一的城里人朋友，他相信我。我在电话那头顿时泪涌。那天，他从汕头逃到了深圳公明镇。这个城郊工业区，是他 5 年前最早到的打工之地，也是他最熟悉的地方。他的父母就在那里打工。

南方周末

日本战犯是如何被改造的

前日本战犯重回中国谢罪之地

他们回到日本之后

中国最大的战犯管理所揭秘

【详见 3-4 版】

导读

中组部亮相新闻发布会

民间抗战博物馆浮出水面

跟帖之后的伦敦

被误读的殷永珂

向西方通到东方

一寸山河一寸血

本报记者追踪采访的民工杀人后，在记者劝说下投案自首

阿星的内心挣扎

"我完了，我杀了一个人"

"我现在只相信傅记者了"

方舟评论

期待中国"立法文化"新变

我因在北京无法陪同，南都记者姜英爽陪其去派出所自首。他告诉姜英爽，他痛恨城市，但也对故乡充满绝望感。在自首前，他说："如果我死了，我希望我下辈子不要生活在我们那里。我们那里都是刀光，我想

离开得越远越好。”

从他的言行中，可以看到老乡对他潜移默化的致命影响，而城里人（老板）对他的歧视、城市梦想的破灭与绝望，则使他的道德自制力最后失守。

2005年7月，我在南方周末头版刊发了《阿星的内心挣扎》，呈现了一个打工少年之杀人事件的内心剧变与农民工生态。

然而，我的内心越发不安，我总以为我是有责任的，虽然我尽力了。与我有同样内疚感的是法官卫彦虎。此后，卫彦虎经常给我打电话，两人像得了强迫症一样相互劝慰，但又被深深的无力感所攫住。

这一切，迫使我直面残酷现实，开始思考阿星杀人更深广的原因。

2010年，阿星自首后的第5年，他的身影仍会不时从心头闪过。5年，中国的农民工群体已扩张至2亿，中国的经济已跃至全球第二。但他们并没有随着整个国家的富裕而改善命运，他们在更高的通胀、更大的基尼系数中挣扎。

也在这一年，富士康员工连续跳楼事件爆发。南周“潜伏富士康”报道使我再一次想起阿星。

阿星是2001年到深圳打工的。打工5年，被关5年，整整10年。新世纪的10年，关在里面的阿星，和在外面打工的阿星的家族，他们如何走过？他们与这个时代，有哪些命运相联、苦痛同感之处？我希望把这些问题清晰化。

于是，我下定决心要做一篇以此为目标的报道。

2010年10月，我停下了手上的编辑工作，开始全面进入准备工作。南方周末从管理者到同仁诸君都给予了我慷慨支持，还得到了千禾基金会的多方帮助。

这是一个庞大的采访计划，我预计要采访阿星本人，影响阿星的“砍手党”教父赵民显、杨成康，以及其它犯罪骨干。要采访与他们斗争多年的深圳警方。我还计划要详细调查汕头、特别是阿星生活过的深圳马田村的社会生态。美国社会学者《街角社会》的研究方法，直接起了引导作用。老朋友刘开明博士，提出宝贵建议。于是，我去学习了社会学中的社会排斥理论的分析框架，以使采访有更可靠的理论工具。

我还要去观察温江村的大量年轻人被卷入犯罪的过程，去观察其出生地上映乡、天等县的状况，以及广西与广东这十年的人力与资本流动的各种要素。这方面的计划，我比较深地受到了社会学者曹锦清《黄河边上的中国》的宏观方法论与贺雪峰研究农村的中观方法论影响，也受教于费孝通《乡土中国》的观察方法。想以一个村庄的人的命运之变，去写2亿农民工的现状，也必然是要写那些既有独特故事性，但又有普遍性隐喻的事实真相。

唯此，才能见个人命运，见时代背影。

从未有过如此庞大的采访计划，在胆怯之时，我唯有深呼吸，让美国学者海敦的那句话在内心盘桓："新闻事业不仅仅是一门职业而已，它还是一种召唤，就象人们感到宗教神职对他们是一种召唤一样。"

三

采访，是从阿星父母所在的深圳马田村开始的。

闭伟宝，阿星的父亲，这个 1992 年就进入深圳新兴橡根厂的第一代农民工，在 2008 年金融危机时，被这家他为之工作了 16 年的工厂辞退。

一直无法忘记重见闭伟宝的场景。一间 25 平方米的出租屋，阿星父母、姐姐、弟弟 3 家 7 口人共同生活。一走进房子，就感到房子在和高架桥上呼啸而过的大卡车在轰轰共振。闭伟宝说，念想着阿星，他们一直活得很艰难。

我也开始慢慢了解这个城中村。这是一个在深圳，乃至珠三角都很有代表意义的城中村。该城中村本地人口一千余人，租住在此的广西打工者

2011.7.7 E-mail:nfzmdu@yahoo.com.cn 电话：(020)83000274

城市里的陌生人 B9

入狱五年之后，杀人者阿星终于说出了杀人的原因。五年前，打工者阿星在杀死工厂管工后联系南方周末，坦承报复工厂拖欠工资，并在本报记者的劝说下向警方自首。现在，他承认那也是一场有预谋的抢劫。阿星来自一个以"出产砍手党"闻名的村庄，在阿星入狱前后，他曾经的同乡好友几乎都因抢劫被捕。他们有着相似的经历：进城打工——辞工——犯罪；他们的经历是一个无法回避的数据的缩影：新生代农民工犯罪占全国城市刑事案件的三分之一。以阿星的叙述为线索，南方周末力图还原一群从乡村到城市的年轻人成为"砍手党"的故事，这是一个有关尊严缺失和梦想破裂的故事，是属于一群在城市化大潮中被离弃和排斥的人群的故事。而如何更好地接纳与善待这个在城市化进程中做出巨大牺牲与贡献的人群，或是避免阿星和他的同乡们的故事不再重演的解决之道。

城市里的陌生人——暴力工厂

南方周末记者 傅剑锋 发自广东潮州、汕头、韶关、北江、梅州、英德、广西天等县
南方周末实习生 沈承刚

约2万人，其中作为阿星同乡的温江村人200人左右。这是一个典型的同乡村，这样的“同乡村”在深圳有数千个。闭伟宝在这个城中村已居住19年，但他自称没有一个本地人朋友，也从未拥有过这个城中村的社会管理方面的任何发言权。本地村干部也坦言，他们不愿直接和这些打工者打交道，认为他们“素质太差”。在这样的情况下，像闭伟宝这样的“外地人”，唯抱团自保。

这块在城市的乡村“飞地”，是不论是非只讲家族利益的，其正常工作的老乡群体的社交和犯罪同乡的社区同在一网络中，并没有清晰界限。钱，是唯一的宗教。只要犯罪不是对内，而是针对城市，并不会受老乡网舆论的谴责。同时，犯罪产生的利益，也极有渲染性，其犯罪情绪会快速在老乡网中蔓延。我开始理解阿星“逃不出老乡这张网”的感叹。

这类网络，产生了以地域与血缘联系为特征的“地域性犯罪”，按有关统计占了整个中国刑事犯罪的1/3。这类网络，也因受城市的歧视，积攒乃至蔓延着仇恨。有时一根小小的导火索，都可能酿出城乡间的族群大冲突。发生在广东潮州的古巷事件、发生在广州增城的新塘事件，就是这样爆发的。

B10 城市里的陌生人
城市里的陌生人—— 黑道乡村
暴力工厂

对影响阿星的犯罪者，以及温江村的抢劫者，我必须要作全面的统计，并抽取最有报道价值的个案进行深掘。其基础性的工作是找判决书。在这方面，广东省高院提供了部分罪犯的判决书。但远远不够。我徘徊在曾判决过多起温江村人抢劫案件的深圳宝安区法院门口，忽然灵机一动，法院附近有那么多律师事务所，说不定有不少犯罪人的辩护资料。于是，我一一拜访，还真找到一些代理过温江村人抢劫案的律师，有一位律师更是曾代理该村的十数起抢劫案，终得以见相关的司法文书。

以这些司法文书为基础，我确定了可采访尚在服刑的温江村诸人，有阿星，以及影响阿星犯罪的教父式人物、堂叔赵民显以及杨成康，还有抢劫骨干黄海清、农学波等诸人。对服刑犯人的采访，一般是很难获批。非常幸运，广东省司法厅表现开明，该厅的宣传负责人介绍我认识了广东省监狱管理局的宣传负责人。令我惊喜的是，我在网上搜到，这位监狱局宣传负责人曾非常严谨地调查过广东多所大型监狱的农民工犯罪问题，其论文曾获司法部表彰。他认可我这篇报道可能产生的公共价值。然后，就是写采访申请，按照审批流程等待。

在等待监狱局回复的过程中，我重返温江村。5 年时间，温江村最大的变化是，路变好了，但贫困、教育的落后并无改观。随着越来越多的打工者长年定居城市，乡村的衰败相比 5 年前更甚。

令我震惊的是，这 5 年时间，温江村的年轻人因犯罪被抓了近半，所以犯罪增长率极缓。但相邻的连加村，其犯罪总人数已超过温江村。温江村的故事，在连加村重演。我走访连加村。该村校长告诉我，当他想去劝阻在外抢劫的堂弟时，堂弟讽刺他：“哥，你跟我到深圳去过，天天去帮我数钱。数上一星期，那时我不让你抢，你都要恨我了。”这些贫困的乡村，当其面对富裕的城市时，其欲望与价值观也被放大和扭曲。以致有一位上映籍打工者和我说：“抢在我们那里并不是一种羞耻。只要你有钱，大家都会尊重你。甚至你抢了，还有人会说，你这是用命去换来的。”

而随着大学生找工作越来越难，农村人也越来越不相信“知识改变命运”的说词，在温江村、连加村，有多名读了大学的当地人，最后还是跟着父母去深圳打工。所以，现在即使义务教育免费，有不少孩子在初中、甚至小学还没毕业时就辍学去打工。

到 2011 年 1 月，对多名监狱犯人的采访终于被批准。我第一个见到是阿星，他令我印象最深的是，在临走时自嘲：“以前在外面，我一直想找一份 8 小时的工作，没找到。后来进入监狱，却反而找到了，每天只改造 8 小时，之后的时间可以打乒乓球或者看书。”他说的这种荒谬感，使我直觉般意识到，这句话应该作报道的结尾。

在狱中的“教父”赵民显，非常不认同是他和杨成康带坏了村里年轻人，他认为是复杂的外部环境造成的，他认为自已去犯罪，是因为当时他受到太多的歧视与不公，且又找不到工作。杨成康与他的说法相似，杨成康还说，他们以前在城市里过得猪狗不如，后来当了“黑社会”，才找到做人的感觉。他们所指的“黑社会”，最初是他们控制的长途汽车站。他们讲述了这个车站惊心动魄的黑帮争夺战，以及对阿星与村庄大量年轻人的影响。乡村青年大量卷入犯罪的过程，由此有了颇具说服力的呈现与解释。也呈现出城市的社会排斥系统如何作用到城市犯罪的整个过程。

三个月，我遍访与阿星杀人事件有关的所有当事人与知情者，也遍访“砍手党”的参与者、警察，官员还有大量村民、普通工人等等。至少有250人接受了采访。后来，又有范承刚等一批实习生帮我一起整理采访资料，采访记录逾25万字。

最后得到的，比预想的要多，也比预想的沉重。

然后是艰难的写作过程。材料与采访如此庞杂，必须要理清叙述的逻辑链。这个逻辑链其实是简洁的，主线是两条：阿星的经历与心理变化，影响阿星的砍手党成员们的故事，背景是阿星的家族和其所处的城市、乡村与时代。在写作上须要注意从故事细节到时代背景这类大与小的跳跃，要注意阿星与砍手党和各类人等、各类环境的相互作用。即要理清每个人的行为动机、性格发展、命运轨迹和外部环境之间的因果关联。这样，才能达到见人物、见命运与见时代的目标。初稿写了4万余字。在后期的修改中，我把文章发给了多位同事与朋友提供意见。我的妻子潘晓凌，业内同仁邓科、李海鹏的修改意见，对这篇报道起了重要作用。报道并没有立即刊发，其风险、版面与刊发时机，一直被考虑中。一直等待至6月下旬，广州增城新塘的农民工聚居区，爆发了大规模的族群间冲突。这次冲突之后，广东省高层对农民工的生存状、社会管理和如何更好地融入城市，提出了新思路。农民工问题，乃至农民工犯罪问题，又一次成为舆论焦点。而《城市里的陌生人》系列，选择了踩在这个节点上刊发，以引发公众、城市管理者在这方面更深广的思考。

四

报道刊发后，仍有一个群体是令我牵挂难已的，那就是留守儿童以及其受教育问题。

中国留守儿童的数量已逾5800万。由于留守儿童的父母们常年在外打工，他们往往只能被放在农村受教育。在温江村，以及整个天等县，都有大量留守儿童。

温江村有很多心理孤僻、连老师都拿他们没办法的留守儿童。许多孩子已经两三年没有见过在外打工的父母。在父母看来，回家看孩子的费用太贵，宁愿少回家几次。一位打工者和我感叹："对打工的人来说，回家是件奢侈品。"

少年犯罪案件在当年乡村呈上升势头。尤其是砍手党"教父"赵明显的孩子，才二年级，但因为乏人管教，脾气很差。他告诉我，每天都要和同学打架，他觉得周围同学看不起他，他就恨他们。后来，我拍了孩子的照片送给狱中的赵民显。他看着照片就流泪了，他说"就怕孩子变坏"，"就怕孩子再走他那样的路"。

但我所看到的是，二代农民工的孩子，感受到的城市诱惑更大，感受到的不公平更直接，自小人格与心理养成比他们的父辈更差。但这些人在四五年后，就将进入青少年期，他们一定会在那时离开农村去城市，在城中村里与老乡们聚族而居。

我已经采访到不少小学还没毕业就去打工的温江村童工，他们在城市、工厂被折磨的经历，就像不少"砍手党"成员从打工者变成犯罪者的过程。他们玻璃球般的梦想很快会被现实击碎。对待农民工的城市制度与文化不改进，这类恶性循环与轮回就难以终止。

我心忧的是，贫困被代际传递，阶层被代际传递，仇恨与不公平感被代际递增。

这是每个中国人不愿看到的。

我和我所在的媒体，之所以去揭示这其中的危机，是希望社会应给这些中国城市与中国经济的奉献者们，以更多的机会公平，以更大的人生尊严。我是无力的，我们每个人都是无力的，但当无力者心之所向，汇流成共识与善念时，那就可能改变现实，催生善政。事实上，至少广东的官方，从广东省到广州市多名官员的讲话中，他们已经意识到解决这一问题的紧迫性。笑蜀所言的《我所恐惧的城乡战争》，或许将因权利状况的改观而化解……我不清楚这是不是过度的乐观。

我有时会幻想，站在村头的树下，或是站在由上下班打工者汇聚成的河流边，看他们的脸庞，如乡村一朵朵坚韧的野菊，生发在城市四野，疲惫但有希望……

（作者系南方周末资深记者、资深编辑）

改变新闻民工机制 改变新闻粗陋生产

□傅剑锋

记得最初提出新生代农民工犯罪报道方案时，我曾和南周新闻部总监郭光东说过，某种程度上，我想以自己为实验对象，为南方周末做一个实验，那就是对一个选题的长时间大跨度的高投入，其产生的传播效应与品牌效应，其创造的投入产出比，将远高于常规的新闻生产模式。

报道刊发后的传播效应，也基本证实了我的预想。种种反馈说明，这篇报道在传播中引领了新生代农民工生存状态的话题，起了议程设置的作用。不管在促进公共利益方面，还是南周在报道的投入产出上，都是值得的。

做这类专业上的探索，源于我在观察中国传播格局后逐渐形成的基本判断：

在这个微博时代，每天的实时交互的海量信息背后，公众也易淹没于高度的碎片化信息中难以自拔。信息传播之快，并非没有缺点。信息生产之慢，并非没有优点。慢，在许多时候，是可以战胜快的。腾讯或者网易也许可以用三个小时做一个吸引流量的“新闻话题”。但如果这个新闻足够有价值，传统媒体投入三十天甚至几个月、几年来操作呢，它最后拿出来的东西，必将才是深深影响与击中受众的东西（当然，这样的作品从来不排斥互联网上的传播，甚至要主动借助微博等工具进行优秀新闻报道的推广与营销）。

故而，传统媒体应发挥“慢”的优势，当互联网把新闻做成超级“速食品”时，传统媒体尤其是周刊周报，应把新闻做成奢侈品，做成信息生产中那个金光闪闪的金字塔尖——那种能系统、深入、核心、娓娓道来地提供重大事实与权威解释的作品。只有如此，传统媒体的信息生产才能实现与互联网的差异化竞争，实现信息生产的价值最大化。

但非常不幸的是，传统媒体的大多数选题与议程控制者没有意识到这一点，新闻选题常常、甚至每时每刻地都在跟着网络设置的议程走，疲于奔命又难以出彩。不少新闻产品也因此粗陋、肤浅不堪。如果站在受众的心态自问，这样的新闻生产，如果和网上的信息大同小异，他又有什么理由来花钱买你的报纸或杂志呢？

也正是在这样的判断之下，我从去年就开始作尝试，试图探索“以慢打快”的新闻生产模式。去年我负责策划的“卧底富士康”报道，由于做了 28 天卧底，最后报道起到了引领作用。今年我策划的调查百度公司侵权现象的报道，投入 5 名记者花费 2 周有余，揭露富有中国特色的百度模式，成为一周中微博最热的话题之一。类似的例子很多，去年南都记者龙志的安元鼎调查，也费时半年，一旦刊出后就洛阳纸贵，成为网络议题。从跟着网络跑，到不跟你跑，让网络话题跟着我跑。这背后其实就是新闻生产模式的转变，是对规则主动权的把握。

这一现象，其实符合“二八定律”——一家报刊 20% 的重大报道，往往为其贡献了 80% 的传播效应。那么，我们的新闻生产投入，是否也因循这一规律作改进，把 80% 的力量放在 20% 的重大报道上，而非平均用力。对日报言，也许并不是一个现实方案。但对周报周刊言，这是一个极经济的策略选择。在这方面，南方周末常务副总编陈明洋也早有先见之明，他认为这应该是南周发展的方向。南方周末在这方面所做的资金投入、人才优待、选题自由等方面的条件，在国内已是一流。但即使如此，南方周末原有的投入结构与惯性，似乎并非能在短时间内得以改观。

以我自身为例，做《城市里的陌生人》这样的报道，由于 5 个月投入在这一采写中，既没发表报道也没编辑版面，月工资遂降过半。我还算有一定的经济基础，暂时可抗住因工资剧降产生的经济压力。且南方周末往往还会在报道刊发后给予一些奖励，以弥补采编因此在经济上造成的压力。但对中国大多数媒体来说，对大多数媒体中的大多数供着高房贷或承受着其它生活压力的采编人员来说，又如何让他们去安心从事真正伟大的新闻生产呢？这就是为什么现在中国虽然有无数伟大的新闻素材，却几乎未见有伟大记者的重要原因。

要改革中国报刊在这方面的普遍惯性，我认为须在薪酬机制方面进行彻底改革。

在传统媒体的人力成本投入方面，记者编辑普遍成了新闻民工。虽然他们往往是高学历，并在新闻报道中作出了巨大的体力与脑力奉献。但他们的薪酬，往往没有所在报纸的广告销售人员的一半，甚至也没有广告销售人员的 1/4 高。在短时间内，他们也许可以靠理想与激情维持对新闻的追求，但长期下来，往往或是懈怠，或是转行。

这成为了现象，但并不合理，甚至也正在上升为传统媒体日渐萎缩的原因之一。以腾讯、百度、华为等信息提供商和 IT 企业为例。他们的产品经理和研发人员，其工资薪酬并不比销售经理低，甚至还要更高。我们的采编人员，其实就相当于他们的研发人员和产品经理。但在传统媒体，我几乎从来没有听到过，有采编人员的薪酬高于广告经营人员的。

现在的不少媒体发行人往往以为，一家媒体的广告与销售部门是核心，采编人员是附庸。但其实，广告与内容生产是一份报纸的两条腿、两个轮子，哪能偏废于一端。现在传统媒体的这种薪酬结构下，中国传统媒体行业更多地只能存在经验不多、热情有余的年轻人，但那些经验与写作高度成熟的采编人员，却成了稀有动物，甚至是消失了。35岁之后，还在一线岗位上调查与写作的记者极少。因为大多数媒体都无法给予他们和其年资、经验、才华对等的报酬。成家立业后，也再难仅靠理想过新闻民工式的生活。如果这些最宝贵的一流人才总是在最年富力强的时候转行或消失，那传统媒体又何以为中国受众生产一流的新闻呢？传统媒体在和互联网的信息竞争中已完全处于劣势与下风，如果再在用人机制、薪酬机构与策略选择上因循守旧，那还有什么依凭与互联网竞争呢？

市场已经告诉我们，所有知识企业的竞争，归根到底是人才与企业治理机制的竞争。现在，或是到了传统媒体的生产方式该改革的时候了。

（作者系南方周末资深记者、资深编辑）

《谁的5100》：感谢百度感谢谷歌

□陈中小路

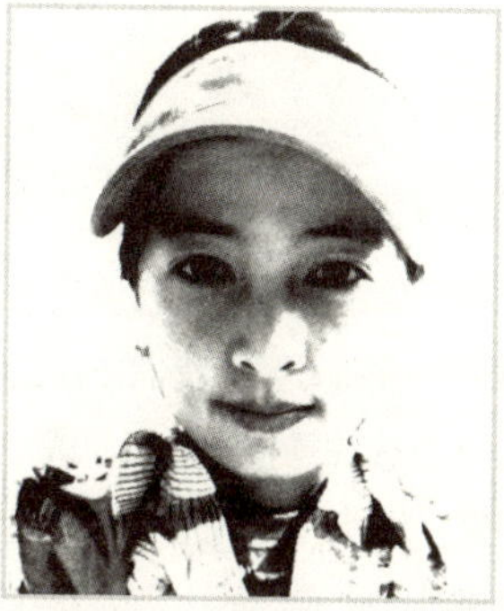

陈中小路

一

在财经新闻领域，对这个几年前横空出世的5100矿泉水，其实早已存疑，一是这水何以在动车、高铁上大规模派发，二是这水何以屡屡在一些政治色彩很浓的活动上出现，比如两会、十七大等。

在今年2月，《21世纪经济报道》曾对这家远在西藏的公司，写过一篇出色的报道《5100矿泉水的"高速路"》，清晰点出了5100平步青云的背后，铁道部政治任务般的支撑，以及这家公司和中央党校的下属三产企业中稷集团有着内在关系。

到了6月下旬，已筹备上市很久的5100进入最后程序，随着招股说明书等上市所需的详细资料发布，这家公司的"商业模式"，再次引发外界关注，《理财周报》、《21世纪经济报道》等专业财经媒体也及时进行了详细的解读。

我们也是在这个时候开始跟进。记得在选题会上，有同事提出这个选题后，大家展开了热烈的讨论。

从已公开的资料和报道来看，这家公司很有"背景"无疑，网上还盛传5100是已经落马的铁道部部长刘志军的老婆的公司，对这样的公司打假自然充满好奇。

但是，作为一份周报，从操作角度而言，当时我们面临一定的尴尬，如果是对公开资料的深入解读，上述专业财经媒体的长篇报道，已经把这个“任务”完成得很好了，若再深入，对这家远在西藏的公司，我们都没有现成可资利用的资源。

最后讨论下来，决定结合过去几年涌现的一些类似案例，写一写5100所代表的这一类现象，也就是这种依托一两个垄断大客户而生存的公司，这种公司往往都是裙带关系的产物，也是社会经济中的一种毒瘤。

二

一开始遇到的困难是，这种现象由于并不是产业现象，没有分析师、研究员之类的第三方人士专门的深入研究（至少我们在查询了很多资料后依然没有找到），这类市场上的专业人士往往是按行业或领域来划分研究界限。

所以，在之后的一个星期里，只能在没有外脑支援的情况下，自己一点点琢磨。我们选择从信息披露相对比较充分的上市公司入手，在同事们的帮助下，搜集了包括5100在内的二十几个属于这类情况的上市公司名单，调出他们的招股说明书和过去几年的年报仔细阅读——在时间和精力不允许的情况下，通过上述两项资料，可以最大效率地掌握一个上市公司的基本情况。

我不是专门的上市公司报道记者，但过去几年多多少少也看过一些上市公司的报告，但和这些公司比，5100多达8层的股权结构可谓是我见过最复杂的，且历年的变更、所加入的诸多投资者的身份，也总是说不清道不明的。

于是，我们希望能尽量把股权背后的内涵搞清楚，因股权的归属和利益的流向，往往关系紧密。

可没人可以解答这些疑问，只好依据招股说明书上一些只言片语在百度和谷歌上搜索。这两个搜索引擎的搜索结果，有时并不一样，通常需要各来一次。而出现在股权关系中的名字和公司名称，成为搜索最重要的关键词。

这个方法其实很笨，有如大海捞针，但当时也确实找不到更好的办法，只能老老实实这么干：需要把各种名字或公司名称，以及他们搭配其他关键词，穷尽各种排列组合，反复搜索。我记得里面很多人的名字张三李四的非常普通，搭配再多的其他关键词也无法找到我们所需要的信息，大部分的时间都在劳而无获。

另外一个渠道，就是查询这里面所涉及公司的工商资料，可惜这里面涉及大量公司是海外的离岸公司，无可追溯，只有几家注册在香港、北京和深圳的公司可以查到资料。

也就是在这个过程中，注意到了栗小兵，在招股说明书里，她是公司 CEO 俞一平的妻子，共同持有一些股权，因此名字出现了几次，并不显著。但这个名字，却出现在通过工商资料找到的，多家股东的股东之类的公司（包括已经退出的）董事名单里。

搜索发现，这个名字和邓先群女儿的名字一模一样，而且这是一个并不常见的名字。我估计一些熟悉这个公司或投行领域的同行，是知道这一层关系的，但当时对我们来说，算是一个偶然的发现。

虽然仅仅重名是不能说明任何问题的，但这给了一个有利于进一步打听的线索，后来我也从一些了解背景的朋友处，确认了这个追索的方向是对的。于是，一些新的关键词加入了搜索的排列。

就这样，又找到了一个招股说明书之外的角色——董力民。在一些官方的活动里，他是以 5100 董事长角色多次出席，却连名字都没进入上市公司招股书里。

然后，我们再以此人为线索，一步步搜索下去，又花了很多功夫，我们查找和整理出来，此人任职高管或者控制的公司，过去数年里参与投资的上市公司在 9 家以上，分布在全国各地，而且很多都是上市之前借改制的机会进入某个国企，或者直接购买上市公司的法人股。

他是怎么实现这些的，我们无法回答。而这么一个善于资本运作的人物，为何完全回避出现在 5100 的招股书里，既不是股东也不是高管，这个疑问我们也无法回答。

在这些上市公司所公布的董事简历，以及董力民自己接受采访所谈内容，都提到了一点，他过去是在残联工作，担任邓朴方的秘书。

至于栗小兵那边，后来查询到她的身份证信

“中国第一高端矿泉水”八层股权嵌套之谜 谁的5100

大客户是垄断国企的公司们

息，进一步印证了上面的发现。

三

在发稿之前，我们心里是非常不平静的，摆在面前的确切资料可以反映，这个“红色贵族”，同时有着中国、加拿大和香港三重国籍，而从她在香港的公司所登记地址来看，前后出现过多处住宅，有普通的公寓，有高档公寓，更有香港最顶级豪宅。这也许就是当今的现实缩影。

而和江浙那些累死累活只能赚取微利的真正的民营企业家相比，他们的钱实在来得轻松，几乎可以说是一个铁道部大单就能把公司捧上市。

比较遗憾的是，到后来我们找到的一些线索，但出于不敢打草惊蛇的考虑，没有直接追寻下去的。

因为有了一些新的发现，和编辑张华商量之后，他决定，在尺度范围内，把 5100 的故事单独写出来，之前所商议的单一大客户为垄断企业这种现象，作为配稿一并发出来。

最后张华定了《谁的 5100》这样一个标题，借鉴了《谁的鲁能》。他的意思，我猜应该是把无法上面这些无法一一点明的内容，浓缩在这个“你懂的”标题里，让有心的读者自己去发现，后来这个目的也确实达到了。

7 月 7 日稿子发出来之后，我们很快就收到不能让文章上网的要求，各大门户网站的转载，也很快被删除。不过好在现在网络发达，这条稿子很快就被大家口口相传地扩散开了。

在这之后，收到认识不认识的朋友们各种鼓励和反馈，这其中有同行、有投行人士、有政府人士等等，至今感激不尽。甚至连配稿里提到的某省的小公司，也有读者告诉我，这公司的副总是该省谁谁谁的老婆。

其实还有一个稿子本身没有说，但张华在微博(@ 东方愚)里质疑为“港交所耻辱”的重要问题——这样一个依靠某个大客户天量订单为依托的公司，即便是在内地，类似模式上市时被驳回的先例都很多，因为这对投资者而言，意味着巨大的风险，而且与港交所上市规则的有关条款的精神也不相符，居然顺利在香港上市。

果然，7 月下旬，上市才不到一个月，5100 就发公告称，与铁道部的合同发生了变更，根据媒体报道，这个变更约等于销量要下降 2/3 左右，这也被很多投资者人士批评为“欺骗投资者”。

（作者系南方周末记者）

从“窃听门”看英国报业生态

□李文

李文

今年 7 月 15 日，已经有 168 年历史的的英国周日小报《世界新闻报》（News of the World）出版了第 8674 期后停刊，成为英国报业史上第一份因为涉及丑闻而被迫关闭的报纸。正如该报的最后一篇社论标题所说的那样，“我们记录了历史也创造了历史”。

更让人觉得讽刺的是，《世界新闻报》本来以揭露他人丑闻起家，但最后也因为本身卷入丑闻而寿终正寝。英国《独立报》的一篇社论形容说，有关事件是可以与美国当年“水门事件”相提并论的“窃听门”事件。

直到本文截稿（7 月 21 日）为止，“窃听门”事件不但余波未了，而且还有愈演愈烈之势。除了《世界新闻报》被迫停刊外，该报已经有 10 名前任及现任编采人员先后被捕，其中包括两位前主编安迪·库尔森（Andy Coulson）和瑞贝卡·布鲁克斯（Rebekah Brooks）；新闻集团（News Corporation）也因此被迫放弃全面收购英国天空广播公司（BSkyB）的计划；曾经在《世界新闻报》发生“窃听门”事件期间担任新闻国际（News International）总裁，后任道琼斯集团首席执行官的莱斯·辛顿（Les Hinton）也宣布辞职，成为新闻集团中迄今为止因“窃听门”事件而辞职的最高级管理人员；就连伦敦警察总监及助理总监也因为涉及此案而辞职下台。此外，美国联邦调查局也应美国国会议员的要求，调查该报所属的新闻集团在美国是否也涉及非法窃听“9•11”恐怖袭击事件受害者家属的电话。

“窃听门”主角

《世界新闻报》于1843年10月1日在伦敦创刊，最初售价只有3便士（约等于今天的1.03英镑或10.7元人民币），是当时英国售价最便宜的报纸，主要读者对象是英国普通劳工阶层。

该报重点报道反映社会阴暗面的新闻，其中尤以报道犯罪新闻最为突出，包括揭露地下妓院、专访街头应召女郎等，也因此很快就成为英国最畅销的周日报纸。到了1950年，销量高达844万份，一度成为全世界最畅销的报纸，此时也是《世界新闻报》的巅峰时刻。1969年，传媒大亨鲁珀特·默多克（Rupert Murdoch）取得了《世界新闻报》的控制权，引进商业化的新闻运作模式。从此，该报的报道风格变得更为进取，为了争夺独家新闻，甚至不惜花钱购买消息来源。以往许多独家新闻都是在平日发生，因此周报很少有独家消息，但《世界新闻报》则大洒金钱购买有关政客及名人的独家新闻，然后等到周末才在报纸上爆料。《世界新闻报》的这种做法也很快就奠定了其英国“周日报之王”的地位。根据英国报刊发行量评定机构——发行审计局（Audit Bureau of Circulations）最新公布的数字，《世界新闻报》今年6月平均每周发行量为266.7万份，该报还自称是英国最多人阅读的报纸。而对于传媒大亨默多克来说，《世界新闻报》及他控制的另一份周日报纸《星期日泰晤士报》（Sunday Times），更让他完全独霸了英国的周日报纸市场。

不过，“窃听门”事件却使《世界新闻报》从辉煌走向灭亡。其实该报早在2005年就受

《世界新闻报》1843年10月1日出版的创刊号。

到有关事件的困扰，而且丑闻首次曝光还是和刚刚大婚不久的威廉王子(即剑桥公爵)有关。2005年11月，《世界新闻报》王室事务编辑克莱夫·古德曼(Clive Goodman)发表了一篇有关威廉王子膝盖受伤的独家新闻。白金汉宫方面怀疑有关消息的泄露是因为王子的手机语言信箱遭人窃听了，于是向警方报警。警方经过调查后逮捕了古德曼及一名私家侦探格伦·莫凯尔(Glenn Mulcaire)，两人后来在2007年1月分别被判入狱4年和6个月。莫凯尔当时也承认，除了王室成员之外，他还窃听了其他公众人物的电话。与此同时，当时担任《世界新闻报》主编的安迪·库尔森(Andy Coulson)也被迫辞职。

虽然后来有关《世界新闻报》窃听电话事件不断出现新的发展，但最具爆炸性的则来自今年7月4日的英国《卫报》的一篇独家报道。该报道披露说，《世界新闻报》雇用的私家侦探莫凯尔2002年曾经在一名13岁女童(Milly Dawler)失踪后窃听她的电话并删除了部分留言，使其家人误以为她仍然在世。后来，这名女童被发现遭人谋杀。而当时该报的主编就是后来担任新闻国际集团总裁的布鲁克斯。如果说此前的电话窃听目标都是政客名流，不太引起英国公众的同情和反感的话，此一最新的披露立即让《世界新闻报》的公共形象迅速一落千丈。3天之后，《世界新闻报》的控股公司新闻国际被迫宣布，该报在7月10日出版最后一期后将停刊。

市场竞争激烈

从“窃听门”事件至今的发展来看，就像是一部剧情曲折、错综复杂、高潮迭起、结局意外的长篇电视剧。而整个事件发生了数年之久，期间虽然也曾

THE NEWS OF THE WORLD World's Greatest Newspaper 1843-2011 NEWS OF THE WORLD

MILITARY COVENANT

TOYS FOR OUR BOYS

CHILDREN'S CHAMPIONS

7/7 COMPENSATION

NEWS OF THE WORLD proved it is a force for good

BY SARA PAYNE

VOICE

NAMED SHAMED

SARAH'S LAW

THE HELPING HAND CAMPAIGN

HELPING HAND

SAVE OUR STREETS

GO GREEN

48-PAGE SOUVENIR PULLOUT SEE MIDDLE OF PAPER

经有报业监管机构、伦敦警方及英国国会等多方面对此进行调查，但竟然都没有发现任何问题，最后还是要靠英国其它媒体的调查报道才被揭发，实在是匪夷所思，而这一切也折射出英国报业生态环境中目前存在的种种问题。

首先，事件的发生无疑反映出英国报业市场竞争异常激烈，一些报纸为了争夺读者和市场利益，不惜铤而走险、以身试法。说起英国报业市场过去10年来的发展状况，也的确可以用“艰苦经营”这四个字来形容。从下图可以看到，绝大多数英国主要报章的发行量在过去10年里都出现了明显下跌，其中不少的跌幅均超过30%。在发行量下跌的情况下，不少报章的广告收益及总体盈利也大幅下滑。例如，同时拥有《世界新闻报》、《太阳报》、《泰晤士报》及《星期日泰晤士报》的新闻国际在截至今年6月底的财政年度就出现了1.26亿英镑（约13.2亿元人民币）的亏损。这一方面是由于受到了网络、平板电脑及手机等新媒体的冲击。不少年轻一代已经舍弃报纸，转而依赖新媒体以及社交媒体作为获取新闻信息的来源。

事实上，笔者在英国的日常观察所见，每天在报摊购买报纸的顾客多以中老年人为主，很少见到年轻人买报纸。而笔者自己以前每天早上上班都会在地铁站的报亭买一份日报带上地铁看，但现在已经不弹此调久矣，因为通过电脑、手机或iPad浏览网络和登陆微博已经获取了我所需的新闻信息，而且消息比报纸要快捷得多。至于周日报纸，以往我曾多年购买《星期日泰晤士报》，但现在也很久没有这样做了。

报纸名称	2011年4月（万）	2001年（万）	变化（%）
太阳报（小）	278	355	-22
每日邮报（小）	210	235	-11
镜报（小）	117	227	-49
每日星报（小）	69	50	+38
每日快报（小）	63	105	-40
泰晤士报（大）	45	72	-38
每日电讯报（大）	64	104	-38
卫报（大）	26	40	-35
独立报（大）	16	22	-28
金融时报（大）	37	43	-14

英国主要报章2001-2011年发行量比较（来源：英国发行审计局）

此外，随着《都市日报》(Metro)1999年在伦敦推出，英国又掀起了一场免费报纸战。《都市日报》发源于瑞典，号称是一份“在20分钟内就可以读完”的报纸。该报目前在英国14个城市(包括伦敦)的公共场所发行，发行量150万份左右，而读者人数则为发行量的3倍左右。传媒大亨默多克曾在2006年推出The London Paper与之竞争，但2009年因亏损严重而被迫停刊。伦敦最主要的晚报《旗帜晚报》(Evening Standard)原来是一份收费报纸，后来在2009年10月也改为免费发行并取得了成功，每日发行量增加了约3倍。免费报纸的出现使原来已经处境困难的英国收费报纸的日子就更难过了。

新闻道德滑坡

当然，只是以市场竞争激烈作为解释《世界新闻报》发生“窃听门”事件的理由也是牵强的，因为竞争激烈也并不代表一定要以非法手段作为应对措施。根据英国法律，窃听他人电话本身就是一种非法行为，而窃听罪案受害者的电话更有可能构成妨碍司法公正的严重罪行。而英国社会特别强调尊重个人隐私及崇尚法治，相信普通公众都会清楚了解到非法窃听电话的严重性和后果，更何况是肩负着社会责任的新闻记者。

《世界新闻报》在宣传海报中，极力突出自己的“花边”特色。

但现实情况是,《世界新闻报》的多名记者却明知故犯，接二连三地非法窃听他人电话。据伦敦警方日前透露，估计多达 4000 人成为了《世界新闻报》记者窃听的目标。而且越来越多的迹象显示，非法窃听电话行为不只限于《世界新闻报》一家报纸，而且英国报纸雇用私家侦探的现象也相当普遍。这从很大程度上反映了英国报业一些管理人员及新闻记者的职业道德操守实在不敢恭维。

有分析家指出，随着英国报业近年来越来越商业化和娱乐化，揭发名人丑闻隐私已经成为不少记者最热衷追踪的新闻，一来可以使记者迅速成名，二来还有可能带来丰厚的经济利益，可以说是名利双收。因此，当从正常途径获取这种信息变得越来越难的情况下，一些记者采取非法手段从不正当渠道获取新闻来源也就不会令人意外了。同时，从更深的层次来看，“窃听门”事件也反映出，当任何媒体过于追求商业或市场利益，纯粹把新闻信息作为一种交易商品或者生财工具的话，就很容易把商业动机凌驾于社会责任及新闻道德之上，这不但会成为媒体业本身的悲哀，也将为社会造成难以弥补的损害。首相卡梅伦也意识到报业道德操守问题的严重性，并已下令就有关问题进行一项独立调查。

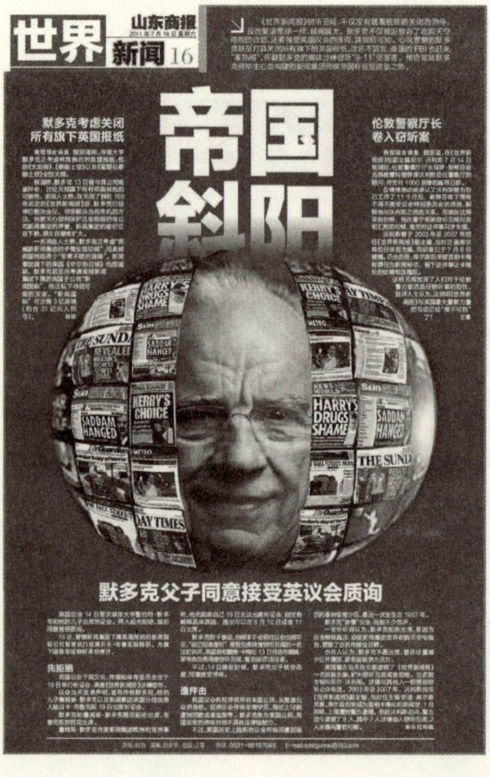
世界 新闻 16
山东商报
2011年7月16日 星期六

帝国斜阳

默多克考虑关闭所有旗下英国报纸

伦敦警察厅长卷入窃听案

默多克父子同意接受英议会质询

自我监管失灵

“窃听门”事件的发生无疑也暴露了英国报业现有的监管机制有待完善的问题。过去50多年来，英国的报纸和杂志业一直都是采取同业自我监管的模式，而不受任何政府部门监管，而且英国政府架构内也没有类似中国新闻出版总署这样一个专门监管报刊业的部门。1953年，英国报业同行成立了一个自愿组织——报业委员会（Press Council），其职责只是为了确保报刊业的道德操守标准。不过，在1980年代，由于多家英国报纸违反了有关的标准，再加上其它成员也对该组织的有效性感到不满，英国内政部为此成立了一个特别委员会，调查应否成立一个具有正式法律权力的机构来监管英国的报刊业。不过，该委员会在1990年6月发表调查结果表示，应该继续由一个自愿组织配以一套完善的操守规则来监管报刊业，为期18个月，如果发现效果不佳的话，再考虑成立一个具有正式法律权力的监管机构取而代之。根据该报告的建议，英国报刊业在1991年初成立了一个新的自我监管机构——报刊投诉委员会（Press Complaints Commission）取代原来的报业委员会。该委员会继续延续自愿组织的形式，其成员来自英国主要报刊的代表，其运作经费也是来自向同业征收的费用以及会员们的自愿捐助。而且该委员会不会主动审查任何报刊的内容，而只是被动处理读者对报刊内容提出的投诉并作出裁决，而且有关裁决并不具有法律约束力，如果有关报刊拒绝接受的话，该委员会也没有任何处罚机制。而且该组织编撰的“编辑守则”（Editors’ Code of Practice）也只是作为参考，而并非必须要遵守的法规。

在“窃听门”事件首次曝光后，报刊投诉委员会虽然早在2007年就曾经对有关指证进行过调查，但调查结果是没有发现《世界新闻报》在事件中有任何不当行为。因此，不少人都批评该委员会没有发挥应有的监管作用，也没有避免后来“窃听门”事件的进一步恶化，致使英国报业的公共形象受到严重损害。英国首相卡梅伦日前也表示要解散该委员会，由一个新的机构来取代。但问题的关键是，未来的监管机制是否继续采纳同业自我监管的模式还是改为外来监管甚至政府监管的模式。在民主社会里，任何媒体为了保持本身的编辑独立性，都不愿意受到政府监管，而政府监管也不一定就确保行之有效。但如果继续沿用同业自我监管的模式，新的机构应该具备什么法律权力和有效机制才能真正发挥监管作用呢，这都是有待解决的一些核心问题。

媒体影响政治

“窃听门”事件也不禁使人对英国政界人士与《世界新闻报》以至默多克旗下传媒集团高层管理人员之间的密切关系提出了质疑。现任英国首相卡梅伦在《世界新闻报》前主编库尔森被卷入事件后仍然委任他担任首相府新闻主管，固然使人怀疑其判断能力。而且当另一位《世界新闻报》前主编布鲁克斯结婚时，卡梅伦及前首相布朗均亲自参加婚礼，就连默多克日前也披露他曾多次秘密到访唐宁街10号首相府，这一切都反映了默多克以及他的下属与英国政要之间不同寻常的密切关系。此外，即使在“窃听门”事件闹得沸沸扬扬之际，现任联合政府文化大臣亨特(Jeremy Hunt)仍然在一片强烈的反对声中，批准新闻集团全面收购英国天空广播公司股份的申请。

不过，从另一个角度来看，英国政界人士与默多克及旗下传媒集团高管人员关系密切，很大程度上也是与默多克在英国传媒业的巨大影响力有关。首先，默多克控制的天空卫视（Sky TV）共有1100万家庭用户，仅次于英国广播公司（BBC）和独立电视台（ITV）。在报业方面，默多克除了已停刊的《世界新闻报》外，还拥有全英发行量最大的报纸《太阳报》、专门针对高端读者的《泰晤士报》和《星期日泰晤士报》，读者总人数高达1450万人，市场份额超过20%，远远超过第二位的《每日邮报》集团。另外，默多克集团在英国的网络用户也有大约460万人，排在市场第三位。

更值得关注的是，英国报业一直以来的传统都是允许有明确的政治立场，这与以 BBC 为代表的英国电视业在政治新闻报道上坚持不偏不倚的原则截然不同。因此，英国各报章的政治立场一向都是旗帜鲜明。例如，《每日电讯报》及《每日邮报》一向都是采取亲保守党的右翼立场，而《卫报》则被视为反映左翼观点的报纸。至于默多克控制的一些报纸则往往属于根据不同政治形势而摇摆不定的“风派”。例如，《太阳报》在 1997 年英国大选期间就在社论中呼吁读者支持工党，当时这也被广泛认为是布莱尔领导的工党在大选中取得压倒性胜利的主要原因。而在 2010 年的大选中，《太阳报》又号召读者转投保守党的票。由此可见，默多克媒体王国对英国政坛具有庞大的影响力，这也难怪不少英国政界人士都希望与默多克及他的亲信结为朋友。

为此，英国工党领袖米利班德(Ed Miliband)在接受英国《观察家报》采访时呼吁，有必要修改英国有关媒体控制权的法规，以限制他所称的媒体权力“危险地”集中在默多克手里的现象。他还表示，默多克拥有“不健康的”媒体市场份额并导致“权力的滥用”。根据英国现行法规，任何拥有 20% 或以上报纸市场份额的报业集团都不能经营无线电视台或者广播电台。也就是说有关限制只是针对跨媒体的拥有权，而对于同一媒体平台的拥有权则没有做出任何限制。此外，在跨媒体拥有权的限制上，也没有把卫星电视及新媒体平台列入受限制的范围内。而默多克正是利用了这一法律漏洞，在英国大肆扩张并建立了庞大的跨媒体王国。而经过“窃听门”事件之后，相信英国公众要求限制任何媒体集团垄断市场的呼声也会越来越高。

总而言之，“窃听门”事件突出反映了英国报业以至整个媒体业存在的一些根本性问题，而且有关事件还在不断出现新的发展，事件的真相也没有完全呈现出来，究竟最后会发展到什么样的结果，目前仍难预料。但有一点肯定的是，有关事件一定会对英国报业以至整个媒体业带来巨大的变化，甚至带来一场影响深远的革命。

（作者系 BBC 中文总监）

报业逆境下，美国社区报的作为

□张旸

张旸

从 2005 年开始，美国报业协会每年都会针对社区报的读者范围做一次调查。有趣的是，虽然美国报业整体面临严重危机，但连续几年来，社区报的调查数据却表现出了稳定性和持续性。

报业协会最新的 2010 年调查结果显示，在接受调查的人群中，73%的人每周至少阅读一次社区报；78% 的居民会阅读他们社区发行的绝大多数或者全部社区报；41% 的人一周有 6 天以上会阅读社区报。

对于何种媒体是当地信息的主要来源？ 49.3% 的受访者选择社区报；18% 的人选择从邻居和亲友口中得知；16% 的人把电视作为主要渠道；而只有 7.7% 的人选网络。

报业协会的调查表明，美国的居民对社区报的依赖性仍很高，社区报是他们获得当地新闻的最重要的渠道。

美国大报萎缩、社区报稳定

有线电视、互联网和移动媒体的冲击，加之自 2008 年开始的全球金融海啸，美国报业运营陷入困境。2008 年底到现在，美国先后有数家历史悠久、影响广泛的报业集团和大报宣布破产、停刊，或只发行网络版。

美国第二大报业集团——论坛报业集团成为网络普及以来美国首家申

请破产的报业巨擘。第一大报业集团甘尼特公司、第三大报业集团麦克拉奇公司的广告收入、销售额和净利润也是逐步下跌。就连纽约时报公司，也在2009年3月发表声明，出售位于曼哈顿的总部的部分楼层，筹措资金来偿还债务。

对媒体而言，新的媒介技术总会逐步发展，最终部分或全部代替旧媒介。美国报业又是在自由市场经济体系下发展，面对新媒体冲击，报业的下滑趋势似乎不可避免。正因为这样，在著名文章《正在消亡的报纸，在信息时代拯救记者》中，菲利普·迈克尔教授预言，到2044年10月，最后一位日报读者将结帐走人。

然而，在美国大报纷纷遭受狂风暴雨的态势下，社区小报却普遍发行量和广告收入都较稳定。很多传媒界人士认为，整个报业系统在一定时期内不会轻易跨掉，很大程度上是由于社区报仍旧很有市场。社区报通常规模小，发行少，人员精干，即使同样经历着金融危机，但船小好掉头，不会产生巨额负债。所以，社区报成为挽救报业下滑趋势的希望所在。

社区报在美国的繁荣有着一定的土壤。美国城市化水平高，市镇、乡村配套设施都很完善，民众的日常生活范围基本上是在自己所处的社区内。地理上，居民在社区有共同的商店、学校、教堂等日常活动场所；社会关系上，社区居民形成了一个人际关系网络；文化上，同一个社区的居民往往有着相近的社会价值取向。这种地域上的亲近感对应了传统新闻价值的“接近性”，这是社区传媒发展的基础。

1690年9月，美国诞生的第一份报纸《国内外公共事件》就属于社区报，可以说社区报贯穿了整个美国传媒业的历史。什么样的报纸算作社区报？《社区新闻》一书的作者乔克.劳特罗(Jock Lauterer)教授给出了两个标准：一是发行量在5万份以下；二是为特定领域的读者服务，内容以地方性新闻和广告为主。以这个标准，美国的约1万种报纸中，大约有97%属于社区报，发行量相加总数约有1亿。这是与欧洲等其他国家不同的地方。

社区报工作人员少则只有几个人，一般有几十人。除了地方新闻外，各种生活服务类信息也是社区报的主要内容。大多数社区报是免费发放的，除了上门送以外，还在超市、理发厅、健身中心、图书馆、饭馆、服务中心等人流密集的地方发放，保证了读者群体的数量与稳定性。

社区报与年轻人

虽然美国报业协会最新的调查结果显示，73%的人每周至少阅读一次社区报，居民对社区报的依赖性仍很高。但是，在接受调查的人群中，平均年龄为 51.2 岁。那么，社区报对年轻成年人和青少年（根据哈佛大学选择的研究样本，青少年是 18 岁以下，年轻成年人是 18 到 30 岁）的影响，又是怎样一番景象呢？

美国 Y 一代年轻人（1980 年代以及 1995 年之前出生）是迅速扩张的有线电视、卫星广播、互联网和电子杂志的主要受众。他们每周超过 10 小时在网上度过，是网络最流行应用的体验者和促进者。而 Z 一代青少年（1995 年以后出生）随着媒体技术的发展而长大，面临着高度多样化的媒体环境和网络环境，对互联网的依赖性比 Y 代人更强。伴随着受互联网深深影响的一代人的成长，将来社区报在人群中还会有持续的影响力吗？

对于这个问题，研究人员所作出的结论似乎并不太一样。

传媒学家阿姆斯特壮和科林（Armstrong and Collins）2009 年发表的论文《调查：报纸在年轻人中的公信力》（Reaching out: Newspapers credibility among young adults readers）中称：尽管报纸急切想通过满足年轻读者的需要来重振这个产业，但是人口调查的结论显示，受过教育

YOUR BEST SOURCE FOR COMMUNITY NEWS AND EVENTS

South Cobb The Bright Side™

Volume 5, No. 9 *Austell, Mableton & Greater Smyrna's Community Newspaper* SEPTEMBER 2010

'PARTY WITH THE ANIMALS' AT NORTH GEORGIA FAIR SEPT. 23 - OCT. 3

The 78th annual North Georgia State Fair will take place Thursday, Sept. 23, through Sunday, Oct. 3, at Jim R. Miller Park in Marietta.

Attracting nearly 300,000 people from throughout metro Atlanta, North Georgia and surrounding states, the North Georgia State Fair is the largest fair in metro Atlanta and the second largest in Georgia.

The FREE Georgia Lottery Concert Series at the 2010 North Georgia State Fair under the covered arena includes:

• Joe Nichols on Friday, Sept. 23 at 8 p.m.

• Diamond Rio on Saturday, Sept. 24 at 8 p.m.

• Jake Owen on Wednesday, Sept.29 at 8 p.m.

• Charlie Daniels Band on Thursday, Sept. 30 at 8 p.m.

• Hawk Nelson Christian Group on Friday, Oct. 1 at 8 p.m.

• Mark Wills on Saturday, Oct. 2 at 8 p.m.

New Live shows that are free with paid admission include:

Bear Mountain, an entertaining and

Continued on Page 12

Wildlife Wendy's Tropical Bird Show is featured at both the *Fair* and Taste of Smyrna

TASTE OF SMYRNA OFFERS FUN, MUSIC

The Taste of Smyrna is coming Saturday, Sept. 18 from 11 a.m. to 8 p.m. on the Village Green, with food, fun and music all day long.

Making a comeback this year after last year's heavy rains you won't want to miss all the tasty bites from more than 30 participating restaurants including Atkins Park, Marlow's Tavern, Chick-fil-A, Zucca Bar & Pizzeria, Pasta Bella, The Melting Pot, Stevi B's, Williamson Bros. BBQ and more. Admission is free and samples can be purchased from 50 cents up to $4.

Enjoy acoustic music from Scott Thompson performing all day at the Veteran's Memorial and continuous entertainment on the Main Stage in front of the Smyrna Library. And be sure to grab your spot on the Village Green lawn because the music heats up with Peachtree Station in concert at 7 p.m. Enjoy songs ranging from Brown Eyed Girl, Melissa, Lay Down Sally, Dock of the Bay, Wave on Wave and many more.

The kids will have a blast in the Kids Zone with interactive inflatables featuring the 33' Shark Slide, Euro Bungee Quad Jump, 24' Rockwall, 120' Roller Coaster Obstacle Course.

The whole family will enjoy Wildlife Wendy's Tropical Bird Show with show times at Noon, 2, 4 and 6 p.m. Wildlife Wendy has been featured on the Tonight Show with Jay Leno, Winner on Animal Planet's Pet Star, and events across the nation. A show for all ages, eight tropical birds are presented to entertain and educate the public on wildlife awareness.

Plan to sample all Smyrna's finest restaurants and listen to music all day long all on the beautiful Village Green and Market Village.

The South Cobb Bright Side
300 Village Green Circle, Suite 201
Smyrna, GA 30080

PRSRT STD
U.S.POSTAGE
PAID
ACWORTH, GA
30101
PERMIT #41

ECRWSS CAR - RT SORT
POSTAL CUSTOMER

Read us online at www.brightsidecobb.com

WHITEFIELD DRUM MAJOR JOHN NUNEZ EARNS 'YOUNG CONDUCTOR' AWARD

Whitefield Academy's drum major, John Nunez, recently won the prestigious Roger L. Dancz Young Conductor Award. The award, sponsored by the University of Georgia Redcoat Marching Band was given "in recognition of outstanding achievement in the field of conducting and demonstrated excellence in leadership." Nunez, a senior, was chosen from among 130 other drum majors who recently attended the UGA Drum Major Camp. This is his second year as drum major with the Wolfpack Marching Band.

The Dancz award was established to honor former UGA band director, Roger L. Dancz. Under Dancz's leadership, the University of Georgia Jazz Bands received high acclaim, and the University of Georgia marching bands performed halftime shows at professional football games.

A special honor accompanying the award is the opportunity for John to conduct the UGA Redcoat marching band at an upcoming UGA football game.

This is not the first time Nunez has been recognized for his outstanding conductor talents. In his second year as the Wolfpack Marching Band drum major, Nunez also received superior ratings at two marching band competitions last year.

Whitefield Academy serves more than 650 students in PreK-4 through Grade 12 and attracts students from Cobb, Fulton, and Douglas Counties.

Drum Major John Nunez

'CONCERT IN THE PARK' TO ROCK AUSTELL

Austell's Annual "Concert In The Park" makes a comeback Sept. 25 at the Collar Community Center Park. The free concert is sponsored by the Austell Business Association and the city of Austell.

Last year's scheduled concert was cancelled due to rain and flooding.

Activities begin at 6 p.m. including food, live entertainment by the popular local band RAMBUNCTIOUS! along with children's activities, door prizes and vendors. Hamburgers and hot dogs will be on sale. Come for dinner and enjoy the music. Lawn seating only; no alcohol will be permitted.

RAMBUNCTIOUS! is a band of five veteran musicians and performers who have delighted audiences sine 1989 playing classic pop, rock, blues, soul and country music hits.

COBB TEACHERS OF THE YEAR HONORED

Cobb Board of Education honored the 2010 Cobb County Teachers of the Year Aug. 26. From left are the honorees and their principals: Marjorie Bickerstaff and Kathy O'Hara-Rosa of Clarkdale Elementary; Chris James and Dr. Charlotte Stowers of Osborne High; and Lisa Tatum and Dr. Terry Poor of Lost Mountain Middle.

的年轻人所占的报纸读者的比例是最少的。旧有的看传统印刷新闻的方式会随着上一代人而消亡。

一些研究者称，不管是报纸还是网络，年轻人读新闻的兴趣都不高。哈佛大学肯尼迪政府学院2007年发布的报告“年轻人和报纸”(Young People and News)指出，只有5%的青少年和9%的年轻成人经常读报纸；同时，仅仅8%的青少年和13%的年轻成年人经常上网阅读新闻。发起这项调查的托马斯·帕特森(Thomas Patterson)教授称，与年长的成年人相比，美国年轻人没有每天阅读和收看新闻的习惯。

然而，麦肯锡公司的一项调查称，不论在美国还是其他国家，相当一部分的年轻人仍旧有读报纸的习惯，将报纸当作是更可信、更有深度的新闻来源。

在美国，萨拉·布朗(Sara Brown)博士和保罗·斯特内(Paul Steinle)成立了一个名为“谁需要报纸”(who needs newspapers)的基金会。他们在美国一个州接一个州的考察当地的社区报，采访报社的编辑、记者、发行人员和广告商，给社区报研究提供了丰富的资料。

虽然有很多记者以切身经历的感受告诉他们，年轻一代的美国人中，读报纸的人越来越少。但是斯特内说，有很多年轻人自身也认识到了这个问题，并且想解决它。“因为这些年轻人觉得，跟新媒体比起来，读报纸可以是完全不同的、美妙的体验。”

布朗博士说，提起年轻人与报纸，给她留下深刻印象的是在很多大学的“校园报”，大多是大学生自己制作、出版，他们对此非常有热情，而校园报在学生范围内也十分受欢迎。“而且，现在的很多社区报为了吸引年轻人，也采取了一些举措，例如利用Live Journal、Facebook、Twitter等社交网站与年轻读者交流。”

社区报《The Times》服务于印第安娜西北部和芝加哥市东南的共57个社区，被评为美国增长最快的英语类日报。《The Times》的出版商比尔·马斯特森(Bill Masterson)先生说，为吸引年轻读者，《The Times》专门推出了一个雄心勃勃的项目，与当地高中合作，以确定如何有效地利用社交媒体，向年轻一代提供可信的新闻内容。《The Times》曾走进Lake县的Calumet高中，做了为期一年的实验。有600名学生参与其中，对他们想如何得到可信的新闻和信息，说出自己的想法。

顺便提一下在美国社区报工作的年轻“新闻采集者”。美国新闻业同行告诉笔者，美国都市大报很少招收刚从高校毕业的年轻记者。要想进入《纽约时报》、《华盛顿邮报》等知名度很高的大报工作，年轻记者一般要从小型报纸开始，慢慢历练、积累经验，逐步培养成熟的思想和娴熟的写作水平，才能一步一步地来到都市大报。

美国社区报给年轻记者年薪不算丰厚，一般只有 3 万到 5 万美元。年轻记者、编辑常常变换工作，所以社区报的采编队伍中，有一部分是经常变动的。

有些社区报也是著名的年轻记者“培训地”，以给都市大报培养人才而声名在外。例如新罕布什尔州的著名社区报《Concord Monitor》，该报可以算作当地的新闻领袖，被誉为社区的“粘合剂”。它在为较大的报纸培养年轻记者方面享有声誉。《Concord Monitor》的一位年轻记者说，在报社的工作就像“瑞士军刀”，需要各种各样的新闻知识和网络技能，所以培养了新闻领域的能力和技术。

社区报的数字化改革

面对新媒体的冲击，进行数字化技术转型、建立社区报网站也已经成为美国社区报的共识。通过网站，社区报可以通过不限量的文字、音频、视频、图片，不受时间和版面限制地传输信息。在许多社区报网站上，受众还可以进入历史数据库，查找和搜索往期报纸的文字、图片等内容。

经营了数家社区报的 Dow Jones 社区传媒集团（Dow Jones Local Media Group, Inc.，DowJones & Company 的分支公司，以前名称为 Ottaway newspapers）产品经理肖恩·波利（Sean Polay）介绍了他们的社区报网站如何建立了数字受众群。“一开始，我们网站几乎都是报纸上的内容，一天才更新一次。后来，我们意识到可以把社区新闻网站做得更好。分析我们网站受众群特点时发现，他们主要是在工作时间浏览网页，因为工作时能享受到高速的互联网，而且回家后家务琐事也限制了上网时间。”

肖恩·波利从网站反馈的分析看到，受众一般刚上班的时候会检查一下网页，看看一夜之间增加了什么内容，第二次是在中午前后浏览，最后是下午 3 点之后、回家之前再一次浏览网站。这样，根据网络受众的阅读习惯，编辑们每天至少更新三次网页，实时增加新内容。“只有加快网站的更新频率，让受众看到内容不时变化，才能吸引他们。”这样做以来，3 年中，网站的受众增加了 3 倍。

新罕布什尔州社区报《Concord Monitor》的编辑费雷斯·贝尔曼（Felice Belman）说，展望未来，关于网站的讨论已经“老土”了，或许人们真正想要从他们的智能手机和移动设备上得到新闻。

Joint Chiefs head to leave post
Archbishop draws a hard line
Local graduation ceremonies
CONCORD MONITOR
New law cited for molester
HOW TIME SLIPS AWAY
UNDER PRESSURE
Amendment, looking familiar, back for more
Browns: Dog walker saved lives

THE JOPLIN GLOBE
MIZZOU ADVANCES
TODAY
I-70 WIN
Storm descends on Joplin
'It's just gone'
Authorities fear death toll could eclipse 100

在美国年轻人群中，iPad、Kindle 等便携式、智能化的电子设备越来越受欢迎。为适应这种发展，很多社区报把其综合信息平台与手机媒体绑定，让读者通过手机等移动设备看到社区报发送的各类新闻实时快讯，达到点对点的传播效果。

北卡罗莱纳州的社区报《The Fayetteville Observer》将自己的市场定位为“年轻人和种族多元化的人群”。为吸引更多年轻人，该报充分开发了印刷和网站混合的产品形式，以及新的网页和移动手机的站点。《Fayetteville Observer》的网络销售经理卡罗琳·麦克劳伦(Carolyn Mclaurin)说：“到 2014 年，将会有 90% 的当地市民将用手机设备接受新闻。”

因社区报多为免费发放，没有发行收入，维持其运行的大部分经费都依赖于广告收入。对于美国社区报而言，多媒体化转型也拓宽了广告发行的渠道，许多厂家在社区报网站上投入数字广告，相对于单纯依靠平面印刷广告而言，增加了报纸的收益。

广告商也比较青睐社区报网站广告，一是广告费用比较低廉；二是可以设置视频和音频的广告信息，以扩大接受人群；三是读者可以点击网站广告提供的链接，以获得更详细的产品介绍、对产品的评价和相关的服务等。而社区居民作为个人用户，也可以免费上传广告信息给网站，如“租房”、“招聘”等信息。这样不但增强了社区报的社区服务功能，也使得社区报网站用户访问量增大，人气聚集又反过来吸引广告商。

《Lawrence Journal-world》是堪萨斯州劳伦斯地区的一份社区报，已经存在了有将近 100 年的历史。下属网站 LJWorld.com 的总监萨拉·韦弗（Sara Weaver）说："劳伦斯约有3000家企业，我们决定在社区报网站上创建包含所有企业的分类目录。在此之前，仅有300个企业在我们的报纸或者网站上做广告。如果建立企业目录，就可以在我们的网站上给每一个企业安排一个位置，这样我们的广告销售团队就有理由敲开企业的门，劝说他们通过付费，升级目录下的服务、更新内容。在这个方法实行了一年之后，网站获得了600万美元的新收入流，企业目录拥有了400个付费广告顾客。"

韦弗说，关于企业目录，网站还给广告客户提供网络工具，允许他们管理目录下的内容，可以添加或修改。"一些企业认为这很容易操作，就使用这个目录作为他们的企业网页。所以他们公司的主页就会显示是'LJWorld.com / 企业名'。另外，在这个数字媒体销售时期，广告销售员应该学习怎样鼓励本地广告客户对新媒体建立信心。"

（作者系人民日报驻美国记者）

专题「王功权报道」

专题「王功权报道」

榨出王功权衣服下的“小”

□姜英爽

姜英爽

导读

或许，没有一篇报道是完美的，争议会让人成长，也证明了这篇报道的意义。不过就这场战役而言，虽然有小小缺憾，我还是为自己的表现感到自豪，最起码我采访到了他，我问了大家想知道的，而他也坦诚给与了回答，并表示了认可，没有让我留下采访生涯中另外一个遗憾。这就是姜英爽的风格，这就是南都的风格，我为自己说：“耶！”

是否应该去采访王功权，以我个人的新闻价值观来判断，这是没有疑问的。王之私奔是否值得写 8000 字，以我的判断，也是没有疑问的。因为只有这么多字才能淋漓尽致还原一个已经成为公共事件的私奔事件，才能还原一个真实的中年男人，面对道德，面对爱，面对感情，面对道义……他的选择，他的挣扎，他的痛，他这两个月来，以及和王琴冒世俗之不韪而相爱两年以来的种种感受。事情似乎最终没有免俗，王功权的私奔事件以惊人的高调面世，而终以一声叹息而默默收场。就像庄慎之以前送给我的一句话一样，没有人能够代替他在其中的个体感受。而这，最适合用访谈体来体现。我也认为，只有我，才能写得出来，挖得出来。

而且，王功权的私奔事件多么具备普遍性和典型性，又有多少个中年男女梦想着这样一场私奔，可以在世俗的眼光里决然不顾。然而，终究是一地鸡毛收场。采访王功权，就是面对人性，面对自己衣服里藏着的那个“小”。这，不是一个记者，一个社会记录者所需要做的吗？

一

私奔事件之前，在我微博有限的不超过 5 个的粉丝里，王功权就是其中之一。今年 2 月我曾经去北京做过一次他的专访，当时就是从微博上联系到他的。

王功权更广为人知的身份是鼎晖投资的创始人，一个和许志永等人一起为公民维权的斗士。2011 年初，公盟年度总结会议上，他做了《我们不能放弃》的演讲，在网上被广为传播。在北京，我们曾有过一个下午的长谈，关于公民社会，关于维权。他接受我采访的那天，天气仍然寒冷，他戴着一顶帽子，电话短信不断，但是他的态度非常友好，非常坦诚，因为他很喜欢南都，喜欢南方系。在那几天之前，他和许志永还去了丰台区一个关押上访者的黑监狱，跟着这些上访者们高喊“放人”，并把两个上访者带回家过夜。

印象深刻的是，他给我讲了一段经历，一个内蒙的投资项目，因为要征农民的地，而项目执行方又没有对失地农民进行培训的好计划，最终，他放弃了这个项目。他说，他渴望公民的社会，没有英雄、没有伟大人物，但每一个人都能够活得自由，同时尊重自己的权利，也尊重别人的权利。采访结束后，他还认真给我发了几条短信，阐述他的看法。但是，因为所谓的敏感，这篇稿子最终没有能够面世。

三个月后王功权的微博私奔宣言，演变成轰轰烈烈的私奔事件。此后王功权只在微博偶尔现身，我连续拨打他的电话，几天给他留言，给他发短信，发微博私信，不出意外均没有消息。5月底，微博传出他的《私奔之歌》，我也发了私信给他，希望在他愿意谈此事的时候，希望第一时间能够和我联系。7 月初，我去了新疆采访，没再关注这件事，没想到刚刚从新疆回家，编辑廖雪红告诉了我，他接受了《南方人物周刊》专访。一刹那间，遗憾、内疚、焦虑还有气愤、惋惜统统涌上我的心头，我抓过电话就给王功权打，音乐响起，彼端没有人接听，但已不再是秘书台。证明他的电话已经重新启用。我没头没脑就一连几条短信发过去："你为什么会接受别人的采访，而不是我的？我给你留过那么多次言，为什么没有理我，我觉得我应该是最能理解你的人，你居然没有把机会留给我。"几分钟后，他的短信来了："对不起，能补救吗？"我马上说，我去北京找你，不然我会抱憾终身。他说他在阳朔，问我找他想谈什么。我的回答是："虽然也许别人已经采访过了你，但是不代表我想做的东西，我一定要和你聊聊。就当我去阳朔旅游一次吧！"他的回复很快来了："好吧。"我说，好，你保持手机畅通，我明早就到。然后我给我们深度负责人喻尘打了个电话，喻尘很爽快同意了："那你就去一次吧！"

二

第二天早上我直飞桂林，包了一辆的士赶往阳朔。在西街玫瑰木咖啡厅二楼，那个宁静的午后，我们有了一次长达三个半小时的聊天。真的，那是一次非常温和的聊天，说得肉麻点，我觉得更像是一个男人和一个女人关于出轨事件的心灵对话，虽然后来很多人认为我的文字里透着的是狠劲，虽然他有很多为自己辩解的话，我没有一一采用而删除了不少（为自己所做之事进行辩护这是人之常情，而我也认为那些辩护太多会影响大家对王功权的看法），但是，当时，真的，这是一场平和的对话，感谢王功权，

A14-15

对话

私奔主角王功权回家：

"我不后悔私奔 后悔'微博私奔'"

他在我面前坦露了一个真实的他。

实际上，在采访之前没有太多设计我的提问，我也执著地没有看别的媒体对他的报道。因为我不想让任何人影响我的思路，我的采访。我对这件事长期的关注让我的问题自然会一个个接着蹦出来。以至于后来整理录音，都没有费太多劲。我的问题不能说是针针到肉，但是我"发誓"，这个针真的是轻轻刺过去的，虽然也许有人认为是暗藏杀机，但是绝对不存在所谓道德审判和道德优越感。他的很多观点是和传统看法不相容，虽然我也未必认为世俗或者传统一定是对的，但是作为采访人，我必须站在他的对立面，以保持报道的平衡。而他也是个很好的受访者，懂得如何回答我的问题。

在这篇报道里，王功权需要的是倾听者，还是提问者？或者是另外一个角度帮他去思考的人，哪怕是一种灼痛？他又需不需要这种灼痛？就算他追求抛却世俗，他能不能避免面对这些问题？我觉得这就是和朋友之间在某一方犯错时候的对话，与其说采访，更像是一种心理按摩。人在经历价值观冲突的时候往往表达欲旺盛，这时候没人用一把手术刀切出这个出口，一定会积郁其中憋死的。而他感受到这种痛楚的时候，往往已经是痊愈的开始。

接近 4 小时的谈话，版面所限不能一一照录，大部分时间里，我充当的，还是一个倾听者，然后在我认为需要反驳或者异议的适当时候，提出我的异议，这篇采访，我自认是做到了的。不然，公众也不会看到这样一个真实的王功权。

在我的十年的对话采访所形成的概念里，这是个成功的采访，这是毫无疑问的。就像杨瑞春所言，它解决了之前公众的很多疑问。最好的解释不是巧舌如簧，而是坦诚面对。承认人之为人的缺陷，比掩饰甚至美化它更让人敬重。比较唐骏、禹晋永等，王功权可以算是君子坦荡荡了。

我们短兵相接，你来我往，他的思路敏捷，我也没有被他的辩解牵着鼻子走。但是那个下午，并没有某些人想象的刀光剑影，恼羞成怒。关于道德的询问，这是作为一个社会人的王功权不能绕过去的一个问题，在出轨前后，私奔前后，王功权都是矛盾的，有人说，王功权，你碰到这样的记者的提问，你为什么没有拂袖而去？因为这些问题，实际上王功权每天每日都在面对或者在逃避，在犹豫或者在决断。与很多回避甚至不敢面对这些问题的人相比——我相信 80% 以上的男人会有过王功权的某些想法做法，只是还未必有他这种自我剖白的勇气。从这个角度来讲，我是非常敬重王功权的。

采访结束，我劝他尽快快刀斩乱麻，他眼睛又红了，说他会的。他会尽快了结这个事件，减少对身边人的伤害。我想，他是把我当作他的朋友的。我也是。他对我说，他怕的是采访会伤害到妻子和王琴两个人，怕的是有恶意的炒作。但是出于对南都的信任，对我的信任，他还是接受了我的采访。我向他保证，我绝对不会去伤害到他。

结束采访之后，王功权又给我发来几条短信，阐述了他的态度，对妻子和王琴的感情是不是爱的问题。其实，我知道，他是两个人都爱的。只是他觉得已经失去了对妻子说爱的权利。

三

以我喜欢“快”的风格，我甚至希望当天晚上稿件就可以上版，第二天见报，但是因为周五没有版面，拖到了周六才发。但没有因为周末，这条稿子就被淹没，王功权第一时间给我发来了私信和手机短信表示感谢：“谢谢你的境界和文笔，至少你没有哗众取宠地刻意或无意伤害。谢谢你，你的确是个严肃的记者。”

与王功权的认可相比，有趣的是，这篇稿子却在微博上引起了热烈的讨论，尤其是在同行中。大多数同行和网友认可我的采访，也有部分人认为我太过于“狠毒”，有道德审判嫌疑。事后回想，因为成稿时间比较仓促，我出现的一个可能性的失误——如果它是失误的话，那就是我在写稿的时候没有特别注意用“有人说”、“如果有人认为”这样婉转的词句来加在提问里面，可能会显得更加温和，也不至于有些人会认为我那些提问就代表了我个人的看法。

怎么做一个平面媒体的访谈者？如果问得不透彻就会被对方辩解牵制，就像一个同行所说，精神世界本就说不清，往往需要反复穿刺。如果什么都顺着他，也照样有诱导之嫌，如果问得太尖锐，又会让另外一群人为之喊冤，因为这个人本身就是巨大的争议者，所以你怎么都很难平衡这种关系。这次给我的教训是要慎之又慎。不过，最起码没有人否认，在这篇报道中，王功权的形象是立体和丰满的，甚至得到了很多人的理解。所以也算是不憾吧。就算我当了炮灰，也没什么吧。

这场风波，给王功权的思考，给我们每个人的思考都是深刻的，这是超越了我们的隐私窥探欲的。王功权 7 月 11 日早上，又发了一条私信给我，表达他的心情：“人们用道德来审判爱情的时候，道德是爱情的刽子手。当爱情被忠贞俘虏了的时候，爱情已经成为进行性交换的商品。”

或许，没有一篇报道是完美的，争议会让人成长，也证明了这篇报道的意义。不过就这场战役而言，虽然有小小缺憾，我还是为自己的表现感到自豪，最起码我采访到了他，我问了大家想知道的，而他也坦诚给与了回答，并表示了认可，而没有让我留下采访生涯中另外一个遗憾。这就是姜英爽的风格，这就是南都的风格，我为自己说："耶！"

（作者系南方都市报首席记者）

重新打量每个生命

□薛芳

薛芳

导读

在私奔这个问题上，采访自始至终，他都说私奔肯定是自己错了，我没有就此问题做深入的探讨，从道德层面。一个人对于另外一个人在道德层面上的审问，可能更符合大众口味，但在我看来，一个人对另外一个人在道德上进行审问，是非常扯淡的一个事情，因为当一个人把自己置于道德高地的时候，即意味着自身的完美无缺，芸芸众生，谁敢言自己是道德的化身，因此，从业7年，涉及与道德相关的话题时，我一直谨小慎微，甚至有点温吞。

一

对于一个人物记者来说，做功课，约访，写作，约访永远是其中花时间最多的那一环。

对王功权的第一次访问是在2010年的夏天。当谈到要做王功权这个选题的时候，编辑甚至都问我，为什么要写这个人？是啊，当年的万通海南的时光，隔着20年的岁月，人们透过冯仑的《野蛮生长》，记住了“野蛮”两个字。在潘石屹的叙述中，人们记住了卖房子像卖白菜一样的荒诞岁月。

王功权是谁?

其实早在1990年，王功权就是当时叱咤风云的牟其中的左膀右臂。他还是当年被称为企业家摇篮的万通的领头人。“万通六君子”分手之后，身处房地产行业的冯仑俨然成了社会活动家，身价上百亿的潘石屹也成了明星，但王功权却甚少被公众所注意。

离开万通后，王功权做起了风险投资。如今，王功权在风投界的名气不可小觑，先后投资过亚信、易趣、3721、金融街、万网、框架媒体和360等。此外，他关注弱势群体和“三农”问题；帮助一些朋友在农村进行调查，为非北京户籍家庭的孩子争取在北京高考的权利。

这是一个不太像商人的商人，他对自己的描述是：一个商人加半个文人。我当时给编辑的约访理由是：在名人被过度消费的今天，总有一些人，低调，多多少少跟媒体绝缘，而且对当下的社会、自由、民主等很多领域均有所思考。

跟编辑报选题的时候，也预料到了约访的难度，果不其然，第一条短信发过去，收到客气而委婉的拒绝：我是北方人，故不便接受《南方人物周刊》的采访；于是我又发了第二条短信，调侃道：你的第一桶金可是源自南方。于是王功权没有再拒绝，但有一个附加条件，不谈当年的万通。

时隔一年，王功权因为一条私奔的微博再次变得声名大噪。

当时看到这条微博的时候，跟无数的大众一样，觉得这个世界变得疯狂而可乐，我没有加入羡慕嫉妒恨的网络大军中，没有转发，也没有去发表任何评论，在这个围观的世界里，是非，真相，全被变相的娱乐化了。因为有着两面之缘，于是，我也养成了去王功权微博围观的习惯。

仅仅是围观，我甚至没想过要做一篇关于王功权的稿子。在我的理解里，一个男人，抛下尘世间的一切，私奔了，怎么可能接受一个记者的采访，所以，在王功权私奔后，我接到了几个电话，来自不同领域的朋友，男人们的言辞中多多少少流露出那么一点点的羡慕，女人们，进入婚姻状态的女人均是深恶痛绝，而，未婚状态的女人则感慨，这是一个真性情的男人，甚至多多少少有点羡慕那个被昭告天下，跟着一起私奔的女人。

故事如果停在这里也算皆大欢喜。王功权接下来发的几条微博，使得事情陷入了一地鸡毛的困境。于是，前妻，现妻，情人，这些词立马又成为私奔之后关于王功权的新关键词。这时候，我又有了一个新的判断，这是一个一碗水要端平的人，他在乎的事情很多，他抛不下一切。

二

性格决定命运。我开始给王功权发短信，想做一个采访，但这次，没有回复，我又开始发微博私信，也没有回复。

6月17日，一个朋友给我电话，说王功权回家了，我心里觉得，这可能是个契机，又开始发了一条很长的私信，“我是上次写《王功权：不当大哥好多年》的记者，私奔的事情已经过去一段时间了，如果你希望有一家媒体客观公正地来写你，我希望你选择《南方人物周刊》。一年前的采访，关于公民社会等一些问题，也没聊得很透彻，这次领导很重视，希望能够还原一个真实的王功权，你微博上的东西都是碎片化的。”

1分钟后，有了回音，如同上次采访一样，依然有一个附加条件，不过这次的附加条件是不谈私奔。我答应了。很快，就定好了采访的时间，当天；采访地点，中关村的一家茶楼。

这样的采访，让我很忐忑。做记者一段时间了，脑子里时常浮现出这样一幅场景：采访对象拂袖而去。尽管在我的记者生涯中，这样的场景一直没出现过。我曾经跟一个同行聊过这个问题，她告诉我，“面对面”是一种风格，但更多的时候，记者可以通过“示弱”的方式让对象放松下来。

这是一个相当不错的建议，之前我很少使用。在那个周三的下午，我脑子中反复出现她给我的建议。每个周三下午，是人物周刊的例行会议，会议结束后，我去了中关村图书大厦，买了几盘佛教音乐的音像制品，买好之后，我就朝和王功权约好的茶楼出发。

途中，接到了一个电话，是王功权打来的，他告诉我，我们约的茶楼晚上 6 点之后就不营业了，他给了一个采访的建议地点，就是一个酒店的大堂，问我有没有更好的地点推荐，我觉得酒店的大堂太过嘈杂，于是就告诉王功权，找一家上岛咖啡吧。

三

当王功权出现在面前的时候，我把买的佛教音乐给了他，为了缓和下气氛，给他看了一本人物周刊的精选作品合集，名字叫《重新打量每个生命》，王功权告诉我，他喜欢这几个字。

采访开始了，谈什么，能过渡到私奔这个话题上，这绝对是个问题。

我采纳了同行很久之前给我的建议，我对王功权说，这个采访让我很紧张。这时候的王功权很有趣，说了一句，“我看着也不像什么坏人啊”，随后，他自己很主动谈到了一个话题，关于西藏问题。半个小时之后，他问记者，你现在还紧张吗？

通过这个细节，能看出来，王功权是个善良的人。除了“示弱”，一位资深媒体人建议我，你不用准备，王功权说什么，你就听什么好了。因此，谈当下的中国，谈郭美美、陈光标，谈民主与自由，采访现场的氛围变得相对轻松，最后，他主动谈到了“私奔”。

抛开关于私奔的是非争论，按照王功权一向遵从自己内心的行为模式，那条在网上引起轩然大波的私奔宣言，的确与社会道德相违背，但无碍于一部分人对其坦诚的理解与尊重，因为在现实生活中，看多了太多人人前的道貌岸然，台下蝇营狗苟的龌龊。我并不赞同王功权在家庭婚姻方面的道德观，但不管对方在家庭婚姻上如何不道德，都应该在人格上尊重对方，这是一个人物记者所应该有的基本素质之一。

面对公众挥舞着道德大棒的王功权，他的表现也合乎众议，除了在微博上承认自己错了之外，他一直在诉说着他对公民社会的种种理解，这似乎引起了众怒，大部分围观人士认为，一个道德上有瑕疵的人，有何资格谈论这些问题，于是，王功权又陷入了另外一场困境，他需要更多的人去倾听他对公民社会的期许，然后以一种渐进的力量缓慢地去改变，但是应者寥寥。

在私奔这个问题上，采访自始至终，他都说私奔肯定是自己错了，我没有就此问题做深入的探讨，从道德层面。一个人对于另外一个人在道德层面上的审问，可能更符合大众口味，但在我看来，一个人对另外一个人在道德上进行审问，是非常扯淡的一个事情，因为当一个人把自己置于道德高地的时候，即意味着自身的完美无缺，芸芸众生，谁敢言自己是道德的化身，因此，从业7年，涉及与道德相关的话题时，我一直谨小慎微，甚至有点温吞。

在我看来，媒体是公器，作为记者，没有滥用权力的资格，其职责应是客观传递信息，而非带着个人色彩影响大众。但在这里有一点需要交待的是，作为深度报道或者人物报道的记者，有义务让读者在文字中看到两个人在访谈上的交锋，这方面意大利女记者法拉奇做得非常成功，她对那些政治人物在外交政策和事关国计民生决策方面咄咄逼人的采访令人叫绝，而非对家事、情事、私事的道德审批。

但对于王功权这样道德上有瑕疵的人，一个有争议的人，还原他这个人可能更为重要。在《王功权：感情是我的软肋》一文中，呈现了他对当下社会的一些思考，作为一个公众人物，王功权私奔行为的示范效应因为认错已经被弱化。一个在私奔以前所谓的成功人士，在私奔后，难道真变成一堆臭狗屎了吗？他的所思所想就没有价值了吗？我得出的答案是否定的。

周刊的记者都明了，《南方人物周刊》的宗旨是“记录我们的时代”，此外，它也兼具一份人文情怀——“重新打量每个生命”。因此，我更倾向于去客观还原，分析他的价值观和世界观，还原造成私奔这个结果的种种因素，当然，这种客观还原，不讨当事人喜欢，甚至会让当事人难堪。

四

主文《拯救与逍遥》用了第一人称的写作方式，尽量客观地呈现一个王功权。为此，我读了王功权所有的微博和近几年所写的博客，当然，也

□商业领袖

王功权 不当大哥好多年

本刊记者 薛芳 实习记者 寿立群 曾繁瑞 发自北京

采访了一些熟悉王功权的人。这篇文章，我请教了著名财经作家迟宇宙先生，他帮我想了一个名字。这篇文章能正常刊出，此文的编辑黄广明先生做了大量的案头工作，主编徐列老师和万静波老师也从不同角度给了修改意见。

文章刊发后，有些朋友很喜欢，有些朋友则非常不喜欢。一直以来，我都认为，一篇文章是有生命的，任何一个生命对于另外一个生命来说，都是镜子，在镜子中能看到什么？文章的作者只是给读者提供了一个参照物。读别人的故事，观自己的人生。

当然，这篇文章因为在写作上的创新，也有读者从不同的角度表达了对这篇文章的关注。

这是一个不缺乏话语权的年代，围观似乎成为当下的一种风尚。有很多事情，通过围观改变了结果，比如薛蛮子关注打拐，让很多小朋友回到了家里；比如郭美美事件，围观一步步逼近真相；比如围观安贞桥下买菜的老太太，围观让一些顺道的人去老太太那里买菜……

当然，娱乐也是一种权利，在这个娱乐年代里，你方唱罢我登场，但说白了，这是一个公众人物的私生活，就那么点事。诚如《娱乐至死》一书中所写的，在这里，一切公众话语都演变成以娱乐的方式出现，并成为一种文化精神。我们在政治、宗教、新闻、体育、教育和商业都心甘情愿地成为娱乐的附庸，毫无怨言，甚至无声无息，其结果是我们成了一个娱乐至死的物种。

私奔似乎成了一出商界娱乐剧。听到了一个朋友谈到过这么一个事情，在王功权私奔后，鼎晖一位王姓合伙人出席了一个投资圈的会议，主持人如往常般说了如下的话语，"请鼎晖的王总上台发言"，结果这个王总使得场面很尴尬，上台发言的人在发言前说了一句，"我不是王总，王功权才是王总"。

微博使得古代有很多、现实中也存在的与才子佳人有关的剧情都被狗血化了，其实，王功权是个有很浓厚的理想主义情结的人。王功权曾笑谈，如果自己有空，会写一部商侠小说，这部小说不写怎么赚钱，因为赚钱是个辛苦的事。男主人公要英俊，也很容易赚到大钱，同时，又把钱看得很淡，是个重情重义的人。

这是第一次采访时王功权告诉记者的，可是2011年的这场私奔大戏，使得这一切在公众的围观下，都被娱乐化了。张爱玲说的是对的，生命是一袭华美的袍，可惜爬满了虱子。

（作者系南方人物周刊记者）

来吧，我们谈谈真问题

□杨瑞春

杨瑞春

导读

文体特性对记者的要求非常不一样，如果是一篇特稿，我不喜欢文字中太强烈的情感，更欣赏不动声色地冷静呈现，让事实自己去说话。但访谈不同，我喜欢它是热的，是两个人产生的化学反应，是你来我往，刀光剑影，是一层层惨烈地剥洋葱，即使刺激得要流出泪水。我喜欢的访谈，绝不是温良恭俭让。

一

我一向认为，一个性格有瑕疵但是却生动鲜明的人，比一个周到得体但平庸乏味的人要来得可爱。文章也是如此。

好在姜英爽采访王功权的访谈属于前者。那些指责她的人，在指责之前，估计一定也享受了跟我一样的阅读乐趣。但是，他们被稿子里所谓的“道德审判倾向”激怒了。正如同一些人的道德激情泛滥，很多人的反道德激情同样也是不能被触碰的。看到姜英爽在微博上用一种怯生生的小媳妇受了委屈似的方式在发言，我特别想对她说："你，其实可以更彪悍一点，象你采访中的姿态一样彪悍"。

而同在南方报业，《南方人物周刊》采访王功权的文章，很可惜，浪费了一次得来不易的采访机会。

不想用太多的笔墨比较来细述两篇文章。两篇文章最大的差别，我觉得是一个抓住了核心问题，另一个却顾左右而言他。如果说姜英爽的文章让我看起来有酣畅淋漓的感觉，那么，看《南方人物周刊》的文章则让我很揪心，持续地揪心——你就带着球在球门边上转呢，创造历史的时刻到了，为什么不抬脚射门，而是左右地乱传球直到全场结束呢？

二

王功权的私奔事件，是近来微博最为热门的一次病毒式传播事件。一位功成名就的公众人物，突然高调公布自己的私生活，没有比这样的自爆更能吸引人的眼球了。现实的戏剧性比美剧还要好看，情人、现妻、前妻接连出场，各种揣测当春乃发生，直到王功权被情人送回家中，这幕大戏才算接近尾声。但美剧好歹会给个理由，而微博的只言片语，显然让围观群众们感觉到信息缺失，不能满足人类恒久不变的好奇心——为什么？为什么？为什么呀？

人人都有同样的疑问。现在，因为新闻工作的非凡而可怕的"特权"，男主角出现在你面前了，怎么对待他？用俗一点的语言吧，《南方人物周刊》这时候显得有点装——假装他此刻是个德高望众的公共知识分子，假装对他谈那点社会理想感兴趣，小心翼翼地绕过私奔事件，回头却又扭扭捏捏把这张不漂亮的中年男人脸放到封面上。我想他能提振发行量的唯一理由就是"私奔门"男主角。明明知道读者想了解什么，却假装这事儿不重要假装谈点所谓严肃深沉的，太可惜了。但姜英爽的采访就很直接，直捣核心。首先她不装的是自己一颗八卦的心，八卦，在此刻，意味着了解真相，给出逻辑，意味着找出真问题。

真问题的确立非常重要，也就是所谓在所有的矛盾中"抓住主要矛盾"。我赞同在新闻报道中有时会有为尊者讳的因素，但王功权事件中，尊者自己不讳，缘何讳之？王功权此时接受采访，其实就等于同意了一个潜在的契约，即谈风口浪尖上的"私奔门"事件。我之前在微博上评论他的行为，说他是以卢梭《忏悔录》的坦白来呈现自身的。甚至在很大程度上，我认为他是把自己当做他者来研究，这是他和其他的八卦事件人物不同的地方，也是他值得尊敬之处。因此，我倒觉得，从王功权的角度，他对姜英爽的采访应该是有预料的，而《南方人物周刊》的采访反而会让他意外，该引爆的点没有引爆，私奔事件全程看下来是一次真诚的行为艺术，怎不理解一位行为艺术家渴求采访的心？

姜英爽采访所面临的一个批评是居高临下对王功权进行道德审判。我在读稿子的时候这种感觉并不强烈，别人说起来，我再去看，感觉还是不太强烈。其实我不赞成什么事儿都扯上道德，中国人太善用这一套，想黑掉一个人如果从道德角度入手，往往是成本最低收益最高，毁得最彻底翻身最难。

可是王功权的采访不一样，谈“私奔门”，怎么可能不谈道德？众人关注的焦点，就是这样的爱情道不道德。王功权自己在微博上也多次说到他所承受的道德压力，在这种情况下，道德问题是“私奔门”的核心问题，对于一个有思考能力和自我审视能力的知识分子，怎可能不谈道德呢？

三

也许有人觉得姜英爽在访谈里显得咄咄逼人了，我觉得，确实有几个问题的问法可以商榷，比如“在左右欺骗中游刃有余？”比如“你是个自私的人”，比如“无论如何，你应该对她（注：现妻）对你表示出的接纳和大度表示感动和感谢"，"以一个有妇之夫的身份，你觉得你有这个资格和她谈爱吗？"这样的表达已经僭越了一个采访者的边界，也是为什么有些读者会认为记者在进行道德审判。

但另外一点，追问是一个访谈记者的好品质，也许追问会让对方不舒服，但我们采访的目的，绝对不是让对方舒服，或者不舒服，而应以最后探求到真相与否为最终评判的结果。语言只是挖掘的手段，如果对方需要刺激，记者就给刺激，如果对方需要你装傻，装傻也不丢人。有人说，面对采访对象要不卑不亢，姜英爽没有卑，失之于"亢"。我想，王功权是一个成年人，是一个已经具有比较高的社会地位的人，即便是私奔后他有些尴尬，他依然不是这个社会中的弱者，他应该有回答挑战性问题的能力。

而且怎么能要求一个记者以一种不偏不倚的方式去和别人对话呢？著名的访谈记者法拉奇说过："我进行每一次采访都费了心血，像对待那些与我利害攸关，我必须态度明朗的事情那样去关注我的所见所闻……我不是带着想解剖学家或记者所持的超然态度去会见这 26 位大人物的"。她还说，"事实上我对每件事情都根据我所持的道德标准明确表达"。确实，你可以看到她问基辛格："你怎么能使自己受到毛泽东、周恩来、黎德寿的认真对待，而同时却又被别人看作是个轻率的勾引女人的人，甚至是个花花公子？你不为此感到窘迫吗？"

当然，从这个问题看，法拉奇正是很好地控制了自己的问题，"被别人看作……"是个方便法门，记者自己出场就容易让人不悦。

但姜英爽已经做得足够好了，正是有她勇敢的不断追问，而非浅尝辄止，这篇报道才能不仅仅满足八卦的欲望，而是探索到人性深处的纠结。也正是因为她没有扭扭捏捏，直面问题，才把一个更真性情的王功权呈现出来。对王功权来说，这反而是好事，没有什么比真实本身更有说服力了。

文体特性对记者的要求非常不一样，如果是一篇特稿，我不喜欢文字中太强烈的情感，更欣赏不动声色地冷静呈现，让事实自己去说话。但访谈不同，我喜欢它是热的，是两个人产生的化学反应，是你来我往，刀光剑影，是一层层惨烈地剥洋葱，即使刺激得要流出泪水。我喜欢的访谈，绝不是温良恭俭让。

（作者系资深媒体人）

新闻观与爱情观

□黄广明

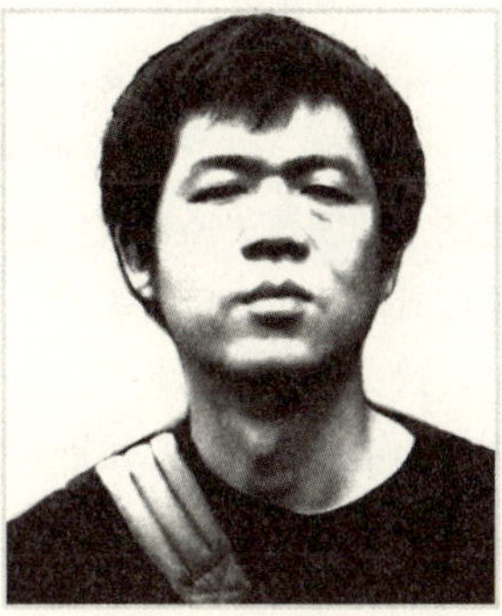

黄广明

导读

相比感情的出轨，我更赞成对火车出轨不客气。为什么，前者是一个私人领域的事，后者是公共领域的事。克林顿当年进入弹劾程序，不是因为他与莱温斯基的那点破事，而是因为他在事发后作了伪证。前者是私，后者是公。

面对同一事件，不同媒体选择不同视角、不同层次出击，形成新闻竞争，提供多样态的资讯，丰富事件之大观，应该任何人都不会反对。以王功权事件来说，将火力集中于私奔事件及背后的学术心术雅俗共赏的爱情婚姻家庭道德伦理等问题，有市场，很好；而薛芳的报道更多地集中于王在丈夫、情人身份之外的商人、公民、建言者、行动者身份上，当然也会有读者。特别是在王在千夫所指、而王也在微博上屡有回应的情况下，我们认为记者代言“公众”指责的声音（无论这个代言是主观的还是客观的），只是多数人会想到的新闻第一点。南方人物周刊目前报道方向，是一贯地“重新打量每一个生命”（必定要还原一个人的丰富性）的立场，也是新闻竞争的策略选择。

事实上，薛芳的报道（包括一篇访谈与一篇特稿），还是有相当的篇幅着墨于王功权本次私奔事件及衍生的道德伦理等问题，只是对这个问题的表达，一是放在对其全面信息和丰富人性的背景下；二是不狠，不犀利，薛报道采用的是白描式中性口吻，并有不少对王自白的引用。

在第三者、私奔、出轨、非婚生育这些字眼环绕下的王功权，要骂他、要质疑他是何等地手到擒来，又是何等地廉价，就像他微博上无数骂他的人一样。我非常喜欢一句话，媒体的生命在于独立，独立于资本，独立于权力，也要独立于民粹，对一个出轨者千夫所指算不算民粹，我不知道，反正至少是中国的民俗了。是的，即便是民俗，我们也要独立。新闻的任务不是咒骂一个人出轨，而是搞清他为什么会出轨。

相比感情的出轨，我更赞成对火车出轨不客气。为什么，前者是一个私人领域的事，后者是公共领域的事。克林顿当年进入弹劾程序，不是因为他与莱温斯基的那点破事，而是因为他在事发后作了伪证。前者是私，后者是公。

在面对私生活特别是两性生活这个领域时，我主张大家都要谦虚点，不要那么义正辞严，黑白分明。

事实上，普通人关注名人的八卦，往往是因为名人的家事、破事，会折射出自己的影子。只不过，名人们在明处，他们在暗处。

是为爱情观两性观决定的新闻观。

最后说明一点，南方人物周刊的报道还远远不能说完美，在思路采访文本方面都有可检讨之处。

（作者系南方人物周刊编辑）

我希望从多元中获益

□迟宇宙

迟宇宙

导读

与采访者平等对话，倾听他讲述最基本诉求和情感，不止代表了一位记者的价值选择与职业素养，更关键的是体现了记者的胸怀。在我看来，一位优秀的记者应该具备悲天悯人的情怀，而不仅仅是咄咄逼人的追问。获取信息是采访的基础，但不是全部。杰出的记者应该试图深入对方的内心，进行更深层次的交流。

一

在从《南方都市报》上阅读到姜英爽对王功权的采访之前，我见到了《南方人物周刊》记者薛芳撰写的王功权人物稿的初稿。薛芳希望我帮她找到一个更适合的题目。我说我想到了刘小枫的一本书，名字叫《拯救与逍遥》。后来，“拯救与逍遥”成为了《南方人物周刊》那篇文章的题目。

姜英爽的文章让人很自然地联想到了法拉奇，联想到了那种咄咄逼人的追问者的勇气，也联想到法拉奇的一个准则——一定要有一个能激怒对方的问题。毫无疑问，姜英爽和《南方都市报》都成功了，符合其媒体属性与一贯立场的成功。

但是，我更喜欢《南方人物周刊》的文章，甚至愿意为它再配上一篇简短的文字，表达我的偏爱。从那篇反复修改而成的文章中，我看到了中国传媒业界突破写作桎梏的希望，也看到了一位优秀记者和一份优秀媒体的悲悯心。

二

王功权私奔事件出现之后，人们开始以窥私的热情关注这个新群体："投资家"。窥探的热度、追猎的疯狂、参与者的滚雪球，使我想起一部电影《性、谎言、录像带》。像是对王功权事件的最终总结一般，人们的不懈追逐，阐释了"谈资"才是受众最终的需求。因为制造和成为了"谈资"，因为被疯狂谈论，王功权最终被迫面对媒体。

王功权隶属于一个叫做"投资家"的全新群体，这个群体不同于中国传统的企业家，他们游走在实业和资本之间，以"拼缝者"的精神、掠食者的残酷围猎财富；他们比企业家获利更多、更快捷，其付出的代价也更大。他们成为富人速度之快令人叹为观止。他们也因此被天然地当作了"暴发户"，被当作是贪婪的"秃鹰"。

媒体上不乏"秃鹰"的形象。中国媒体对于富人群体的报道一直在二元对立中反复摇摆，或者是腆着脸仰视，一副奴颜婢膝的贱相；或者是找准了道德制高点，以俯冲的姿态鄙夷他们的作为以及品质。我们很少会看到那种平等的交流，那种相互理解、彼此包容的对谈。

事实上，除了扮演着公众人物的角色外，那些人大部分时间里都过着与我们相同的生活。他们拥有普通人的情感、普通人的欲望和诉求。

而在对这个群体进行描述时，我们的笔墨大部分都在追逐他们作为一个特殊群体的特殊需求，而忽略了他们最基本的、最普通的、最本质的诉求。在变革时代将他们变异的同时，我们没有努力去还原他们，而是戮力地将他们变异得更加扭曲。

恢复一个群体的本真面目，记录他们最基本的诉求，是媒体的责任，也是可供选择的一个方向。柳传志说过，他居家闲暇的时候在看烂电视剧，与他共处一个俱乐部的很多企业家也在干同样的事情，以致柳传志感慨道："看来我们大家都是一般人儿。"我相信一定会有人关心柳传志居家闲暇时刻在干什么，那么这条信息是有价值的。可是这样谈资化的信息，对于仰视或俯冲的媒体视角来说，它的价值又在哪里呢？

与采访者平等对话，倾听他讲述最基本诉求和情感，不止代表了一位记者的价值选择与职业素养，更关键的是体现了记者的胸怀。在我看来，一位优秀的记者应该具备悲天悯人的情怀，而不仅仅是咄咄逼人的追问。获取信息是采访的基础，但不是全部。杰出的记者应该试图深入对方的内心，进行更深层次的交流——更深层次的交流不是空泛的套话，而是对最基本问题的一份答卷。我相信《拯救与逍遥》给出了一份答卷，尽管我期望获得更多的答案。

三

我喜欢《拯救与逍遥》一文，还因它的文体创新。多年来传媒业界一直在进行载体价值观的创新，却始终缺乏针对文本本身的创新。写作没有定式，新闻写作也没有定式。为读者提供愉悦的阅读是传媒的义务，尤其是期刊的义务。一份期刊不仅要为读者提供精选信息，还应提供阅读快感。《拯救与逍遥》的创新不是使用了第一人称，而是突破了传媒的惯性与定式，在传递信息的同时，提供了阅读上的新鲜与愉悦。

虽然我无法判断《拯救与逍遥》的文体创新会为传媒业界带来怎样变化，但它提少提供了一种可能性，亦即超越了二元化而进入文本多元化的可能性。一份负责任的媒体，在保证内容真实的前提下，应该有足够的勇气鼓励记者进行文体创新，而不是以惯性的思维去戕害记者的热情与创新的可能性。这方面，《南方人物周刊》值得敬佩。

我曾将《拯救与逍遥》的初稿提供给了《中国经济周刊》的记者和编辑阅读。一位年轻编辑读后写了一段感想：

初看《拯救与逍遥：王功权的非正常生活》这篇文章，也许有人会与我有同样的感受：不就是用第一人称写作吗？难道以后新闻都要这样写？对我们来说，它的学习价值在哪里？难道我们周刊以后能刊登这样的文章？

自己动手写写看。

动笔的时候就不容易了。

我不是王功权，怎么能写出一个王功权来呢？

这时候，我不得不佩服该文的作者。字斟句酌，她（或者是他）最大程度地利用了手头的资料，基本上做到了不加臆测、不加评论地，用基本上可信的信息"编织"出了一个鲜活的王功权。

同样的写法，我在外国历史学家史景迁的《康熙》中也看到了。

之前和记者讨论我们的新闻的时候谈到：1.我们的文章不是单一观点的表达，不是谁说"是"就"是"，针对一件事，舆论不可能众口一词，如果我们的报道呈现观点一边倒的情况，便有可能是我们的议程设置，或是记者编辑先入为主的观点，再或者就是我们的采编不够扎实、深入了。兼听则明，偏信则暗。报道不摆在一个客观公正的位置上，便很难发现一个新闻事件最有价值的东西。2.我们的文章要在有限的篇幅里给读者以最大的信息量。这是写作的问题，也是信息获取与信息编织的问题。只有我们通过扎实的采访、搜罗可信的公开资料，掌握了大量的信息，我们在写作的时候才不会无话可说。而在行文过程中，往往那些我们认为不太重要的信息，却能通过一些写作手法让我们的文章变得与众不同。这使得人物写作更加鲜活，事件写作更有现场感，整个报道更有故事性、更见细节，也更易读。

这两点，在王功权这件事和这篇文章中，体现得淋漓尽致。如何在不能采访到新闻人物本人的前提下，如何客观公正地写一篇鲜活、有意思的报道，是对记者编辑信息处理能力最大的考验。

我们需要这样的锻炼。

《南方人物周刊》最终采访到了王功权，并且进行了文体创新，使《拯救与逍遥》成为一份具有特殊价值的范本。我想这既是《南方人物周刊》的价值所在，也是《拯救与逍遥》的价值所在。

就我个人来说，我希望读到姜英爽在《南方都市报》上的访谈，也希望看到《南方人物周刊》对王功权的描述。我希望从多元中获益，而不是只看到一张被扭曲的脸孔。

（作者系媒体从业者）

业界学界

业界学界

新闻学者的危机

□鞠靖

鞠靖

在温州动车追尾事故发生之后第3天，我发了一条微博，内容如下：

"在重大新闻事件中，新闻传播学的研究者们应该更多地亲身参与、实地调查，这是最好的收集资料和研究机会。但事实上，即使是在微博上也很少看到他们的身影，他们远离了新闻现场。在所有的学科中哪一个像新闻传播学这样，既不参与实践，又不能指导实践，研究者们甚至连实践能力都没有的？"

这条微博引起了很多人的关注和讨论，其中包括一些高校的新闻学、传播学研究者，赞同和反对者皆有，但总体而言，在学界和业界之间必须加强沟通和交流是大家的共识。

回过头来看，当时这个微博，也是有感而发。"7•23"温州动车事故发生之后，微博上出现了大量关于这一事件的信息和讨论。由于个人关注结构的原因，我在微博上所看到的信息总体而言是悲观的、让人焦虑的。新闻记者是微博上的重要群体，也是我关注的重点。除了他们所传播的现场信息之外，让我印象尤其深刻的是由微博信息所体现出来的新闻伦理、谣言传播、新闻发布、记者提问、职业共同体等方面的讨论。在一个公开的舆论场中，这方面的讨论往往会陷入一个多元、发散的局面而变得杂乱无章、毫无结果，必须承认，这让我非常焦虑。特别是在铁道部的新闻发布会之后，如何更加有效地解决信息不对称的问题、提高信息获取的效率、解决前线记者无序自为的状态，在我看来变得越发重要。我注意到有包括展江、张志安、王天定等在内的一些同行和学者也在参与这些问题的讨论，而更多的则是记者和普通网民在讨论、争论乃至互相攻击。但是，我也同样注意到，作为以新闻学、传播学为研究领域的专家、教授、学者们普遍地失声了，尽管喻国明等学者也在提出自己观点和建议，但是和这个群体庞大的数量相比较，几可忽略不计。

“失声”的秘密

事实上，这并不是我第一次结合重要的新闻事件，对学界提出我的疑问。如果我没有记错，上一次的导火索应该是仇子明事件。

在部分记者提出针对《经济观察报》记者仇子明的怀疑之后，在网络上，尤其是微博上，出现了大量的关于新闻伦理、职业道德的讨论，业界和普通网民同样是其中的主要参与者，而学界只有包括吴飞、张志安等极少数人参与其中。事情发展到最后，站队、猜疑、互相攻击似乎成了主旋律，而有价值的讨论反倒退居其次。客观地说，那一次的讨论也是无果而终。

为什么在关系到新闻伦理、职业道德、谣言传播等等这样一些重大问题上，我们不能听到学界的声音？如果说在涉及一线采访的问题上业界要比学界有更大发言权，难道在新闻伦理、职业道德这样理念层面的问题上，学界也应该作壁上观吗？在我看来，如果连新闻伦理这样的问题，都要完全由业界自己来解决，学界连参与意见的意愿都没有，那实在不能不说是学界的失职。

在我发表微博之后，有一部分学者回应了我的疑问，其中我听得比较多的一点是，学术研究好比实验，学者应该和实验现场保持距离，学者介

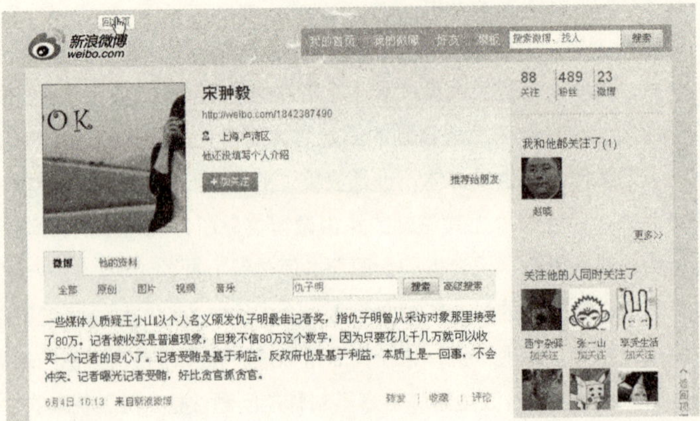

入事件等于破坏了实验现场。这样一种观点在其他学科可能是适合的，但是在新闻学这样的学科中，就未必完全适用。教育部新闻学科教学指导委员会主任李良荣教授早就说过，对于新闻学研究来说，光保持距离是不够的。

从我和一些学者接触的经验来看，之所以在最近的历次争论中，学界大面积地失声，很重要的一个原因是他们不敢“插话”也“插不上话”。在新闻业务中，学界中相当一部分学者固然早已不能参与讨论，而即使是在关于伦理、道德这样的问题上，学界也有力不从心之感。

举例来说，在关于仇子明事件的讨论中，学者们当然首先是不愿意趟这浑水，不愿意表态，“事不关己，高高挂起”。其次的原因则是学者们无法了解清楚“仇子明事件”究竟是怎么回事，业界在争论的究竟是什么问题。而在我看来，要弄清楚这一切，至少要做到这样几点：第一是向争论双方了解事实，求证疑问；第二是看懂所涉及的相关新闻报道，厘清疑点；第三是收集整理已有的各种争论。做到这三点的目的，无非是知道争论的背景是什么，双方各自的观点是什么，双方是以什么来分野，这种分野的实质和背后逻辑是什么。这样的工作已经超出了传统的学术抽象研究的范畴，对于研究者的逻辑思维、人际交往、综合知识的要求更高。最起码的一点，这个研究者要能找到当事双方，提出自己的疑点吧？我注意到，那些最终参与这个讨论的学者，确实都是和业界保持密切联系和无缝沟通的。

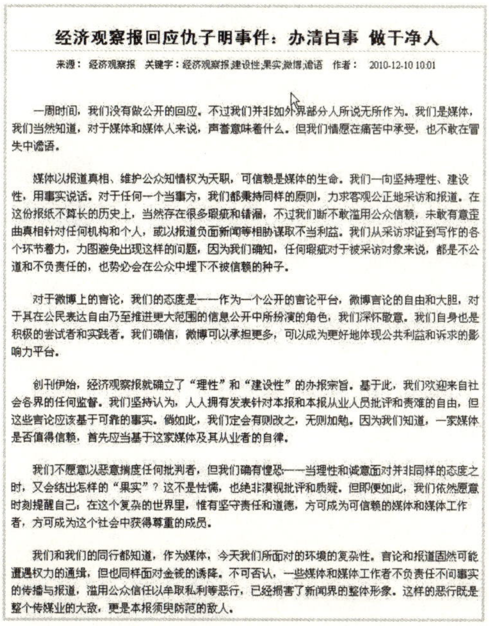

经济观察报回应仇子明事件：办清白事 做干净人

来源： 经济观察报　关键字：经济观察报;建设性;果实;微博;谵语　作者：　2010-12-10 10:01

一周时间，我们没有做公开的回应。不过我们并非如外界部分人所说无所作为。我们是媒体，我们当然知道，对于媒体和媒体人来说，声誉意味着什么。但我们情愿在痛苦中承受，也不敢在冒失中谵语。

媒体以报道真相、维护公众知情权为天职，可信赖是媒体的生命。我们一向坚持理性、建设性，用事实说话。对于任何一个当事方，我们都秉持同样的原则，力求客观公正地采访和报道。在这份报纸不算长的历史上，当然存在很多瑕疵和错漏，不过我们断不敢滥用公众信赖，未敢有意歪曲真相针对任何机构和个人，或以报道负面新闻等相胁谋取不当利益。我们从采访求证到写作的各个环节着力，力图避免出现这样的问题，因为我们确知，任何瑕疵对于被采访对象来说，都是不公道和不负责任的，也势必会在公众中埋下不被信赖的种子。

对于微博上的言论，我们的态度是——作为一个公开的言论平台，微博言论的自由和大胆，对于其在公民表达自由乃至推进更大范围的信息公开中所扮演的角色，我们深怀敬意。我们自身也是积极的尝试者和实践者。我们确信，微博可以承担更多，可以成为更好地体现公共利益和诉求的影响力平台。

创刊伊始，经济观察报就确立了“理性”和“建设性”的办报宗旨。基于此，我们欢迎来自社会各界的任何监督。我们坚持认为，人人拥有发表针对本报和本报从业人员批评和责难的自由，但这些言论应该基于可靠的事实。倘如此，我们定会有则改之，无则加勉。因为我们知道，一家媒体是否值得信赖，首先应当基于这家媒体及其从业者的自律。

我们不愿意以恶意揣度任何批判者，但我们确有惶恐——当理性和诚意面对并非同样的态度之时，又会结出怎样的“果实”？这不是怯懦，也绝非漠视批评和质疑。但即便如此，我们依然愿意时刻提醒自己：在这个复杂的世界里，惟有坚守责任和道德，方可成为可信赖的媒体和媒体工作者，方可成为这个社会中获得尊重的成员。

我们和我们的同行都知道，作为媒体，今天我们所面对的环境的复杂性。言论和报道固然可能遭遇权力的通缉，但也同样面对金钱的诱降。不可否认，一些媒体和媒体工作者不负责任不问事实的传播与报道，滥用公众信任以牟取私利等恶行，已经损害了新闻界的整体形象。这样的恶行既是整个传媒业的大敌，更是本报须臾防范的敌人。

仅由这一例出发，我们已经可以看到当下新闻学界的弊端，一是从这个群体来说，一部分学者受困于现有的学术考评体系，那些在现有的学术体系中游刃有余的专家学者，其自由、独立、负责任的学术态度至少是不够坚决；二是研究脱离实践，不仅实际动手能力欠缺，而且缺乏和业界的联系和沟通。真正能够研究问题的，恰恰是那些不被现有学术体系“待见”的学者。这也就会导致我在微博中所批评的问题。

新闻学者的自由和责任

有人会说，在重大新闻事件面前，一个人是否在微博上发言完全是个人自由，新闻学的学者们当然有不参与、不发言的权利，即使不发言，也不表明他们不关注、不研究这些问题。对于这种看法，我不完全赞同。如果进行文献检索，我们会发现，至今为止，学界对于仇子明事件的研究和分析依然很少，即便有，主要的内容还停留在“舆论监督环境”这样的话题上，而业界的一些讨论早就超出了这个范畴。这表明，至少在一部分学者那里，所谓“保持距离”只是一种借口。

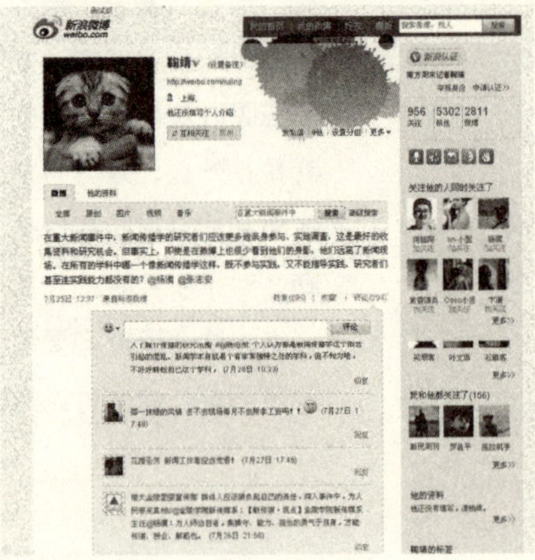

我认为，在新闻伦理、职业道德这样一些问题上，新闻学界如此大面积的失语是不正常的。也许我们不能把新闻教育工作者归入“新闻工作者”或者“新闻界”的范畴，但是我们也要注意到，这样的失语与他们平时向学生们灌输的理念是背道而驰的。师者，言传身教嘛。假如不发声的原因不是“能力问题”，而是纯粹的“意愿问题”，那恐怕才是新闻学界最大的危机。

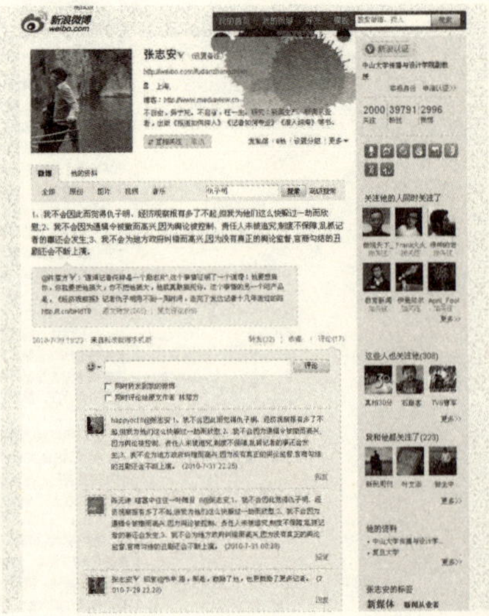

这样一种不正常，在新媒体时代、微博

时代尤其显得严重。关于微博所带来的变化和挑战已无须赘言，信息传播、新闻生产的方式因为微博的出现发生了巨大的变化，方汉奇这样的老一辈学者都开了微博，业界、政府对于微博都给予了空前的重视，而学界中的多数人却选择和它“保持距离”，这就发人深省了。我相信，对于有志于研究“7•23”事故中的微博作用的学者来说，假如他没有亲身参与其间，而仅仅是“保持距离”和“观察”，就根本无法理解其中的“辟谣党”、“造谣党”之争、BBC记者传谣之争、某周刊记者私发逝者照片之争、突发事件中的职业共同体等等问题并进行研究。

谢六逸先生说过，新闻学这个学科，绝不是纸上谈兵的学科，是一门在实践中体现、在实践中不断总结提高的新兴学科。

赵启正说："新闻专业的大学问一定是解决实际问题的学问，而不是似有用、又似无用的，或可有可无的学问。此项学问和数学、物理学不一样，数学、物理学的新论确有别人暂时看不懂、暂时无用处的，但只要它符合已有的公理或自然规律，几年甚至几十年后，早晚会用得上。但是我们新闻学科的新论如果不能被及时应用，跟不上媒体现实的发展，那么我们的学问将被时代所淘汰。”这些话对于微博时代都是完全适用的。

事实上，新闻学界相当一部分学者本来就缺少这种解决实际问题的能力。出身于新华社的马胜荣说，他曾经听过一些教师讲课，有的甚至对新闻的真实性、时效性等概念在实际操作当中如何把握都不是很清楚。我也注意到高校中来自于业界或者有业界从业背景的学者越来越多，但是如果他们也被这种躲避、远离的环境同化，他们也很容易丧失解决问题的能力。在信息时代，这种丧失能力的速度越来越快了。

我听说过一个关于国内某一流新闻传播学院的笑话。他们投入千万巨资建设了一个演播大厅，结果一年只使用一两次，还是租借给校外单位使用。之所以这样，是因为如果要使用这个中心，必须要多位具有操作能力的教师同时在场操作，否则根本无法完成。这样的实验中心毫无疑问是算在了学校的硬件投入之中了，可是对于学生来说，却形同虚设。

“学”“术”之争的现状

其实，关于新闻学教育所面临的危机，早已有很多人做过阐述，“学”“术”之争、学院派和实践派之争、“业界依附症”等等都算是“老生常谈”了。问题在于，争论常在，而危机的程度还在不断加深。这种危机，最直观的表现在于两个方面：

第一是新闻系的学生越来越多地抱怨新闻单位不愿意使用新闻专业的学生，而新闻单位也常常抱怨新闻系的毕业生并不合用。

第二是新闻系无法为业界提供继续教育的产品。以前，早就有过这方面的争论，比如有的学者甚至说过新闻学似乎没有必要授予博士、硕士的学位。到了今天，这种尴尬已经越发突出了。单以新媒体而言，业界几乎很难在高校新闻院系找到符合要求的新媒体培训课程，很多新闻单位不得不自己组织各种培训。我曾经旁听过一些院校新闻系为业界提供的所谓新媒体培训，不是深奥艰涩的纯理论派，就是肤浅枯燥的纯技术流。至于新闻采编业务，我和我身边的同行们很少认为重回学校补课回炉会有帮助。即时是学界也有相当一部分人认为，新闻学本来就不是为研究学问而设立的，无论在中国还是在西方，"'理论新闻学'还没有形成较完整的理论体系。"一些学者甚至建议，"在短期内，不如理性放弃建构新闻学学科理论体系的理想，实事求是地建构新闻学学科知识体系，以发挥新闻学在我国大中传媒业发展中的最大作用。"（唐远清语）作为一门应用型学科，如果它不能为其应用者提供持续的理论和技术支持，这本身就是对其生命力的挑战。而现在，连新闻伦理这样的理论阵地都交出去了，就更可见其危机。

现实中的情况是，一方面，学界坚持"新闻有学"，有些学者甚至故意

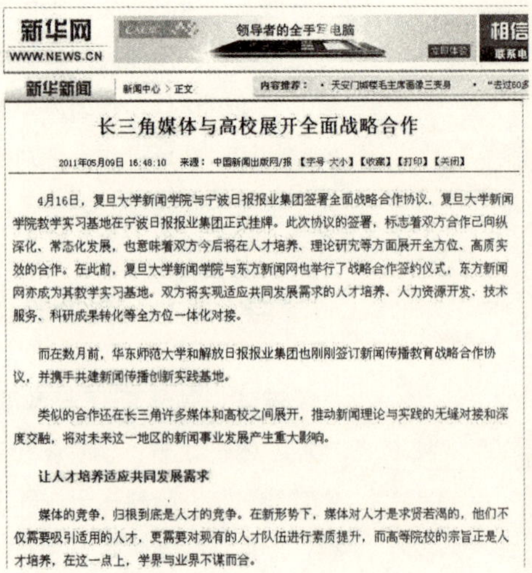
新华网
WWW.NEWS.CN
新华新闻 新闻中心 > 正文

长三角媒体与高校展开全面战略合作

2011年05月09日 16:48:10 来源：中国新闻出版网/报 【字号 大小】【收藏】【打印】【关闭】

4月16日，复旦大学新闻学院与宁波日报报业集团签署全面战略合作协议，复旦大学新闻学院教学实习基地在宁波日报报业集团正式挂牌。此次协议的签署，标志着双方合作已向纵深化、常态化发展，也意味着双方今后将在人才培养、理论研究等方面展开全方位、高质实效的合作。在此前，复旦大学新闻学院与东方新闻网也举行了战略合作签约仪式，东方新闻网亦成为其教学实习基地。双方将实现适应共同发展需求的人才培养、人力资源开发、技术服务、科研成果转化等全方位一体化对接。

而在数月前，华东师范大学和解放日报报业集团也刚刚签订新闻传播教育战略合作协议，并携手共建新闻传播创新实践基地。

类似的合作还在长三角许多媒体和高校之间展开，推动新闻理论与实践的无缝对接和深度交融，将对未来这一地区的新闻事业发展产生重大影响。

让人才培养适应共同发展需求

媒体的竞争，归根到底是人才的竞争。在新形势下，媒体对人才是求贤若渴的，他们不仅需要吸引适用的人才，更需要对现有的人才队伍进行素质提升，而高等院校的宗旨正是人才培养，在这一点上，学界与业界不谋而合。

提出玄之又玄的学术概念，借以确立所谓的“学术壁垒”；另一方面，学术研究与现实的距离越来越远，学界和业界的割裂越来越严重。已经被意识到的“学”“术”之争不是得到了解决从而促进新闻学的发展，而是被搁置一边，在“现有体制”的保护下，裂痕是逐渐加大了。

打一个可能并不十分恰当的比喻吧：对于新闻院系来说，学生就是他们的产品，业界是他们的主要客户，按照常理，厂家当然要了解客户需求。而现实是，厂家和客户使用的是两套话语体系。

现有体制下的突破路径

在学界，包括李良荣、李希光、马胜荣这样的前辈在内，早就提出要改革现有的新闻教育体制和评价体制，但这种改变绝非易事。作为对策，我认为有抱负的学者至少可以在自己可为的范围内，尝试一些突破。

这种突破首先在于要辩证地看待学术研究和现场的距离。单以深度报道而言，假如研究者不和深度报道的记者交流，不了解他们的工作方式和状态，就无从了解深度报道新闻生产的过程；假如授课者没有足够的深度报道作品阅读量，自己不能动手进行基本的采访和写作，没有达到基本发表要求的深度报道作品，岂能以己昏昏使人昭昭。

我曾经在复旦大学的一个小型研讨会上谈过深度报道记者 QQ 群的问题。加入这种 QQ 群并参与讨论，几乎是深度报道记者必须的工作方式之一，但是我注意到，多数研究者对此还感到十分新鲜。一个很基本的事实是，除了像张志安以及白红义这样深度报道记者出身的年轻学者之外，我还没有在 QQ 群中遇到过其他研究者，仅凭这一点，我就有理由对他们所撰写的关于中国深度报道的教材、论文感到怀疑。

高钢老师曾经讲到过，新闻业的技术条件已经发生了重要变化，“新华社记者的导语已经要求在 70 字之间完成，因为中国手机短信的极限容量是 70 字。国际广播电台不只是拥有 48 种语言进行国际新闻传播，它已经把声音节目、动态影像节目，包括简洁的文字新闻安置到 iPhone 终端，真正实现点对点的信息传播模式，中国未来的新闻从业者真的需要全程了解这种模式”。社会现实对于教师提出了更为苛刻的要求，必须以负责的职业精神审视教育体系。

这种突破还包括改进学界和业界交流的方式。不可否认，学界业界的交流正越来越多，但是其效果却值得怀疑，很大一部分原因在于这种交流依然过于“高端”。学校热衷于邀请社长、总编、台长这样的高层到校演讲交流；而教授们则热衷于为政府部门、媒体提供业务咨询和策划。学界和业界的交流变成教授和总编的对话，但问题是，这样的交流除了可以带来潜在的经济效益、经费支持，对于新闻教育、新闻研究意义并不大。和十年前相比，一线编辑记者们的工作环境、工作方式、工作内容早就发生了巨大的变化，在业界，这种变化已经内化成了采编人员的本能，而在学界，甚至有些人对这种变化还一无所知。另一方面，有一部分学者确实已经掌握了国内外新闻学研究的最新成果，哪怕是在新闻生产的技术上，一些学者也已经完成了学术整理和归纳的工作，而业界还停留在沾沾自喜、敝帚自珍，不愿意向学者请教。举例来说，至少在深度报道、灾难新闻报道、财经新闻报道等领域，已经出现了一些很好的有指导性的研究成果，但是业界很多人还一无所知，还在自己摸索，这实在是一种巨大的浪费。

香港浸会大学传理学院院长赵心树教授的一段话我觉得特别有道理，他说，学界要服务业界，不仅仅包括业界想要也应该要的服务，还应该包括业界应该要但是它还没有懂得应该要的那种服务。比如，我们对今后的学生培养中不仅仅应该有第一流的记者、第一流的技术，还应该想一想，除此之外还应该给他们一些什么其他的东西，才能为这个社会的转型顺畅做好准备，起一个引导的作用，而非仅仅跟在身后。

（作者系南方周末记者）

新闻学者的自省和自觉

□张志安

张志安

温州动车事故发生后，微博成为公众和记者第一时间报道、评论和围观的主平台，糅合着信息传播、舆论监督等多种功能的舆论热潮中，鲜有新闻传播学者的声音。为此，南方周末记者鞠靖发微博说：“在所有的学科中哪一个像新闻传播学这样，既不参与实践，又不能指导实践，研究者们甚至连实践能力都没有的？”很快，此帖引发了微博上不少业界和学界人士的讨论，话题的焦点依然是新闻研究和教育中存在的问题。

概括起来，鞠靖和其他朋友对新闻传播学者的“质疑”主要有三个方面：一、类似动车事故这样的重大事件，应该是新闻传播学者做研究的重要题材和契机，但少有学者会抓住机会，立即奔赴现场去做调研、访谈和收集一手素材；二、微博是非常重要的新媒体传播平台和公共对话空间，此时此刻相对失语的新闻传播学者，既缺乏关注现实的热情和责任，也缺乏参与对话、专业交流的能力；三、新闻研究和新闻教育长期脱离新闻实践，学界和业界缺乏沟通和交流，多数教育者自己都没有新闻实践的能力和经验，如何为业界培养合格的新闻人才。

这三个问题表面上有新（微博使用和表达）有旧（教学脱离实践），实际上是新闻学界长期面临、持续探讨的问题，其指向了学者的三种能力：作为研究者，其实证调查的意识和能力；作为知识分子，其公共表达的热情和与业界对话的能力；作为教育者，其自身的新闻实践经验和能力。身为青年学者，笔者并无资格代表学界来回应这些“质疑”，因此本文只是从个人角度谈谈针对这三点“质疑”的些许思考。换句话说，仅以此为契机，试图促使自己和也许同样心有戚戚的学者们，带着更加自省和自觉的意识去从事新闻研究和教学。

一、为什么不去事件现场做实证调查？

毫无疑问，新闻学研究和教学应该始终根植于新闻实践的土壤中，始终紧扣时代的脉搏和业界前沿，始终关注现实的变化、变动和变革。因为新闻本身是对现实变动的敏锐记录和深刻呈现，倘若新闻学研究和教学不接“地气”，很容易失去鲜活的生命力，其对现实的启示意义也寥寥。

可是，当四川地震、浙江钱云会事件、温州动车追尾事故等重大新闻事件发生后，为什么少有学者去现场调研？现场观察、深度访谈或问卷调查，这种研究方法属实证研究，在当下新闻传播研究的学术场域中正越来越多地被学者所重视和采用，但据笔者观察，迄今为止，实证研究并未成为整个新闻传播研究的主流或主导。宽泛而言，关注新闻生产和实践的研究主要有三种视角：政治经济学或宏观社会学取向、新闻生产社会学取向、文化研究取向，其关注点分别侧重于社会结构、媒介组织和记者、文本分析。其中，注重考察记者和媒介的新闻生产、跟新闻实践关联最为密切的

是新闻生产社会学取向，但这个研究取向要求学者多采用民族志方法进入媒介组织内部或从业者群体中，研究耗费的精力和时间都比较大，国内有志于此的学者并不多。

我接触的不少记者朋友，总是认为新闻传播院校主要研究的问题是新闻，主要培养的人才是记者，其实，这种想法存有误区，或至少跟现实有所差距。过去十多年甚至二十年，深受西方影响或为争取学科自身的地位，中国新闻传播学界有一个重要的研究转向：从新闻学转向传播学。今天，以“传播”为主题和关键词的学术会议不计其数，而大张旗鼓地以“新闻”为核心问题的学术会议则非常少，因为新闻研究往往只有“术”，而缺乏“道”：往往跟政治贴得太近，跟科学和真理距离太远；往往多为操作技术层面的策略总结和规范探讨，而少有对新闻实践的理论阐释和规律把握。实际上，中国人比较熟悉、甚至渴望复制的美国哥伦比亚大学新闻学院、密苏里新闻学院，在美国也主要被视为培养新闻工匠的摇篮，而非新闻传播研究的重镇。由于国内学术界也有重传播、轻新闻的转向，新闻业自身的变革、问题和现象，反倒不那么吸引新闻学者尤其青年学者的研究兴趣，尤其从事新闻业务的研究往往被认为“理论性不够”，比较“低端”和“技术化”。

因此，探讨问题时，我们有必要将“新闻学者”、“传播学者”或“新闻传播学者”等概念分开。一般来说，从事舆论、受众、传播效果、大众文化等研究的“传播学者”，对新闻实践本身并无浓厚的兴趣，或至少不会通过亲身调研去了解新闻实践的幕后故事或行动逻辑，所以，重大新闻事件中包含的诸多现象、问题，能够吸引的主要是“新闻学者”。不过，遗憾的是，国内新闻学者中，以田野观察、深度访谈、焦点小组、问卷调查等实证方法来收集一手资料做研究的学者还是少数，多数学者主要依据理论文献、报道文本等二手资料，采取感悟、思辨或文本分析等方式来做研究。在笔者看来，这是为什么重大新闻事件发生后，少有新闻学者去现场做实证调查的最主要原因。

而且，实证研究不仅需要研究者具备浓厚的学术兴趣、较深的理论功底、严谨的方法训练，还需要其拥有比较丰厚的研究资源，如项目经费的保证、调研时间的充裕等。重大事件发生后，即便有少数学者产生去现场做调研的冲动，他们也不大可能象记者那样带着报社的任务、背起行囊立即奔赴现场，他们往往需要解决两个现实问题：一、调研的项目经费哪里来？如果手头没有主持相关的学术项目，要从相对低廉的工资中拿出钱来做调研，绝大多数学者会放弃这个念头；二、时间上如何调配和安排？新闻学者尤其青年学者的教务任务量大多比较重，非寒暑假期间，要调整课程、抽出哪怕一周时间去外地调研，也非常困难。因此他们的实证研究，往往只能利用假期或者其他时间见缝插针地进行。

此外，新闻学者没有去现场的另一个重要原因是，这些事件并不总是能有研究者感兴趣的“问题”，如果没有带着“问题意识”去现场观察或深度访谈，新闻学者能够获得的学术资源和可能产生的学术成果非常寥寥。站在记者的角度看，这次动车事故发生后，BBC记者传谣之争、某周刊记者私发逝者照片、新闻界的职业共同体等问题，都有其值得关注和研究的价值，但按照学术研究的价值体系和判断标准，倘若这些现象无法提供新的学术“问题”，其学术层面可研究的价值还是有局限的。比如，传谣之争涉及的还是新闻报道的事实、准确等专业原则，私发逝者照片有违“知情同意”的伦理规范，突发事件中的职业共同体与调查记者圈的职业共同体相比未必更加凸显。这么说，并不意味着这些现象真的没有学术研究的价值，而是学者可能在短时间里无法立即找到可研究的新“问题”，因此，吸引他们去现场做调研的动力就会不足。

因此，研究兴趣的传播学转向、实证研究能力训练的不足、项目经费和时间等研究资源的缺乏、短时

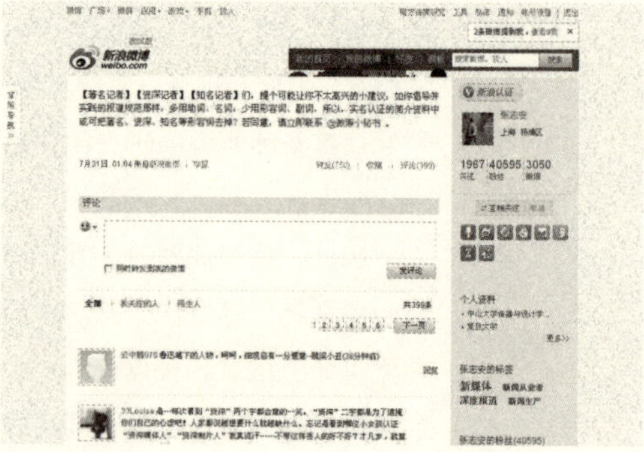

间内较难确定研究问题，是新闻学者没有及时去现场的主要原因。对新闻学者来说，每逢重大事件发生后，第一时间找双方了解情况，去现场做第一手调查，之后才发表意见，这种期望对大多数新闻学者来说，是不大可能的。

当然，去没有去现场，和有没有意识和冲动去现场，还是有区别。新闻学者们必须深刻意识到，重大新闻事件发生后，若有新的现象、新的问题可供研究，第一时间进入现场、实地观察或访谈，的确是收集一手素材、提升研究实践感的大好契机，若能解决经费和时间等现实问题，应该立即行动、及时调研。如何紧扣新闻业现实问题、矛盾和变化进行实证研究，确是当前新闻学者面临的迫切任务和挑战，在这个意义上，记者们对新闻学者不去现场的质疑委实中肯和重要。

二、为什么不积极参与公共对话？

关于新闻学者微博发言的意识和能力问题，鞠靖和一些记者朋友认为："学界大面积地失声"，一个重要原因是新闻学者"不敢插话，也插不上话"，颇有力不从心的感觉。

首先，笔者特别要表达下对一些优秀记者的钦佩和赞赏。就我的接触和观察，他们中的不少人，不仅具有非常扎实、娴熟的新闻采写业务经验和技能，而且对专业主义、新闻伦理、深度报道等都有自己比较深入的思考，这些思考在《南方传媒研究》、《新闻记者》等杂志上体现得尤为明显。他们的思考由于来自个人亲身的体悟和现实的纠结，往往充满实践感，也闪现很多学术的灵感。所以，我个人有个始终不变的信条："每个记者都是我老师"。跟这些优秀记者打交道，不仅可以收集大量一手的新闻生产案例、增进对新闻环境的把握和判断，还可以从他们那里获得启发、找到源源不断的研究对象或问题。

其次，为什么没有很多新闻学者第一时间在微博上针对动车追尾事故等重大事件发表看法，没有积极、主动地参与到跟记者的交流对话中来？我想，原因主要有三：

1. **对话的信息基础**。作为学者，比较常见的治学方式是阅读＋思考、授课＋研究，很多人对通俗化、大众化的公共表达并无浓厚的兴趣。一方面，使用微博的新闻学者总体上数量的确还不够多，另一方面，微博也确实不是新闻学者发言的主要平台。微博发言，要搞清楚基本事实，学者总是试图在掌握了比较准确的事实基础上才发表专业的看法，学者总是习惯于"有据而论”，怕说错话，担心仓促发言而有失严谨、客观和公允。重大事件发生后，学者如果没有去现场做调查、没有跟记者保持贴近沟通、没有密切跟踪事件的变化发展，其实很难掌握可发言的基础信息，更难跟记者形成对话的问题共识。在他们看来，很多新闻事件在发生初期总是扑朔迷离，难以接近真相，草率发表看法意义不大，他们更习惯在事件尘埃落定后才发表评论。不少学者会通过媒体报道密切关注这个事件，并且逐步形成自己的判断和看法，他们可能会在课堂上点评这个案例，会跟学生来沟通和交换意见，或者事隔数月后写论文来表达相对专业的思考，但他们不太可能第一时间立即在微博上进行评论。

2. 对话的动力机制。学者的公共表达只是一种学术批评，而非是学术研究。对少数新闻学者来说，热衷微博表达，要么因为对新媒体有强烈的研究兴趣，要么对公共表达和对话的意义比较看重。可是，对绝大多数学者来说，微博发言除了增加记者圈的所谓“知名度”外，并不能给他们带来学术性的回报。且不说使用微博本身容易上瘾，要耗费大量时间，一旦要用微博跟踪重大事件、跟记者们进行交流和对话，更要占据不少原本用来看书和写论文的时间。当下，高校对教师的科研考核仍以出版专著、完成课题、发表论文为依据，教师的职称评定和升等主要是看论文等学术成果，而且总体上注重数量而非质量。所以，在记者看来，能不能利用微博跟业界对话是能力问题，在学者看来，首先是缺乏动力机制的问题，所谓“屁股指挥脑袋”，学术考核体系不鼓励学者去做公共表达，而更支持他们在家写研究论文。由此，带来一个很现实的问题：不少“功成名就”的新闻学教授，使用微博的比例本身比较低；而使用微博比较活跃的多为青年学者，他们面临的首要任务是写论文而非发微博，发表“学术成果”才是王道。

3. 对话的平台局限。由于140个字的文本局限、碎片化和情绪化的表达限制，微博发言总体上是快餐式的、非系统化的，它可以作为公共表达的快速载体和便捷通道，但很难形成真正理性、深入的学术讨论。所以，站在学者的角度看，利用微博来关注事件进展、了解新闻实践的意义，应该远大于利用微博来表达意见、跟业界对话的意义，微博主要是“说话”甚至“说闲话”的地方，而非“探讨”或“对话”的理想空间。这也是为什么第一时间里，鞠靖在微博上没怎么看到新闻学者积极参与评论的原因。

在笔者看来，上不上微博、发言积极不积极，不是判断好学者的依据。但鞠靖提出的“力不从心”的问题，的确值得新闻学者们思考和反省。我们需要不断追问自己的问题是：我们是否真正投入热情和关切，去尽最大努力地观察新闻业的现实变动，去研究根植于这些复杂变动背后的理论问题？如果有更多时间，有多少学者真会投入精力、认真调研，在全面深入掌握事件信息的基础上，带着所谓的“问题意识”写出扎实、严谨且富有创见的学术论文？如果换一个场合，在研讨会上跟记者们进行理性对话，所谓的“学术思考”是否真能比记者们的个人感悟更加深刻、专业？所以，“不敢插话”或不重要，“不能对话”才是要害所在。

三、为什么新闻教育可以不断反思？

不少业界人士对新闻教育的抱怨，主要集中在：新闻教学的内容跟现实严重脱节，大大落后于现实的变化和发展的前沿；新闻专业学生到用人单位实习，很多人的基本功很差，教师教的东西没有用；新闻院校的教师自己都写不好新闻，都没有新闻实践的经验和能力，如何培养合格的新闻人才，等。

大学最需要把学生培养成具有独立人格、反思精神的现代公民。既然我们希望学生具有反思精神，那么，新闻学者自身也需要持续不断的对新闻教育进行反思。其实，新闻教育界人士经常在学术研讨会上或课堂上针对新闻教育存在的问题进行自我批判，这种反思从未停止，但反思的同时，针对鞠靖们提出的“质疑”，我们的确有很多事情可以立即去做：

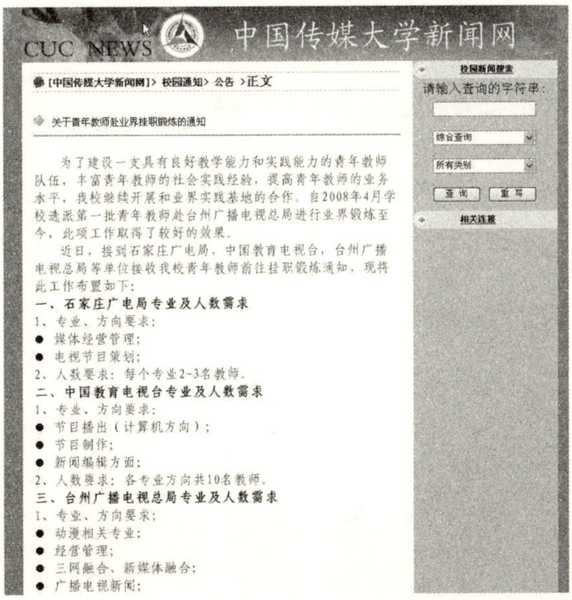
CUC NEWS 中国传媒大学新闻网

[中国传媒大学新闻网]> 校园通知> 公告 >正文

关于青年教师赴业界挂职锻炼的通知

为了建设一支具有良好教学能力和实践能力的青年教师队伍，丰富青年教师的社会实践经验，提高青年教师的业务水平，我校继续开展和业界实践基地的合作。自2008年4月学校选派第一批青年教师赴台州广播电视总局进行业界锻炼至今，此项工作取得了较好的效果。

近日，接到石家庄广电局，中国教育电视台，台州广播电视总局等单位接收我校青年教师前往挂职锻炼通知，现将此工作布置如下：

一、石家庄广电局专业及人数需求

1、专业、方向要求：
- 媒体经营管理；
- 电视节目策划；

2、人数要求：每个专业2-3名教师。

二、中国教育电视台专业及人数需求

1、专业、方向要求：
- 节目播出（计算机方向）；
- 节目制作；
- 新闻编辑方面；

2、人数要求：各专业方向共10名教师。

三、台州广播电视总局专业及人数需求

1、专业、方向要求：
- 动漫相关专业；
- 经营管理；
- 三网融合、新媒体融合；
- 广播电视新闻；

校园新闻搜索
请输入查询的字符串：
综合查询
所有类别
查询 重写
相关连接

——改革和完善教学体系和课程设置，尤其针对新媒体的变化和数字媒体的转型，增加具有前沿性、实用性的课程，在本科教学中平衡理论性和实践性的关系。

——建立青年教师到新闻单位的“挂职机制”，要求从事新闻业务课程教学的教师必须具有比较丰富的新闻实践经历和经验，跟新闻记者圈保持比较紧密的互动，能够收集一手资料、典型案例，能够带领学生从事新闻实践。

——聘任业界资深人士进课堂，采取“学者＋记者”的联合授课模式；或邀请资深新闻从业者进高校担任专任教师，在博士学位、学术论文等进入和考核机制等方面区别对待，创造相对宽松的条件，让“教学型”教师有尊严感。

——在新闻学研究领域中，倡导科学严谨的实证研究路径，鼓励青年新闻学者多深入一线、多接触记者、多进入媒介组织内部，去跟踪、观察和研究最新的新闻实践及其相关的而理论问题。

——学界组织召开的研讨会，可经常性地邀请优秀记者参与，请他们介绍实践案例和感悟思考，形成学界和业界之间更加紧密、频繁的讨论和对话，让学术探讨更接“地气”，让新闻业者也有所“启发”。

说实话，上述建议并无鲜意。可是为什么过去若干年，新闻教育界的努力始终无法让业界满意，除了本质上两者拥有不同的价值体系、评判标准外，更深层次的原因还是在于教育体制本身的问题和新闻学学科自身的局限。为什么新闻教育需要不断的反思？归根结底，不是因为记者或新闻界不满意，而是新闻学者或教育界内心的使命感和危机感。内心自省、行动自觉，是面对质疑的应有姿态和回应。

（作者系中山大学传播与设计学院副教授、院长助理、博士生导师）

借助新媒体
接续中国新闻教育好传统

□王天定

王天定

一

《南方周末》知名记者鞠靖 7 月 25 日发了一条微博，向高校新闻学专业的老师提了一点建议，希望这些老师在重大新闻事件发生时，能够更多地关注、跟进甚至参与。

相比这条微博的温和委婉，此前几天《东方早报》编辑张巍巍对当下的新闻传播教育的批评要严厉得多。张巍巍在微博中说："就我所知，很多高校的新闻专业，师资力量非常差劲——一部分是非市场化媒介去的，知识系统严重滞后；一部分是"科班出身"，读完新闻专业就开始教新闻了，自己还是个未经实践的'二杆子'。这样的师资，很难让人相信他们对新闻有深刻理解。他们学生的水平，自然也很值得怀疑。"

我注意到，面对两位知名媒体人的批评，学界有部分老师也提出一些不同意见，有的强调学者应该和一线保持适度距离，这样才能保证学术研究的客观和公正。有的则强调术业有专攻，即使新闻学专业的老师，有的老师是研究方向是史论类的，不必花时间和精力到媒体实践上。

其实，看到学界的这两种意见，我多多少少有点意外，没想到在这个问题上还会有争议。在我看来，高校教师的这两种辩护意见，都不怎么有力量。学术研究固然应该保持独立，但学术独立最重要的前提是做到不与研究相关方有利益对价关系。至少在我看来，参与媒体实践，关注业界动态，增加一点媒体从业经历，并不会直接影响学术研究的客观性。我倒觉得有些老师热衷于申报官方课题，这一过程中难免迎合政府需要，它对学术独立的影响可能更值得引起我们警惕。至于说讲授史论类课程的老师不必花时间和精力到媒体实践上，这在很大程度上也是一个认识误区。就以新闻史研究来说，媒体实务的发展史，应该是新闻史研究的一个重要内容，但目前恰恰这一块研究最为薄弱，究其原因，恐怕与研究者对新闻实务缺少了解不无关系。

当前，中国的高校正掀起一场创办研究型大学的举国狂欢，这一过程中，在整齐划一的评价标准下，新闻学的实践品格被有意无意地忽略，新闻学专业的老师参加媒体实践的确存在许多制度性障碍。但是，我觉得不管怎么说，新闻学专业的老师首先在这一点上要形成基本共识，才有可能考虑通过多种途径突破这一体制性障碍。如果我们在新闻学专业老师应否积极参与和关注媒体实践这一问题上仍存在分歧，进而否定这一必要性，一批大学老师像著名时评人彭晓芸女士所说那样，满足于“躲在象牙塔里伴体制这个大款”，我们也许有了更多的硕士点、博士点以及什么重点学科，从政府手中争取的经费越来越多，但是，中国的新闻教育越来越走向封闭，新闻教育与媒体一线隔阂越来越深，中国新闻教育迟早要沦入存在的合法性危机之中。

二

需要特别指出的是，大学新闻专业的老师远离媒体实践，这是当下中国新闻教育令人堪忧的现状，但它不是中国新闻教育的传统。

中国的新闻教育是从美国横向移植过来的，强调“动手做”的职业取向从中国新闻教育初创期就深入人心，主张学新闻的最佳方式是实践。像燕京大学等都直接从报馆里聘请中外资深新闻人教授实务类课程。中国的媒体与新闻教育可以说一直是无缝对接。1949年后天翻地覆，中国新闻教育自然也是改天换地，但如果从一个大轨迹考察，中国新闻教育重视实务训练的传统仍得以留存。直到上个世纪80年代中期，中国人民大学新闻系还一直坚持派实务课老师到报社实习挂职，该系的许多老师说一生都没有与媒体脱离联系。

中国新闻教育这一传统的中断，从上个世纪80年代末已见端倪，究其原因，一是80年代中期始各地高校新闻教育遍地开花，师资极为紧缺，

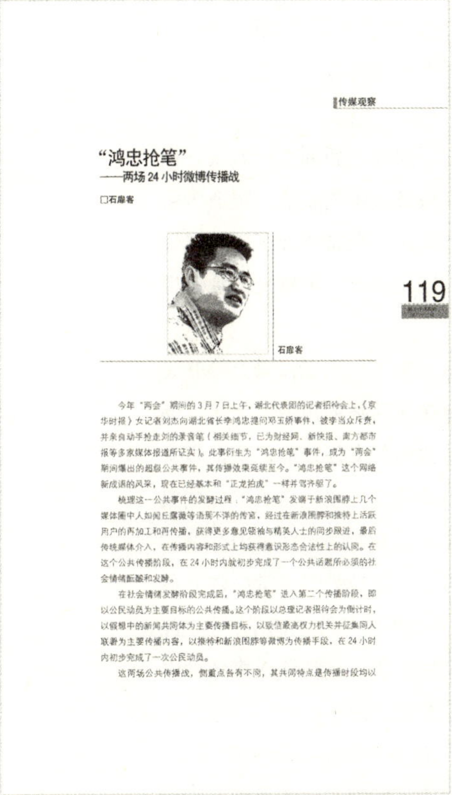

传媒观察

“鸿忠抢笔”
——两场 24 小时微博传播战

□石扉客

石扉客

119

今年“两会”期间的 3 月 7 日上午，湖北代表团的记者招待会上，《京华时报》女记者刘杰向湖北省长李鸿忠提问邓玉娇事件，被李当众斥责，并亲自动手抢走刘的录音笔（相关细节，已为财经网、新快报、南方都市报等多家媒体报道所证实）。此事衍生为“鸿忠抢笔”事件，成为“两会”期间爆出的超级公共事件，其传播效果延续至今。“鸿忠抢笔”这个网络新成语的风采，现在已经基本和“正龙拍虎”一样并驾齐驱了。

梳理这一公共事件的发酵过程：“鸿忠抢笔”发端于新浪围脖上几个媒体圈中人如闾丘露薇等语焉不详的传言，经过在新浪围脖和推特上活跃用户的再加工和再传播，获得更多意见领袖与精英人士的同步跟进，最后传统媒体介入，在传播内容和形式上均获得意识形态合法性上的认同。在这个公共传播阶段，在 24 小时内就初步完成了一个公共话题所必须的社会情绪酝酿和发酵。

在社会情绪发酵阶段完成后，“鸿忠抢笔”进入第二个传播阶段，即以公民动员为主要目标的公共传播。这个阶段以总理记者招待会为倒计时，以假想中的新闻共同体为主要传播目标，以致信最高权力机关并征集同人联署为主要传播内容，以推特和新浪围脖等微博为传播手段，在 24 小时内初步完成了一次公民动员。

这两场公共传播战，侧重点各有不同，其共同特点是传播时段均以

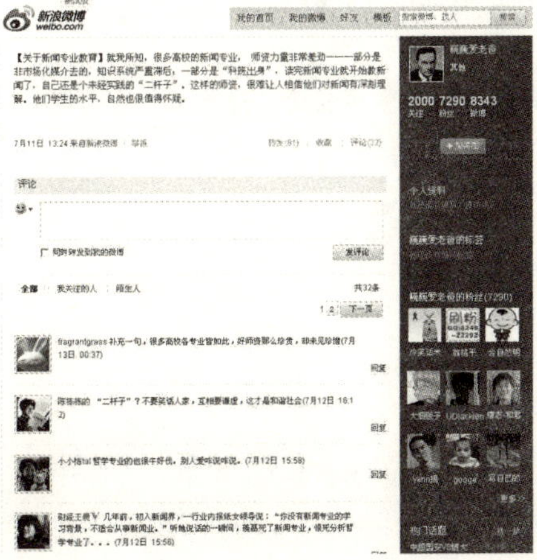

应付日常教学已属捉襟见肘，送教师到媒体挂职实习自是心有余而力不足，更重要的原因是，从上个世纪 90 年代后，高校的评评价机制发生根本性变化，曾遍引入量化考核，这其中又以所谓科研为核心导向，教师参与媒体实践按许多学校的标准无法换算为工作量，教师在繁重的教学之余还得拼凑论文，年轻老师还要攻读博士学位，再参加媒体实践当然是分身乏术，教师参加媒体实践，学生可从中获益，但现在的高校，正如陈丹青先生所言：“学校最重要，学院次重要，学生最不重要”，于学生是否有益，很多时候不在学校的考虑之列，教师当然也没有更多积极性考虑了。如此一来，就形成了我们前面所说的体制性障碍。

我本人身处高校之中，深感要突破这一体制性障碍，目前还非常困难。但是，近年来，由于新媒体的迅猛发展，我看到了一些利用新媒体手段突破现有障碍的些许可能，中国新闻教育的好传统有可能重新接续。

三

以微博为代表的新媒体发展，改变了既定的传播格局。近两年许多重大事件的形成与传播，传统媒体已然处在边缘化状态，有些甚至是在传统媒体缺席的情况由新媒体独立推动的。比如曾轰动全国的“鸿忠抢笔事件”、“宜黄强迁自焚事件”等，都是职业新闻工作者与公民记者联手利用新媒

体报道推动，将它变成一个引起全国舆论关注的公共事件，相对于以前传统媒体的报道，高校新闻院校的老师可以通过新媒体，全程关注甚至参与一个公共事件的形成过程，基本是上零门槛的事情。而且这其中传播技巧、传播策略乃至背后的传播，都非常值得探讨研究，只可惜像《“鸿忠抢笔”——两场24小时微博传播战》(《南方传媒研究》第23辑)这样的力作，仍是出自石扉客这样的资深媒体人之手而不是传媒学者之手，这是很值得传媒学者自省的。

微博等新媒体的发展也在一定程度上改变了媒体的新闻生产方式，微博已经深度介入了传统媒体的新闻生产过程，报道线索的获取、报道内容的形成，再到报道后读者的反馈，都离不开微博，甚至微博成了传统媒体一个重要的报道对象。高校教师通过微博，可以比较直观地感受、观察媒体的生产过程。

正因为微博在新闻生产中如此重要，所以，当下新闻工作者大都开设微博，以新浪微博为例，媒体从业者是新浪微博最活跃的用户群之一，他们除了把微博作为工作平台之外，他们更看重微博的交往功能，他们经常在这里探讨各种业务话题，举凡媒体伦理、新闻价值、表达自由、传播策略等，他们之间经常有深入的讨论。对于高校新闻专业的老师来说，参加媒体实践，理念的更新优先于技巧的掌握，因此，高校教师经常关注并参与媒体工作者之间的业务话题，不失为一个了解媒体一线动态的好途径。新闻教育界的一些前辈非常重视与媒体从业者的交流，经常深入媒体做访谈，应该说，现在利用新媒体，这种交流变得便捷了许多。

总之，借助新媒体，即使在高校现行体制性障碍没有消除的情况下，高校新闻专业教师参与媒体实践有了一种现实的可能性，但能否把这种可能变成现实，取决于每个教师本人是否具有基本的敬业精神。

（作者系西安外国语大学新闻与传播学院教授、院长）

杭州日报记者 陈庆港

摄影是一个人的世界观

摄影是一个人看待世界的方法，也是一个人对他生活的这个世界所表达出的一种态度。我们每个人都曾试图选择一种自己擅长的方式，来和这个世界进行对话，让世界明白自己的想法，并且渴望世界能够尊重他。这个世界很嘈杂，因为有太多的声音在表达自己的看法。摄影也许并不是你选择和世界进行对话的最好一种方式，它只弱势地存在，但在喧嚣的声音里，它却是最中肯最直接的表达。

▲ 抢购

▲ 乡村医生

▲ 大昭寺广场上的喇嘛

▲ 从西部到东部去打工的农民

无声的挽歌

■ 钟文雅

▲ 7 月 24 日 18 时 18 分起，事故现场吊臂将残留在高架铁轨上的最后一节车厢转移到地面，基本清空高架轨道障碍。何奔 /CFP

7月23日晚上8点30分左右，浙江温州两列动车追尾。巨响之后，摄影记者赶上的只是一个被迅速围蔽、打包、清理的第二现场。高低上下地拍摄搜救情况，跟随死伤者家属四处呼号，定格官方代表发言表态……摄影记者恪尽其责地用照片来吟唱一首无声的挽歌。

在灾难频发的时代，房屋坍塌、救援挖掘、呼天抢地等影像既能让人起伏唏嘘，也能使人心麻木。相较最近发生的大灾难影像，温州动车事故中摄影记者采集的画面则相对平淡。唯有两岁半小女孩小伊伊“奇迹”般生存，称得上是整个事件中屈指可数的激动画面。

然而，这并没有消减公众对动车事故的关注热情。“在那辆高速列车上，我们都是乘客”，凭着一个预设的共同立场和社会背景，一些看似平常的照片照样达到一石激起千层浪的效果，公众的强烈反响在微博里尤其显著。

▲7月26日下午，温州双屿动车追尾现场，最后一节车厢已经装在平板车上，工人正在为其铺上帆布。南都记者 赵炎雄 摄

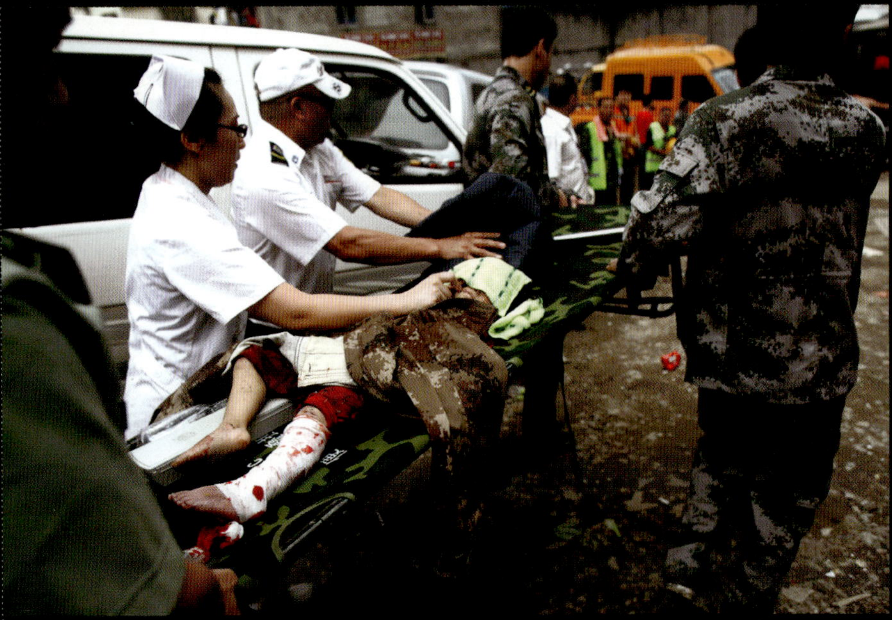

▲ 7 月 24 日下午 5 点 23 分，温州双屿动车追尾现场，压在最底层的 D3115 次尾部车厢里发现生还的 2 岁半女孩项炜伊，救护人员用担架把她抬上救护车。南都记者 赵炎雄 摄

▲ 7 月 28 日早上，温州动车追尾事故现场，废品回收工人拿着搜寻到的动车金属零件走过。南都记者 赵炎雄 摄

死难者家属声泪俱下的悲痛表情，实乃人之常情，也是灾难摄影中常见画面。但是死难者家属杨峰眼含泪花、双唇紧抿的表情定格却让人难以忘怀。在微博上，人们按照既有立场来阐释这个瞬间，推测其变化的因由。众说纷纭中，图片内容本身越发模糊笼统，那欲言又止的状态甚至被视作一种象征。

苏珊·桑塔格在《论摄影》中写道："摄影便意味着置身于他人（或其他事物）的生老病死、脆弱悲伤、无常多变的生存状态当中。照片把这些时刻抽取并凝固，以这种方式证明岁月无情，如流水一样冲刷走了一切。"

既印证岁月无情又使旁观者置身其中的，不只是专业摄影记者生产的照片，还有普通人的"随手一拍"。事故发生后，7 月 29 日清晨，南都记者在温州动车事故大坑旁从拾荒者手中买到一张相机卡，里面存着一女孩和朋友的旅游留影。随后节选了几张照片，发在微博上寻找失主。不到 1 个小时，这条寻人微博被转发近 4 万次并最终找到事故中生还的相机主人。动车追尾不是人人亲身见识过，但亲朋好友一起合影、一起翻看家庭相册，这样的经历相信大部分人都有过。空间上遥远的灾难，透过熟悉的体验能激起更强烈的共鸣。

身份证明文件上的免冠照片、生前的纪念照、遗像上的黑白照片，都成了别具象征意义的物品。骤降的灾难可以夺去最心爱的人，但那份存留心里的记忆却无法抹去。普通人随手一拍的照片正是这些记忆可触摸的载体。

它们不过是照片，是某个逝去时刻的凝固。它们不只是照片，在特殊的社会背景下，它们成为某种质疑、某种追求、某种希望的寄托。人们心之所往的不是撕心裂肺的无情灾难，而是滋润心田的有爱忆记。

（作者系南方都市报图片编辑）

◀ 7月28日早上，温州双屿动车追尾现场，国务院总理温家宝表示一定要把安全放在第一位。
南都记者 赵炎雄 摄

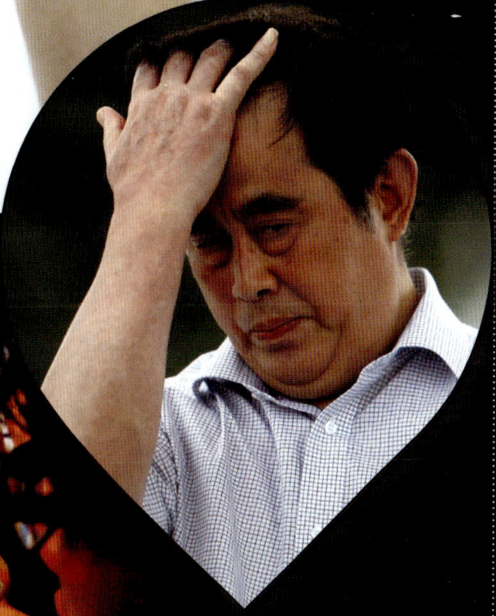

▼ 7月28日早上，温州双屿动车追尾现场，铁道部部长盛光祖神情低落。
南都记者 赵炎雄 摄

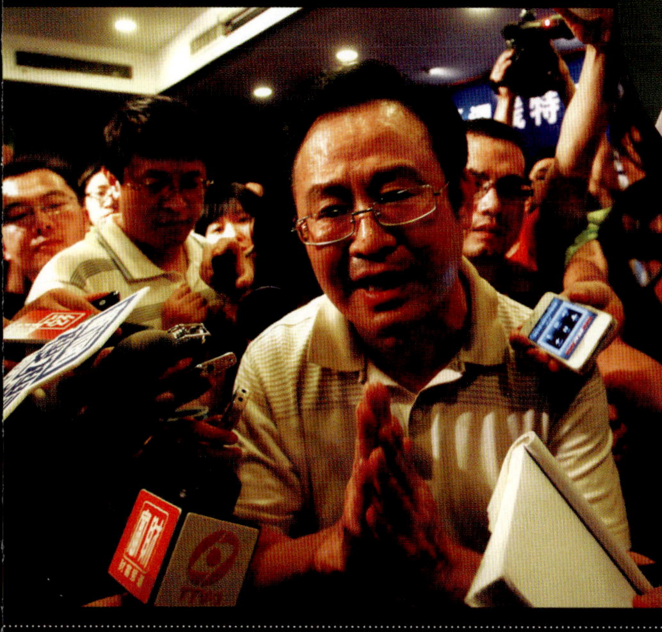

◀ 7月24日晚，“7·23”甬温线特别重大铁路交通事故新闻发布会结束后，铁道部新闻发言人王勇平被现场记者包围。
张瑞麒/CFP

▶ 7 月 29 日是动车事故“头七”悼念日，事故现场铁路桥墩下，中国传媒大学学生陆海天父亲拜祭完儿子后，悲痛地带走地上的泥土离开现场。
南都记者 郭继江 摄

▶ 7 月 29 日 是“7·23”甬温线特别重大铁路交通事故“头七”悼念日，事故现场铁路桥墩下堆满了人们送来的祭品。
王毅 /CFP

▶ 7 月 25 日晚，温州市世纪广场举行群众悼念“7·23”动车追尾事故遇难者活动，群众自发聚集在一起，点燃蜡烛和放飞孔明灯，为遇难者祈祷。
何奔 /CFP

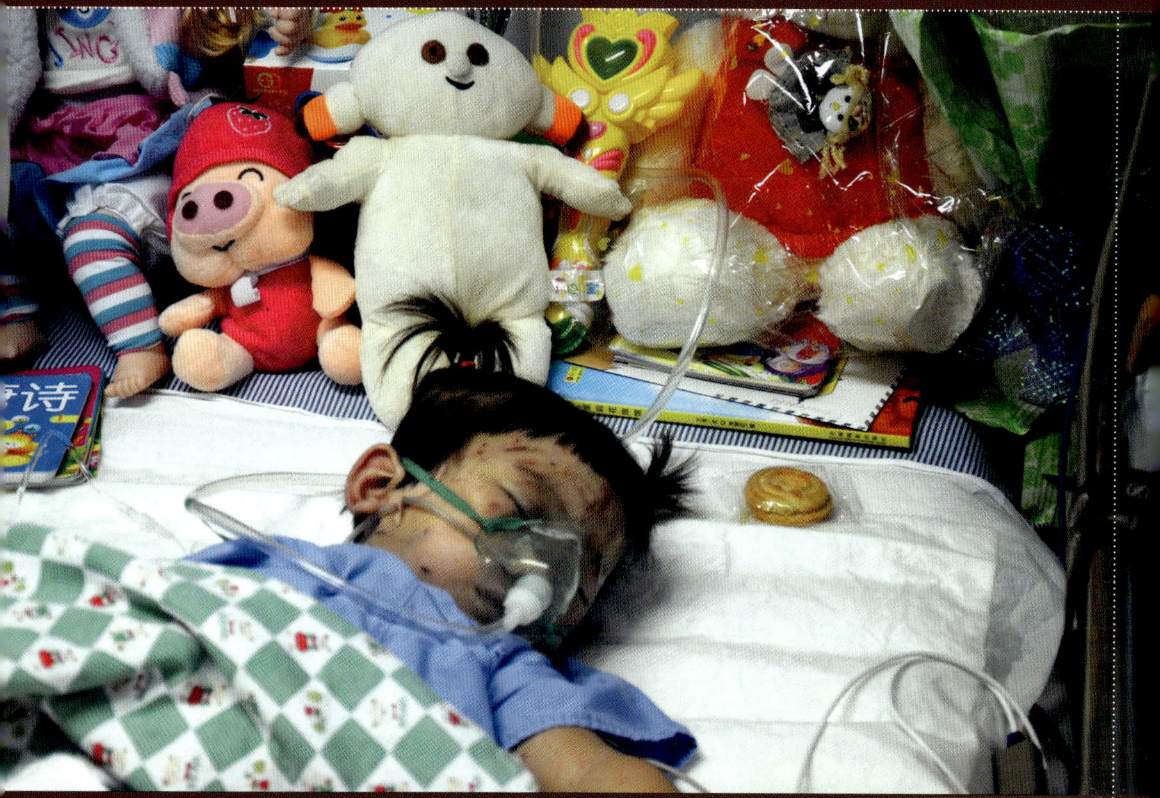

▲7月26日，不少温州市民带着玩偶赶到医院看望小伊伊，并祝愿其早日恢复健康。长空/东方IC

▼7月25日，浙江温州，大量的亲属赶到殡仪馆内，准备陪同杨峰一起去辨认无人认领的尸体。新京报李强/CFP

▼7月25日早上11点，温州医学院第二附属医院，刚与丈夫重逢的姜磊磊露出甜美的笑容。南都记者 赵炎雄 摄

◀7月29日，受轻伤的于菡雅收到了南都记者送回的相机SD卡，表示那是她美好的回忆。南都记者 郭继江 摄

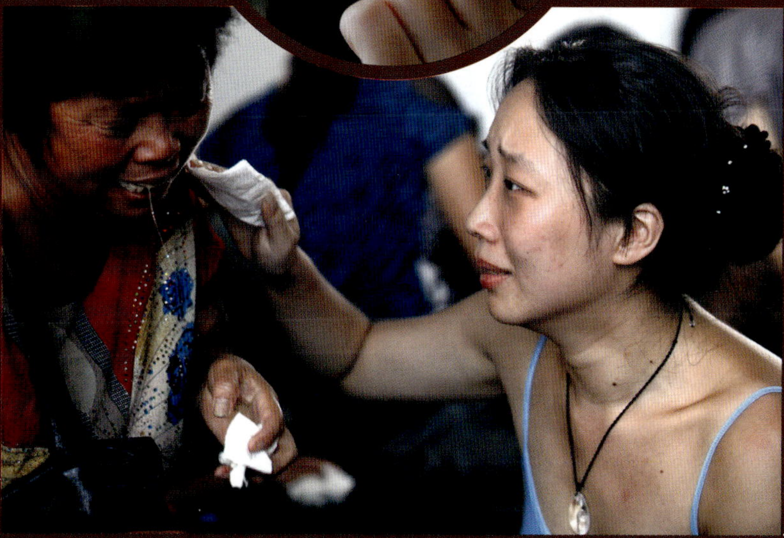

◀7月25日，温州殡仪馆内，志愿者胡丹琪（右）原是D301出事动车的乘客，事故后主动跑来当志愿者为遇难者家属做心理辅导。何奔/CFP

真实的记录

温州动车追尾事发第二天凌晨5点，东方早报资深摄影记者赵昀赶到现场拍下这张照片。这画面你真该放大了看，那漫不经心站着围观的工作人员和残破的车厢一样触目惊心。

画面构图相当完整，环境交待清楚写实，典型的突发事件头版大图。摄影师拍了一整组：灾难现场、铁路工作人员、消防人员、抢险、救援等。在都市类报纸中，这意味着给了图片编辑非常丰富的资源，也代表当值班主编经过商议决定把事件完全展开的时候，我们不会手忙脚乱。

可惜的是，一切并没有按大家所希望的那样发展下去。

民意的沸腾不一定能逼出所要的结果，但被记录的真实就一定不会湮灭。

博客天下图片总监　翁倩

专题「动车追尾报道」

专题「动车追尾报道」

如何把稿子做得不太差

——“7·23”动车事故报道的一点体会

□柴会群

柴会群

一

《南方传媒研究》就动车事故报道约稿，多少让我有些意外。老实说，就原稿而言，这是我从业以来写得很不成功的一篇报道。甚至可以说，它几乎具备糟糕报道的所有要素：角度不新、主题不明、结构松散、没有强有力的人物等等。我是在痛苦中完成了一篇 4000 字的报道，目的不过是交差而已。

事实上，我也从来没有指望过在 4 天之内拿出一篇成功的调查报道来。我想，对于任何一个成熟的调查记者，恐怕都很难抱有这样的奢望。何况，动车追尾事件又是如此复杂和专业，要想真正做出一个过硬的报道，花半年时间调查恐怕也不多。

但是，新闻的时效性及后来的新闻纪律表明，我们根本不可能这样的时间和空间。现实要求我们必须在几天之内交出一篇报道。这是一个看似不可能但又必须得完成的任务。这就是中国深度报道记者所面临的现实。

实际上，在温州的几天里，我发现几乎所有做深度的同行都处在一种抓狂状态。我们面临的窘境是类似的：一方面不可能像日报那样抓动态新闻，那不是我们该干的活，我们也不可能抢得过人家；另一方面在挖事故原因方面，我们面临的障碍又是如此之多，所能做的又是如此有限。

那么对我们而言，接下的事情就是，在极端不利的外部环境下，如何使报道尽量做得不太差。

二

说实话，这方面我没有什么经验。动车事故的报道，就我而言教训应该比经验多。

那么，何以南周的报道能在同行中受到一些好评？首先我需声明的是，见报的报道并不是我的原稿，很大一部分内容——我估计差不多有一半——是编辑曹筠武后期整合而成。而即便是我的原稿，可能也有近一半的工作是由后方支持才得以写成，特别是经济部的同事，他们义务提供了大量有极有价值的一手采访资料，哪怕很多因为时间关系我无法充分利用写入稿件中，但其实也是不可或缺。算起来，最后见报的那篇4000出头的报道，包括实习生在内，共投入多达7人，对于一家习惯让记者单打独斗的报纸而言，这是极罕见的。

现在我的一点体会是，做“7•23”这种突发性新闻，后方的支持和整合要起决定性作用。除了要把控报道的方向、角度等宏观问题外，还要解决记者分工、统稿等具体问题，比如，要有人负责联系专家，要有人负责监控网上信息，还要有人负责解决铁路专门问题。相比之下，前方记者则主要充当工兵角色，其作用是辅助性的，主要就是为后方提供弹药，以及协助后方修正、调整后先前制定的报道主题、方向及角度。在这其中，

统筹是至关重要的，而这一角色由编辑充当是最合适的，他需要每时每刻和各分工记者保持联系，指导他们的工作。

之所以有这样的体会，是因为在一个突发新闻当中，前方记者将不可避免地陷入到一种固有的困境当中，他（她）面临的是一个陌生的、嘈杂的、竞争性的、瞬息万变的环境，说句实话，在这种特定的环境和巨大的压力下，他（她）还能写字已经不错了，别异想天开地指望有什么太大的作为。

不过，如果非要说即便在这样的环境下记者也可以有所作为的话。那么我惟一的经验就是冷静。越是热点，前方记者的冷静就越显得重要。某种意义上，它是成就好报道的基本前提。

在这次报道动车事故前，我曾于 2008 年做过胶济铁路火车相撞事故的报道。这两次事故有很大相似之外，比如都要求记者三四天内出稿，都将记者置于一个混乱无序、无所适从的事故现场。所有记者都如蜜蜂般忙碌，但却又几乎没有任何收获。回想起我在那次事故中的表现，应该说要远胜过这次。其中的一点经验，就是那次我没有和其他同行一起围着现场施救转，而是悄悄跑到临近的村子里，和村民们聊天，结果发现了一个村庄与铁路博弈的独家故事。

这次动车事故我显然没有上次那么好的运气。我和大部分深度报道同行一样都在事故现场和死难者家属身上浪费了太多时间，特别是后者。因为当时我还没有完全确定报道的方向，后来才确定做事故原因。要实现这一点，死难者家属几乎帮不

上任何忙。但是，处在当时那种状态和氛围中，我不可能不去接触他们。在这个时候，就需要后方帮忙，及时把你拉出来，去做你最该做的事情。

尽快确定一个点是重要的，记住，是一个而不是几个。身处类似动车事故这样的新闻现场，最容易犯的错误就是四处出击，深度记者尤其如此。我们只能瞄准一个点去深挖，才有可能拿到他人拿不到的东西。

事实上，这次动车事故报道，编辑和我确定的惟一方向就是寻找事故原因。单这一点已经十分不易。回顾当时在温州的4天。我大部分时间其实花在了上网和打电话上。我差不多花了两天时间学习铁路和火车知识，弄清楚“非常站控”、“红光带”、“ATP”等或许我这辈子都不会再碰的概念。然后跟一个火车司机在QQ上聊了差不多有一整天。

比起去事故现场和见死者家属，这些工作更加枯燥无趣。可是，为回答动车为何追尾这个最重要也最具吸引力的问题，这些都是绕不过去的功课。后来我才知道，原来编辑也没闲着，几天来一直在恶补这些原本与我们八杆子打不着的铁路常识，这使得他游刃有余地编我的稿子。

三

就报道内容而言，如果说南方周末较其他媒体有何突破，那就是我们在稿子里较早充分使用了网上的那份调度记录。据我所知，把那份一直无法核实的调度记录用在正式报道中，在同行中也有一些非议。对此我的看法是，除了做基本的核实努力外，这主要取决于报道者的见识和判断力。事实上，这可能是一份你永远无法证实的记录，可是这并不一定等于它不真实。你要结合事故和常识来分析，并尽快作出判断。没错，这里面有赌一把的成份，不过，事实证明用这份东西是用对了。

如果说还有别的经验教训的话，那就是要充分利用其他报道的现有资料。在短短几天之内，要想对事故作一个较明晰的梳理，单靠自己的采访几乎是不可能的。因此最好能充份利用同行获取的信息。这一点我认为杭州的《都市快报》做得不错，他们的报道好象是在我们见报后第二天刊出，里面用了一些我们及其他媒体的一些报道内容，但感觉用得非常到位，见报效果也很好。这里面可能涉及一个知识产权的问题。不过，由于中国没有新闻法，更主要的，从揭露真相的新闻原教旨出发，大家的目标是一致的，因此似乎也不是一个太大的问题。当然，在报纸上注明一下会更好。

（作者系南方周末记者）

找到关键细节

——甬温线动车追尾特大事故采访手记

□陈承

陈承

一

直到7月23日21点许，微博上有网友率先贴出“温州境内有动车脱轨”的消息和照片前，我跟两个同事还在赶着写赖昌星被遣返回国的稿子。

而在现场拍摄动车事故的摄影师，随后又在微博上连续发布了十几张事发现场图片，据此我们判断，这起事故造成的影响肯定极大，编委马上决定，暂时放弃赖昌星的封面报道，转而关注动车事故。

7月24日一早，南都周刊两位先遣记者徐卓君和孙炯到达温州开始采访。而我因为机票原因，只能在7月25日上午赶到温州。

去温州前，我已跟编委潘葱霞确定，我的报道方向为聚焦此次动车追尾事故的技术原因。当时，提供给记者的线索，仅限于微博上的一份疑似事故前后的《调度作业过程》，据称此材料是从某一铁路内部论坛里流出的，但我无法确认此材料的真伪，于是跟潘葱霞商量，还是要以我在温州的采访作为依据，列出引发此次事故的几种可能性，并对相关的专业术语进行通俗的解释——这就是我们最初对我这篇稿子的定位。

7月25日早上，我从温州永强机场直接赶往事发现场，在接近现场时巧遇《南方人物周刊》记者马李灵珊等一行，随后我跟她在事发现场开始寻找事故目击者。

此时，据事故发生已过去36个小时左右，事发现场已被警戒线包围，而当地警方也封锁了通往距离事发地最近的双岙村入口，导致我们根本无法接触到目击者。

后在当地一位摩的司机帮助下，我们从外围绕了近20分钟的远路，终于突破封锁线，顺利进入双岙村。此时，我的同事徐卓君给我提供了一个线索：位于双岙村的鼎立峰鞋厂有个员工，是事故发生时的目击者和救援者。我与马李灵珊立即赶到鼎立峰鞋厂，找到了这位目击者。事发前，他在位于鞋厂4楼的天台检查屋顶漏水情况，恰好目睹了D301追尾D3115的全过程。

根据他的描述，在追尾时，D3115并未停车，而D301在撞击发生前几秒，一度前车灯打了几次闪，直到追尾前，前车车厢一直保持着灯火通明的状态。鼎立峰鞋厂的办公楼是双岙村内的第一高度，我们登上4楼天台后发现，前方200米处即事发现场，铁路高架线一览无遗，其中无任何障碍物阻挡，据此我认为，该目击者的描述，应该比较接近事发时的情况。

在双岙村，我们还采访了多位参与救援的村民，也请他们回忆了事发当天的天气情况。从双岙村出来后，我跟马李灵珊分头行动，前往温州市内不同医院采访事故伤员。

是谁叫他停下?

本刊记者在温州深入采访追尾列车幸存乘客、事故目击者、永嘉站站务人员和专家，试图还原事发真相。种种迹象表明，此次事故很可能是一起因调度人员下令不当的责任事故。

我的第一站是温州市第三人民医院，在那儿接触采访的几位伤员均为D301次前两节车厢的乘客。基于我的报道方向，我试图从事故幸存者那儿得到事发前列车的运行情况，例如：事发前列车里有否广播通知？广播的内容为何？从永嘉站开出的时间、列车速度？等等。

然而多位采访对象均称，事发前列车无任何紧急情况，也没有任何先兆，而广播通知的内容，也仅限于解释为何D301次要在永嘉站内停车——广播称，这是因为前方出现暴雨雷电。

在温州市第三人民医院的采访所得内容，没有太多的进展，下一站我决定去收治D3115次列车伤员较多的温州医学院附属第一医院（附一医院）——在那里，我遇到了对此次报道具有极为重要意义的采访对象：在四楼接受治疗的事故伤员王海茹。

二

王海茹与其丈夫曹卫东都是山东菏泽人，他们在D3115次列车上的座位位于第16号车厢的27、28座。王是一个25岁的青年人，我看到她时，她正盘坐在病床上玩弄手机。外表上，我看不出她有任何伤口，头部也没有其它伤员常有的紫色淤青。

她是个轻伤员，仅腿部被拉开了一道口子而出血。她用沙哑的嗓音开始回忆事发瞬间的感觉和事后自我救援的情况。我没有打断她的回忆，直到她说了几分钟后，嘴里突然蹦出了“找司机”三个字，我当时就觉得被震了一下，心想：“有戏了，她可能就是我要找的那个人。”

等她说完自救经过，我问：“你看到司机了吗？”她回答称在事发约一个小时后见到了司机，发生了一小段对话：王海茹质问司机：“我们后面这么严重撞车，你不知道吗？”答：“我不知道出事了。”

随后她又说出了于我这篇报道最重要的细节——她听到司机反复在喃喃自语这么一句话：“我这一生都不会再开车了，我没有责任的。当时我说能过去的，应该走的，但他非要让我停。”

我立即就察觉这句话极为关键，在当时，由于后车D301次列车司机潘一恒已经遇难，于是前车司机就成为调查事故原因的关键性人物之一，但前方记者无人知道这位司机的去向，最合理的猜测是：他在事发后即被控制，记者因此无法与他取得联系。后来，上海《新闻晨报》印证了这个猜测，报道称，D3115次列车司机正在接受国务院事故调查组的调查。

微博舆论此时持续希望D3115次列车司机现身说法，回忆事发前后的过程，但此时已无可能，而最好的情况是，在事发后司机应该与该车次乘客有过对话，记者可从乘客那里得知司机的一些说法。

王海茹和鲍永远（下文详述），也许就是目前记者所知的，唯一在事发后与司机进行过对话的 D3115 次列车乘客。

当王海茹向我转述了司机的这段喃喃自语后，我知兹事体大，故反复追问王此过程，她重复叙述了三遍，最后对我说："司机就在我旁边，我能听错吗？"

虽有了她的保证，但我仍无法百分百确信此节。当晚，我回到宾馆打开采访录音，仔细推敲她的说法，其中有个细节是，王海茹回忆起在她跟司机对话时，曾有人向司机递了根烟。

也是凑巧，当时央视新闻频道正在播出一条新闻片，央视记者电话采访了 D3115 次列车另一名幸存者，温州瑞安文联秘书鲍永远。鲍永远在接受采访时称，D3115 次的司机曾对他说"现在我可以告诉你，真的是人家（D301 次列车）追尾，不是我的事情。"

我马上以"鲍永远"作为关键字进行搜索，结果显示，鲍当天还在《中国青年报》第三版上发表了一篇文章，回忆事发前后的整个过程。在这篇题为《7 月 23 日，我和 D3115 次的日记》文章中，鲍永远在文末写到，"我的眼里挂满泪花，背对着他（司机），掏出自己烟盒里惟一的一根软中华，在漆黑的夜里点上，猛吸了一口，塞在快撑不住身体的司机嘴里。"

对我来说，这是个极为重要的描述，因为这印证了王海茹向我回忆时，提到的"他（司机）说不知道，他非常非常紧张，旁边人给他递了烟"这一细节。

到此时，我已基本能确认，王海茹的回忆应该较为准确，她转述司机的那段话可信度很高。

26 日（周二），我赶往距温州市中心十几公里的甬温线永嘉站车站采访，与之前就前往该车站的记者们一样，我吃了个闭门羹。一位车站站务对我说，"今天早上连央视财经频道的记者来了，都没有采访到站长，你说你们还能找到他吗？"

我想不出很好的回应，又不甘于马上打道回府，便在车站内无奈等待，期盼或有其它突破办法。不多久后，另一位车站站务来到检票闸机口替班，我趁机上前套近乎，终于能够跟他谈上一会儿。

这位站务指出，D3115 在双岙段内停车，"肯定是有调度命令让他停"，他同时补充，永嘉站是小站，没有调度，调度命令应该是从上海铁路局的调度中心发出的。

这个判断，为王海茹回忆中 D3115 次列车司机所称的“当时我说能过去的，应该走的，但他非要让我停”这句话指出了一个可能的方向，亦即停车指令，很可能发自于调度。

当天下午，我又采访了同济大学城市轨道与铁道工程系教授孙章，我向他描述了司机的这段说法，孙章分析，如果乘客的回忆无误，则要求司机停车应该就是调度，“别人没有权力让司机停车，只有调度命令可以。”

至此，一个较为完整的证据链条形成：王海茹回忆司机所称的“我说能过去的，但他非要让我停”具有较高可信度；停车命令很可能来自于调度；雷击造成 D3115 次列车停电的说法不可信。

三

但此时我仍无法求证网传的那份《调度作业过程》真实性。26 日午夜至 27 日凌晨，是南都周刊最新一期的截稿日期，手握上述采访录音和相关证据，我开始与编辑、编委商量稿件的方向。

稿件没有提到《调度作业过程》，因为无法确认其真假，而是从我的采访切入，分析这次事故很有可能是因调度指挥不当引发的责任事故，初稿形成后，微博上又流传一份据称是新上任的上海铁路局局长安路生的内部通报讲话。

我们多方求证，确认此版本极有可能就是讲话原文，而在安路生的讲话中，多项内容涉及调度指挥、非常站控的实施流程等方面，熟悉体制内话语体系的读者，也已可从中读出一些深层的意思，改稿中遂添加了安路生讲话的部分内容，并进行分析。

最终见刊的稿件取名为：《是谁叫他停下？》，由于踏上了传播窗口期，传播效果较好。比此文晚一天面世的《南方都市报》、《南方人物周刊》、《南方周末》等相关稿件，从他们的渠道验证了《是谁叫他停下？》一文未予采信的《调度作业过程》的真实性，推断出了引发事故的另一大原因是信号问题。

（作者系南都周刊记者）

微博改变传播的又一次生动路演

——关于温州动车事故的八条微博

□章丰

章丰

2011 年 7 月发布的第 28 次互联网发展报告显示：微博用户数以高达 208.9% 的增幅，从 2010 年底的 6311 万爆发增长到 1.95 亿，成为用户增长最快的互联网应用。在“7•23”温州动车事故中，微博的传播威力得到再次验证，无论现场播报、观点提供、议题设置，还是在速度和广度上，都超越传统媒体，真切地改变了传播生态。借助微博体，我们可以回顾梳理在 7.23 事件中的微博表现。

1. 微博的能量爆发。温州动车事故，从当天发生的 7 月 23 日起，到一周后的 7 月 30 日，新浪腾讯两大微博，相关总发帖量超过 2000 余万条，一直排在热门话题榜首位，单帖最高转发评论数超过百万大关。参考微博近两年的热点事件传播案例，如此长时间的关注度，如此多的发帖量，单帖转发评论数，可称中国微博史第一案例。

2. 微博的速度优势。事故的最早信源来自于微博。居住在事发地附近的新浪博友 @Smm_苗 7 月 23 日 20 时 27 分发微博称：狂风暴雨后的动车这是怎么了？？爬得比蜗牛还慢……11 分钟后，北京至福州的 D301 次列车在温州市双屿路段与杭州开往福州的 D3115 次列车追尾，造成大量人员伤亡。自媒体的速度优势，这一事件中得到最真实确认。

3. 迅速的传播扩散。20 时 47 分，坐在 D301 的新浪博友 @羊圈圈羊发微博称：求救！动车 D301 现在脱轨在距离温州南站不远处！现在车厢里孩子的哭声一片！没有一个工作人员出来！快点救我们。单位时间10分钟内，这一微博转发超过3万余条，这一数字意味着，当时所有在微博上的用户人人可见。事故消息第一时间内，广泛到达受众。

4. 救助寻亲的平台。事故发生后，微博随即成了事发动车乘客亲友寻亲和博友救助救援的发布信息平台。博友@爱啃肉的徐小呆从22时48分起，开始微博上发布图文帮助张冰莲寻找女儿:事发时身处3号车厢,11号座位。博友们还在微博上大量转发已公布的乘客名单和在各医院救治的伤员名单。微博救助功能，在平台上充分展现。

5. 爱心救援的集合。24日凌晨，博友@电信蒋琇微博称：排队填表中，门口停满奔驰卡宴宝马，温州人并不只会炒房开豪车穿名牌，血和钱要捐给真正需要的，没有哪个熬夜比今晚更有意义"。微博传出收治伤员的温州各大医院缺血信息，当夜众多温州博友相约去献血，体现了一座城市的公民担当，同样也是微博传播起了关键作用。

6. 影像文本的记录。知名博友@王利芬写道：微博是一个集体撰写的当代史，也许会被删，但是很难窜改。自微博诞生后，未来的教科书难以忽视历史真实，不要怕微博上有谣言，因为一定会被证伪。纵观事故全貌，众多博友大量自发生产的现场图片、视频资料、观点看法、长微博文字集纳、多图拼接等等，可以称得上完整历史

The New York Times

Sunday, July 24, 2011 Last Update: 12:54 PM ET

Train Wreck in China Raises Questions of Safety

Zhanyun/European Pressphoto Agency

Workers sorted through the wreckage of train carriages which had fallen off a bridge in Wenzhou, east China's Zhejiang province on Sunday. At least 35 people were killed and 210 injured.

By IAN JOHNSON
Published: July 24, 2011

The sense that transparency and safety is secondary to other concerns was present in many Weibo postings Sunday. One blogger in particular posted an eloquent appeal for more care and caution in China's rapid development:

"China, please stop your flying pace, wait for your people, wait for your soul, wait for your morality, wait for your conscience! Don't let the train run out off track, don't let the bridges collapse, don't let the roads become traps, don't let houses become ruins. Walk slowly, allowing every life to have freedom and dignity. No one should be left behind by our era."

Edy Yin contributed research.

Connect with The New York Times on Facebook.

SIGN IN TO E-MAIL
PRINT
REPRINTS

@JeremyShih
weibo.com/jeremyshih

读本。

7. 持续不断的追问。从新华社通稿中的事发时间到掩埋车头的疑问，从救人要紧还是48小时保证通车重要，从铁道部发言人王勇平记者招待会回应到宣布无生命特征后救出女孩伊伊……微博对事故的追问达到了近几十年来对社会公共事件舆论问责的顶峰，而在追问过程中，不管热点话题如何变换，博友体现出来的专业态度、重事实反谣言的特征，令人看到了公民社会的雏形。

8. 理性深刻的思考。此次事故，微博最突出处是观点集纳能力。@童大焕那条著名的“中国慢下来”的微博登上了《纽约时报》的封面，而著名时评人@十年砍柴创作的微博，更是转发达到惊人的70多万次。众多意见领袖、各界达人，纷纷发表观点，大学传媒研究者提供事件统计数据，理性深刻的思考，无处不在。对比过往热点事件，微博此次近乎全员式的重点关注，给出的多选答案，为政府应对舆情提供了标准范本。

（作者系青年时报社社长）

忧郁的新闻专业主义

□宋志标

宋志标

最近几年，受制于实用的生存观念，大陆新闻界谈论理想主义的少了。香港传媒业的微薄收入也证明，在自由港坚持这种主义需要勇气。至于台湾新闻界，起码笔者接触的批评者对其八卦化趋势非常愤慨。与理想主义同时式微的，还有新闻专业主义。尽管我知道很有一批同行始终不放弃对新闻专业主义的讨论，特别在调查报道中自觉锤炼它在中国语境下的形状。新闻专业主义究竟是昙花一现的梦幻，还是可延续、可把握的现实，实有讨论的必要。

即便在接踵而至的灾难报道中，新闻专业主义同样存在缺失。远的如2008年的川震报道，近如温州动车追尾事件，在某些业界动态中，展现出传媒界光怪陆离的一面。新闻专业主义应该做点什么呢？它必定要欲说还休或徘徊于低层次吗？怎样才配得上新闻专业主义呢？

事实比真相更重要

新闻专业主义不是一本电器使用说明书，不止是一个名词，也不仅是教科书所下的定义。让人失望的是，这个世界上不存在现成的新闻专业主义操作手册，完备到适用于所有国家的所有媒体。所幸的是，新闻专业主义已经提炼出许多普遍适用的重要原则，让它在价值观和报道操作两个层面上得以确立。比如独立的立场、纵深的事实、价值的展示等，并且受到用不同文字印制的传媒认可。

从欧美新闻界中新闻专业主义的成熟过程看，新闻专业主义并非一蹴而就。从黄色新闻蜕变成新闻专业主义的标准制定者及坐标，体现的是新闻界的整体质量，当中国新闻人说要投身于新闻专业主义时，其实是谓改造新闻界——这既是新闻专业主义的目的，也是它赖以维持的前提条件。

下面是一些实例，充分显示中国情境下新闻专业主义不那么容易把握。在温州动车追尾事故的新闻发布会上，面对新闻发言人，被愤怒控制了的记者未能展现职业要求。这是7月最大的悲剧事件，而对大陆新闻界而言，除了救灾的细节和积久不变的谴责，缺少直击核心的分析，新闻界未能整理出碎片化的拼图，新闻专业主义作为像被撞击的列车那样分崩离析。

见惯了新闻专业主义的未遂，动车追尾事件不是第一次，也不会是新闻界最后一次失意。在允许报道的有限时间内，它还没来得及展示专业的攻击力，就无果而终。最近三年多来，这样的情况过于频繁地发生。总体而言，大陆媒体的新闻专业主义最大问题是不能抓住飘忽的事实，难以实现事实的还原与重组——而操作上的挫折影响到新闻及其社会背景的逻辑关系，遮住专业主义的价值。

就新闻专业主义的根本而言，事

CNTV 中国网络电视台 www.cntv.cn www.cctv.com　CNTV 中国网络电视台 体育台 激情体育 快乐生活

中国网络电视台 > 新闻台 > 新闻中心 >

温州女记者向温总理"讨表扬"遭批

发布时间:2011年07月29日 20:12 | 进入复兴论坛 | 来源：信息时报

向温家宝提问的《温州日报》女记者

信息时报讯（记者 黄艳）想出名真的很容易。昨日温州女记者在温家宝记者会上抓住最后一个宝贵的提问机会，让总理评价在这次救援中温州人的精神，迅速让她走红全国。关于她的帖子瞬间在网上数以万计的流传。不过，有网友认为该问题是在求温总理表扬，“不如不提”。而其个人资料也是在短短一个小时左右就被网友们公布出来。

实比真相更重要。这是因为真相是可以商榷的，而事实却很结实，不接受妥协与调解。若要衡量新闻专业主义的水准，它一定取决于记者和编辑对事实的占有及处理程度。一般情况下，呼吁真相可以作为民众或大众传媒克服环境压力的策略，但对新闻专业主义者来说，不占有连贯的事实只会让“真相”流于庸俗的口号，这很容易让人厌倦。

笔者看见在某个讨论组中，一些记者同行努力确立新闻专业主义的标准流程，他们试着商讨一套办法来固定事实，细致到在什么情况下打开录音笔，以及如何确保新闻事实能像破案证据那样得到保全。而在动车追尾事件中，对于是否存在填埋列车残骸，安替对周凯莉发起了连续诘问。这次纠纷帮助我们看清，记者获取稳定的事实有多么重要，特别是在这样一个“颠沛流离”的新闻环境。

新闻专业主义也是传统

比较最早期的报纸，当欧洲人娴熟运用新闻纸传递港口、货运信息时，中国的邸报读者却在试图用它推敲朝廷动向，以便在政治关系中占据主动。越过传教士办报的短暂历史，中国报纸在清末的政党宣传中担当大任。及至民国，报纸进入最为繁荣的发展时期，仍然不能摆脱依附性质。即使卓越如 1941 年底之前的新纪《大公报》，也在新闻专业主义上如履薄冰，更遑论现今。

通过简略地回顾报纸的历史可知，中国报纸的主流传统是文人论政，而不是狭义的新闻专业主义。在民国报界，撰写评论的先生与新闻访员的地位悬殊，表现在报纸上也是评论版块重过新闻报道。但这不代表新闻专业主义不存在或不重要，相反，它的地位被低估了。报纸忙于为乱世提供见解，为相互政见党见之争供应资源。新闻专业主义只在上海几家报纸中，以不相称的比例存在。

尽管文人论政曾经占据主流，但那种认为新闻专业主义是舶来品的认知近似愚昧。它更应该被看作是未有良好发育的另一支新闻脉络。而在《南方周末》、《财经》等先锋报刊的努力下，经过上世纪 90 年代至本世纪初、大约 15 年的局部培育，新闻专业主义在传媒从业者那里有了坦然承受的心理基础。事实上，新闻专业主义与文人论政的地位正在颠倒，后者正在从主流传统中逐渐隐退。

或许可以这样理解：新闻界正在经历文人论政向新闻专业主义的转化过程中。换言之，新闻专业主义在顶替文人论政衰退所留下的空档期时，所作所为并不出色。或者说，这两种报界的传统价值在转变中发生了“意外”，它们的使命都没有完整地实现。在一个价值感残缺的新闻界，新闻专业主义没能成为它的理想面貌。

无可否认，文人论政遭到了障碍，新闻专业主义又未能进入预定轨道，如果不能抱紧新闻专业主义，新闻界恐怕要失去安身立命的价值。这就是新闻专业主义的需求所在。

历史地看，中国的新闻专业主义者拥有相似的悲叹：他们的上限是被设定的，这让他们达不到专业主义的最低要求，比如先天匮乏的独立地位。例如，清末及民国最好的两张报纸——《中华新报》和新纪《大公报》——是最有资格号称新闻专业主义办报方针的，辉煌时期也不过几年或十数年。

因此，在此地谈论新闻专业主义，相当于谈论某种不可能普遍拥有的东西。可它又如此迷人，偶然迸发的力量带给新闻界以希望。

忧郁的新闻专业主义

现今的大陆新闻界，若以评论与新闻做简要划分，哪一部分做得都不好。只列笔者熟悉的评论行当，评论既不能进步也不能深入，更难为情的是与行动决裂。时评版面及评论周刊等似乎兴盛一时，可更像是虚假繁荣。一些能说会道的人借此作稻粱谋，而媒体中的知识分子又很难凭借它们展开思考工作。

广义的新闻专业主义天然包括评论

专业主义，但在很多新闻记者看来，新闻专业主义是与评论无涉的专门事业。笔者非常理解这种观点背后对评论空谈的厌烦，但更能体察到记者为事实而生的无助与无力。新闻专业主义者要挣脱事实匮乏的负累，却无法拒绝其匮乏的现实。记者依靠事实又在失去事实，这就是日复一日的传媒忧伤。

调查记者的工作是要占据全部事实，这个岗位对新闻专业主义有天然的亲近感。民国报界调查记者不过寥寥数人，论政是为主流，狭义的新闻专业主义处于低潮，那时可称得上是新闻专业主义的旧大陆。当今调查记者受到鼓励，被认为是新闻界中有行动力的未来主义者。但在受害者情境下，他们受到事实匮乏症的逼迫也很显著。尽管调查记者被赋予新的职业荣誉感，可还没走出旧大陆。

有人在谈论新闻专业主义时忌惮情绪，仿佛那是一种破坏力量。这部分源于对欧美新闻专业主义的崇拜式偏见，部分是为了避嫌。新闻专业主义是为独立，可不等于取消立场，世上不存在无动于衷的新闻专业主义。新闻专业主义来自于新闻界中多愁善感的知识分子，它需要在各种情绪状态中选择恰当的道路，而不是说完全排斥情绪活动，否则很难理解范长江和王芸生的职业走向。

就它的不可实现性来讲，新闻专业主义是大陆新闻人的乌托邦。就百多年的新闻史看，它又是中国传媒界及其从业人员的经典困境。笔者从时事评论的无限重复中看到此种困境下的绝望，但狭义的新闻专业主义还可以在调查报道那寻求突围，甚至是某些标题、图片。笔者知道新闻专业主义者深感痛苦，并不幸福，痛苦恰恰也成为他们投身其间的依据。虽然有人深切怀疑在一个处处牵制的环境中追求新闻专业主义的必要性，可除此而外，又有什么能阻止我们坠入无聊？不在独一无二的国情下确立坚定的专业标准，又凭什么治疗忧郁的新闻专业主义？

（作者系传媒人士）

动车追尾报道报纸版面

A01 南方都市报

真相是最好的

纪念

7·23 温州动车追尾七日祭

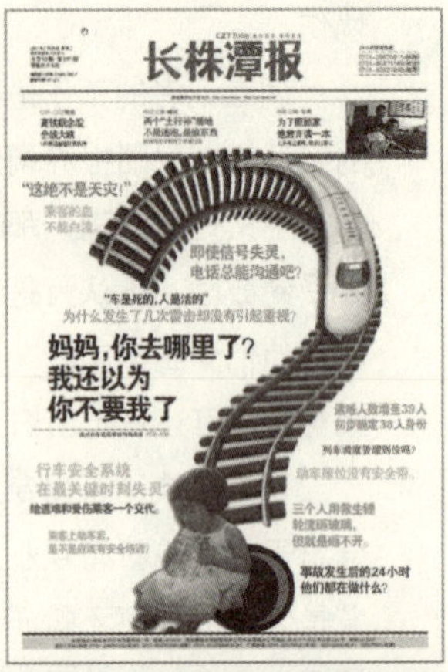
长株潭报

"这绝不是天灾!"

即使信号失灵，电话总能沟通吧?

"车是死的，人是活的"
为什么发生了几次雷击却没有引起重视?

妈妈，你去哪里了?
我还以为
你不要我了

行车安全系统
在最关键时刻失灵

三个人用微生物
轻度砸玻璃

事故发生后的24小时
他们都在做什么?

青年时报

伤逝

青年评论

请给杨峰们一个迟到的尊重

新快报

2011.7 29

是否救人第一
铁道部要回答

温家宝抱病赴温州，称政府最大责任是保护人的生命安全

我生病了，在病床上 11 天，今天医生才勉强允许我出行。

我得到这个消息立即给铁道部负责人打电话，他可以证实我只说了两个字，就是"救人"。

铁道部说
无人宣布
停止救援

A06-A11

东方早报

中国铁路半途折戟

转制，亢奋中有纠结

□范以锦

范以锦

传媒转企改制已成为业界的热点。各地正根据国家的政策规定逐步推进，除党委机关报等时政很强的报刊或一些特殊的报刊外，大部分纸媒单位都要转企改制。这对那些早就参照企业机制操作并渴望进一步加快往市场化转型步伐的媒体来说，无疑是迎来了一场及时雨。但也要看到，由于媒体自身的特殊性，要将国有企业的那种现代企业制度完全照搬过来也不太可能，转制中的各种利益冲突也会发生，传媒经营者在转制的亢奋中也有纠结。

亢奋：摆脱了“两分开”的尴尬

改革开放以来，随着市场经济的推进，报刊媒体走市场的步子也在加快。先是参照企业的一些做法进行运行机制的改革创新，继而通过“两分开”的办法将经营性的资产剥离出来转制，再发展到现在正在进行中的非时政类报刊的整体转制。对大多数非时政类报刊来说，应从采编与经营“两分开”的转制转变为“不分开”的整体转制。

在相当长的时期内，报刊几乎都被定格为“事业单位”，而且不少报刊由国家财政或主管单位经费供养。改革开放以来，国家积极支持事业单位媒体通过搞好经营管理自收自支。1978 年，《人民日报》等首都 8 家新闻单位联合给财政部打报告，要求试行“事业单位、企业管理”的经营方针，财政部批准了这一报告。报刊业形成了“事业单位，企业管理”的双轨运行模式，通过实行新的报业财政政策、改革分配制度、搞好广告经营等，不断增强报刊业的活力。可是，这种运行模式，本质上是在“事业单位”体制下运作，在对外合作、资本运营等方面受到制约，比如引进战略投资者，以事业单位的名义与企业合作难操作。

前几年，国家大力推进文化产业体制改革，报刊业进行体制和机制创新，采编和经营“两分开”，将经营性的资产剥离出来成立公司，用经营公司的名义与企业合作就名正言顺了。这种体制创新在特定时期、特定条件下为推动媒体市场化发展发挥了较好的作用。然而，这种“两分开”只能是往市场化、企业化发展中的一种过渡性的办法。这种运作方式依然没有摆脱“事业单位”的框框，既要将报业中的经营性业务剥离出来实行市场化运作，又要确保不将完整的新闻产品生产的产业链条割断，很难两全其美。有的报业将经营性的资产剥离出来成立公司之后，为了处理好“两分开”之后的采编与经营的关系，提出“分而不断，联而不乱”，积极营造采编与经营沟通的渠道，建立形成合力的联动机制。

尽管有协调机制，但协调成本较高，不是靠比较稳定的制度来保障，扯皮的事仍然不少。“两分开”之后，在同一个报刊社内一般都存在着事业编制、企业编制，事业编制把得紧一点，企业编制松动一点，职工的身份有固定工、合同制工，紧密型聘任制人员、次紧密型聘用人员、松散型聘用人员、

新京报

www.bjnews.com.cn

非时政类报刊年内全面转企

新闻出版总署署长柳斌杰称“报刊数量不减，主办单位大减”

田村大火
4小时扑灭

● 17辆消防车赶现场灭火，无人员伤亡

● 起火楼共5层，内设旅馆、网吧、歌厅

鲜鱼口
重开张

已有570余年历史，12老字号迎客

汶川震区重建
三年“新生记”

桑兰赴美诉讼
“输赢不在乎”

全市用人需求每季度发布

将引导求职者择业，今年起每季度“摸底”大型企业、机关单位岗位需求

临时聘用人员等多种用工制度。其实这种情况在“两分开”之前就有，只是“两分开”之后愈加突出了，给管理带来诸多不便，而且不利于内部人才流动。市场化比较高的媒体早就淡化了个人的身份，统称为“员工”。内部建立人才流动机制，具有经营素养的采编人员可以流动到经营管理岗位上，如果干不好再流回来。如果“两分开”之后划定谁是事业、谁是企业的员工，流动就有了障碍。不同编制的员工享受着不同的待遇，剥离出来的公司如果经营得好待遇很高，采编人员就会产生心理上的不平衡。有的采编人员说，如果积极性受挫，将报纸办糟了，看你发行、广告怎么搞上去？在媒体运营过程中，采编、印刷、发行、广告、售后服务等，是完整新闻产品的生产线，虽各负其责，却是互相依存。内容制作的优劣决定了发行和广告的优劣；而经营的效果又会反过来验证内容是否符合市场的要求。同一个报刊社在“两分开”的两种体制下，不能作为完全意义上的市场主体参与市场竞争，其必然制约着报业自身的发展。

还一种情况就是，同一个集团内报刊种类很多、千差万别，有机关报等时政类报刊，有文化娱乐、财经等专业类报刊。有敏感的媒体，也有几乎没有政治敏感的媒体。都用同样的“两分开”办法，也是没有必要的。各系列报刊符合转制条件的不应再搞“两分开”，应整体转制为企业。谁的市场化程度高，就让谁的步伐加快一点，包括上市等。现在新闻出版总署下属的新闻出版报社都已转制了，这是一个“加快非时政类报刊转制”的强烈信号。7月20日至21日在重庆举行的全国新闻出版局长座谈会上，新闻出版总署署长柳斌杰明确提出：“推进非时政类报刊出版单位体制改革，是全国文化体制改革的一项重点工作，也是今年新闻出版体制改革的核心工作。”会上公布了非时政类报刊改革的时间表、路线图，报刊业的转企改制全面普开，“中央和地方同步推进，分批次进行”，明年9月底前全面完成非时政类报刊出版单位转制任务。改革的落脚点就是让全国非时类报刊出版单位转成企业，成为市场主体。

纠结：期待与现实依然有较大的差距

整体转制比“两分开”的转制肯定在市场化的道路上会走得更远，具体操作起来也比较好办，无疑是一大进步，但这并不意味着万事大吉，完全可以像一般企业一样按市场化来操作。传媒市场化的“口”究竟能开到多大？传媒经营者在转制的亢奋中也有纠结。

引人关注的是，晚报、都市类和财经类媒体是否属于非时政类媒体？

能否转制？笔者查阅了一些文件、主管部门领导讲话及相关人员解释领导讲话的一些表述，并没有明确说是“时政类”或“非时政类”，但强调“不同于一般非时政类报刊”，并提出“中央各部门各单位所属的都市类和财经类报刊、省级和副省级及省会城市党报党刊所属的晚报、都市类和财经类报刊等出版单位，经批准可进行转制”。笔者的领会是，那些文化、艺术、生活等报刊出版单位及专业技术强的行业性报刊出版单位，是十分明显的非时政类报刊，毫无疑问非转制不可；而带有时政色彩的都市报、晚报等综合类报刊，也可参照“非时政类”进行转制，但由于其“不一般”因而强调了要“经批准”。“经批准”，会不会意味着有选择性地进行呢？即使这样，我们相信绝大部分会“选择”或“被选择”转制，因为这次改革很明确，绝大多数报刊出版单位被列入改企转制范畴，真正列为“时政类”而不转制的报刊单位比例很小。

其实，不管转不转，长期以来强调的传媒的意识形态属性还在发挥作用，相关文件和主管部门的领导在讲话中也强调非时政类报刊是重要的舆论宣传阵地，因而走市场化的道路并不像一般企业那样顺畅，要想得更加复杂一点，做起来也更艰难一些。

柳斌杰署长在全国新闻出版局长座谈会上谈到新闻出版业时认为，从整体上看，产业规模较小，集中度较低，实力较弱，竞争力不强；微观主体的体制机制还不健全，市场在资源配置中的基础性作用还未充分发挥；市场体系还不完善，区域分割尚未彻底打破；传统业态向新业态的转型很

不平衡，等等。这些突出问题表明，推动新闻出版产业又好又快发展的任务还十分艰巨。柳斌杰的看法道出了传媒产业的实际情况。笔者认为，中国传媒业要做强做大有两个方面十分重要，第一个方面应该打破地域界限和行业封锁，跨区域、跨行业经营；第二方面须与社会资本合作。但这些做强做大的特别要素依然不完备，经营者的期待与现实依然有较大的落差。

其一，跨区域发展依然受到制约。

跨区域、跨行业经营，企业早就这样做了，但传媒企业能像其他企业一样吗？早在本世纪初，国家就提出媒体跨区域发展战略，也有以南方报业和光明报业共办的新京报为试点，但一直很难推广开来。有些地方有些媒体即便实行了，也受到多方的阻击。现在又强调“走出去”的战略，具体如何落实仍是一个问题。目前连跨区域采访都存在瓶颈，何以全面跨行业、跨区域发展？

其二，与社会资本合作还不畅顺。

引入社会资本，作为国家的媒体要控股，这可以理解，也容易操作。但能否让管理层持股？目前并没有松动。我过去担任报社社长时一接触社会资本，投资方常提两个要求：派出财务总监对资金运作情况进行监督；希望管理层持股。这种做法是可以理解的，因为人家投了钱，怎样才能放心，这两条对他们来说是十分重要的。作为传媒单位，第一条好办，第二条就难办了。转企改制要由各地文改办研究，然后再报到国家有关部门批准。据了解，某市一家报纸转企改制并准备上市，上级主管部门的批示有两点：一、管理层不能持股；二、任免权在集团。“管理层不能持股”，很难获得社会资本投资方的认同。当然也不能说持股是最好的办法，但无论如何要想出一个能对投资方负责、让投资方放心的切实可行的办法。

此外，处理好收益分配关系和解决历史遗留问题也是个难点。仍为事业单位的主报刊或集团与已经走市场的系列报的利益关系如何处理，也会出现一些新情况新问题。转企改制触及到报业最重要也是最急迫解决的问题——产权问题。所谓产权，指的是财产的所有权、支配权、收益权、处置权和转让权。产权的一个重要功能就是具有非常有效的激励作用。如果报业没有明确建立产权制度，清晰产权关系，就不可能自主生产和公平交易，上市融资也无从谈起，也很难激发媒体经营者的经营积极性。经过国家批准，将传媒单位的法人属性进行重新定位，明确转制后的传媒企业的法人地位，成为市场竞争的法人主体，拥有财产权、经营权等完整的权利，承担经营风险和法律责任。作为具有法人地位的已改制的系列报刊单位权限增大了，就意味着主报刊或集团的权限削减了。我曾听某副省级城市的文改办的一位领导说过："已转企改制的单位不再上交利润了。"我问："你指的是不给国家上交，还是不给集团交？"她回答："都不交。"她再补充："我们这里不成问题，因为我们这里作为事业单位的主报的利润水平比那些要转制的媒体效益好得多，不存在'小报养大报'的情况。"

如果这只是一个地方的做法关系不大，但如果要普遍推行则会引发一系列问题。传媒业界都清楚，大办市场化强的都市类媒体从上世纪90年代中期开始，而且相当多的是由机关报创办的，试图通过创办市场化媒体获取良好的效益，以摆脱机关报单位经营的困境，事实上已达到了目的。如果不上交利润了，怎么办？也许那些走不了市场的机关报作为公益性的媒体由国家财政拨款确保。但这里仍有两个问题可能发生，一是国家拨款一般只能按照公务员的待遇，然而媒体人是专业人士，待遇一般比公务员高，压低工资会造成专业人士的流失。转制后涉及退休人员的待遇及历史遗留问题如何解决，也是一个问题。转制后事业单位人变成企业人、社会人，公共架构一批人员尤其是退休人员的待遇怎么保障。据了解，那些尚未参加社保的媒体国家会想办法让他们参加社保，以解决后顾之忧。但社保退休人员的工资往往低于事业单位退休人员的工资，而且有的媒体早就实行了社保，在社保拿工资，再由单位补足到退休公务员的薪酬水平，也就是"老人老办法，新人新办法"。但"老人老办法"的资金从何而

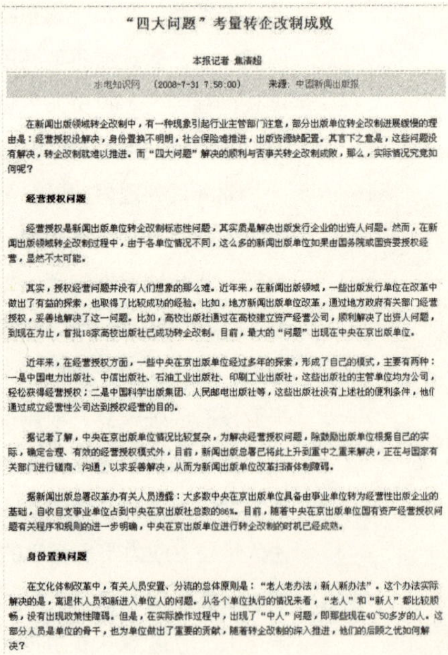

"四大问题"考量转企改制成败

本报记者 焦清超

水电知识网 (2008-7-31 7:58:00) 来源：中国新闻出版报

在新闻出版领域转企改制中，有一种现象引起行业主管部门注意，部分出版单位转企改制进展缓慢的理由是：经营授权没解决，身份置换不明朗，社会保险难推进，出版资源缺配置。其言下之意是，这些问题没有解决，转企改制就难以推进。而"四大问题"解决的顺利与否事关转企改制成败，那么，实际情况究竟如何呢？

经营授权问题

经营授权是新闻出版单位转企改制标志性问题，其实质是解决出版发行企业的出资人问题。然而，在新闻出版领域转企改制过程中，由于各单位情况不同，这么多的新闻出版单位如果由国务院或国资委授权经营，显然不太可能。

其实，授权经营问题并没有人们想象的那么难。近年来，在新闻出版领域，一些出版发行单位在改革中做出了有益的探索，也取得了比较成功的经验。比如，地方新闻出版单位改革，通过地方政府有关部门经营授权，妥善地解决了这一问题。比如，高校出版社通过在高校建立资产经营公司，顺利解决了出资人问题，到现在为止，首批18家高校出版社已成功转企改制。目前，最大的"问题"出现在中央在京出版单位。

近年来，在经营授权方面，一些中央在京出版单位经过多年的探索，形成了自己的模式，主要有两种：一是中国电力出版社、中信出版社、石油工业出版社、印刷工业出版社，这些出版社的主管单位均为公司，轻松获得经营授权；二是中国科学出版集团、人民邮电出版社等，这些出版社没有上述社的便利条件，他们通过成立经营性公司达到授权经营的目的。

据记者了解，中央在京出版单位情况比较复杂，为解决经营授权问题，除鼓励出版单位根据自己的实际，确定合理、有效的经营授权模式外，目前，新闻出版总署已将此上升到重中之重来解决，正在与国家有关部门进行磋商、沟通，以求妥善解决，从而为新闻出版单位改革扫清体制障碍。

据新闻出版总署改革办有关人员透露：大多数中央在京出版单位具备由事业单位转为经营性出版企业的基础，自收自支事业单位占到中央在京出版社总数的86%。目前，随着中央在京出版单位国有资产经营授权问题有关程序和规则的进一步明确，中央在京出版单位进行转企改制的时机已经成熟。

身份置换问题

在文化体制改革中，有关人员安置、分流的总体原则是："老人老办法，新人新办法"。这个办法实际解决的是，离退休人员和新进入单位人的问题。从各个单位执行的情况来看，"老人"和"新人"都比较顺畅，没有出现政策性障碍。但是，在实际操作过程中，出现了"中人"问题，即那些现在40~50多岁的人。这部分人员是单位的骨干，也为单位做出了重要的贡献，随着转企改制的深入推进，他们的后顾之忧如何解决？

来？国家财政包起来还是原单位解决？原单位如果财力薄弱就不易解决，会引发不安定因素。

迟早都得转，不如早点转

随着改革开放的深入，许多传媒单位早就试着朝企业化道路上转型，尤其是一批传媒集团成立之后，更是付诸行动。非机关报步子迈得比较大，比如都市类、晚报类、周末类、财经类等报刊纷纷打出“转型”的旗号，往企业化、市场化发展。其主要特征：一是经济上“自主经营，自负盈亏，自我积累，自我发展”，如果是母报投资的则实行承包制；二是改革用工制度，实行聘任制，能上能下、能进能出；三是建立了激励机制，有自主经营权和分配权，员工分配拉开差距。四是发行、广告等经营人员基本实行市场配制，谁能经营出效益就由谁来干。五是像企业一样建立了社保制度。六是引进社会资本进行扩张。往市场化转型的报纸也并非每家都完整具有以上的六种特征，而有的报业则不只是具有六种特征，走得更快。比如，2001 年初创刊的《21 世纪经济报道》将经营性的资产剥离出来，与民营企业上海复星集团合作，由报纸单位控股，管理层也持股，采编权掌握在报纸单位手上。由于体制和机制的创新，《21 世纪经济报道》逐步发展成为“21 世纪报系”，报系除了龙头报纸《21 世纪经济报道》之外，还有《21 世纪商业评论》、《理财周报》、《商务旅行》，还涉足中央人民广播电台等。子项目越做越大，经济效益越来越好。非党报大胆的转型尝试，比较成功的例子还有《东南商报》。这家宁报集团下属的报纸创刊于 2001 年 1 月 1 日，根据中央关于加快文化体制改革试点工作的要求，于 2003 年 8 月被宁波市文化体制改革试点工作领导小组确定为改革试点单位。2004 年初，《东南商报》将报纸的经营部分和采编部分相分离，成立东南商报经营有限责任公司，经营部分引入民营企业雅戈尔集团入股，组建规范化的股份制企业，实行市场化运作，被称为标志着浙江省新闻媒体文化体制改革试点工作取得了突破性的进展。以上说到的这些报刊在激烈的市场竞争中赢得了立足之地，也为整体转制打下了坚实的基础。既然已经走到了这一步，又何必再搞“两分开”苦苦艰守“事业单位”体制呢？

为什么转制如此重要呢？虽然媒体主动的转型和剥离转制在短期内收到了良好的效果，但是不难发现与企业相比，尤其是大型国有企业或国外的大型跨国传媒集团相比，我们仍然有很长的路要走。只有进行彻底的媒体的整体转制，将经营性的事业单位转制为企业，继而转变为股份制多元企业体制，才能打破妨碍往市场化发展的条条框框，让传统媒体在市场的竞争中发展壮大。

另外，早转早享受优惠政策。早在2008年，“国办114号文”——《国务院办公厅关于印发文化体制改革中经营性文化事业单位转制为企业和支持文化企业发展的两个规定》，提出了转制单位的优惠政策；而2011年5月19日，《中共中央办公厅、国务院办公厅关于深化非时政类报刊出版单位体制改革的意见》明确提出，有关配套政策可按照中央各部门各单位出版体制改革的有关政策和做法办理。这两个文件已经衔接起来，正如新闻出版总署改革办有关负责人明确指出的“文化体制改革，尤其是图书出版单位体制改革的有关优惠政策，适用于本次改革”。因此，早转不仅早获得办好企业的活力，也可早享受国家规定的转制的有关政策，包括土地政策、资产政策、财务政策、人员政策、社保政策、税收政策，等等。

柳斌杰署长在全国新闻出版局长座谈会上谈到新闻出版业发展时强调：“向跨媒体、跨行业、跨地区、跨所有制发展，要打破按行政区划、按业务类型进行资源配置的行政方式，消除媒体、行业、地区、所有制间产业发展的制度性障碍，进一步开拓思路，在更大的空间、更广的业务范围内，加大联合重组、整合资源的力度，实现以资本为纽带的跨媒体、跨行业、跨地区、跨所有制重组，提高产业集中度，推动战略性投资主体的形成，打造‘中国出版航空母舰’，增强活力，壮大实力，提高竞争力。”他的讲话，道出了传媒出版业界的心声。在转制过程中的瓶颈和制约，相信随着政治体制改革的深化和媒体更加开放会逐步排除。至于转制中的利益问题，相信也会在探索中得以解决。笔者听到有一个单位在转制中已划拨出一部分储备金，以解决退休人员的工资待遇问题，还有一个单位则申请由财政拨款解决。当然，由于这两家报社退休人员不多比较好解决。这些问题的解决单靠一个一个单位去争取不行，国家应有一个比较明晰的政策，期待有易操作的配套措施出台。

（作者系暨南大学新闻与传播学院院长、教授、博士生导师）

传媒集团公司治理的九个关键问题

□郭全中

郭全中

随着我国传媒业改革的进一步深化，传媒集团的规模和实力都快速增强，建立起科学合理的公司治理机制已经迫在眉睫，由于传媒集团有自身的特性，因此，在完善传媒集团的公司治理时必须考虑到自身特点，而以下几个关键问题将直接决定着传媒集团公司治理机制的有效性。

出资人及其职责问题

《公司法》第四条规定，公司股东依法享有资产收益、参与重大决策和选择管理者等权利，因此，出资人能否科学合理地行使其权利将决定着一个公司的成败。对于传媒集团来说，一方面，由于其所经营业务具有不同程度的意识形态属性，另一方面多为国有独资，这两方面的原因导致其出资人的职责需要多部门行使，其出资人职责更难履行也更难明确确定。

当前，在改革中，传媒集团的出资人安排主要有以下四种方案：一是由当地政府担当出资人，授权给传媒集团的相关机构履行出资人职责。如南方报业传媒集团就是由广东省政府当出资人，并授权给南方报业集团管委会经营其所拥有的国有资产并履行出资人职责，但是集团资产仍在省财政厅名下；二是由当地国资委履行出资人职责。浙江日报报业集团、杭州日报报业集团和宁波日报报业集团等传媒单位的资产由国资委履行出资人职责；三是由财政部门履行出资人职责。目前，中央级报刊转企改制之后其资产由财政部履行出资人职责；四是由宣传部履行出资人职责。上海市的传媒单位多采取这种方式，如新华传媒在其招股说明书中显示的实际控制人是上海市委宣传部。从上述出资人的几种方案来看，方案林林总总，但尚没有形成统一的明确的出资人制度。

科学明确的出资人制度将在很大程度上决定着传媒集团的成效，因此，一方面，要结合各地的实际情况，逐步形成统一、明确的出资人制度，建议可以成立独立的文化资产监督管理委员会或直接由现有的国资委进行管理或者由财政部成立专门的部门来履行出资人职责；另一方面，由于传媒集团的外部管理体制更为复杂，出资人的三项权利要由不同的部门协同履行，这就更加要求科学界定各个不同的职责。

事业法人和企业法人的关系如何处理

目前，绝大多数传媒集团旗下既有时政类报刊又有非时政类报刊，而且非时政类报刊占了传媒集团业务收入的绝大部分。由于时政类报刊要求必须采编经营两分开，在进行转制改企时，采编部分为事业法人，而经营性部分转制为企业法人，而非时政类报刊转制改企时，则采编经营整体转制为企业法人。在这种情况下，正确处理传媒集团旗下的事业法人和企业法人的关系就至关重要。

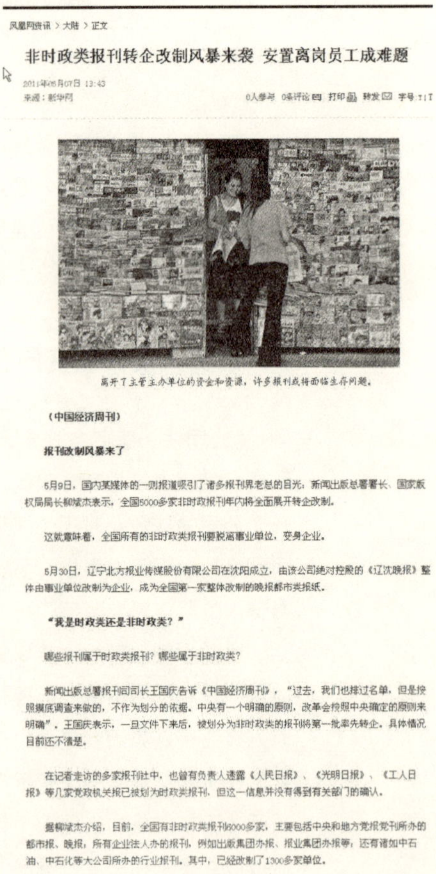

凤凰网资讯 > 大陆 > 正文

非时政类报刊转企改制风暴来袭 安置离岗员工成难题

2011年06月07日 13:43
来源：新华网　　0人参与 0条评论 打印 转发 字号:T|T

离开了主管主办单位的资金和资源，许多报刊或将面临生存问题。

（中国经济周刊）

报刊改制风暴来了

5月9日，国内某媒体的一则报道吸引了诸多报刊界老总的目光：新闻出版总署署长、国家版权局局长柳斌杰表示，全国5000多家非时政报刊年内将全面展开转企改制。

这就意味着，全国所有的非时政类报刊要脱离事业单位，变身企业。

5月30日，辽宁北方报业传媒股份有限公司在沈阳成立，由该公司绝对控股的《辽沈晚报》整体由事业单位改制为企业，成为全国第一家整体改制的晚报都市类报纸。

“我是时政类还是非时政类？”

哪些报刊属于时政类报刊？哪些属于非时政类？

新闻出版总署报刊司司长王国庆告诉《中国经济周刊》，“过去，我们也排过名单，但是按照摸底调查来做的，不作为划分的依据。中央有一个明确的原则，改革会按照中央确定的原则来明确”。王国庆表示，一旦文件下来后，被划分为非时政类的报刊将第一批率先转企。具体情况目前还不清楚。

在记者走访的多家报刊社中，也曾有负责人透露《人民日报》、《光明日报》、《工人日报》等几家党政机关报已被划为时政类报刊，但这一信息并没有得到有关部门的确认。

据柳斌杰介绍，目前，全国有非时政类报刊6000多家，主要包括中央和地方党报党刊所办的都市报、晚报，所有企业法人办的报刊，例如出版集团办报、报业集团办报等；还有诸如中石油、中石化等大公司所办的行业报刊。其中，已经改制了1300多家单位。

对于既有事业法人又有企业法人的传媒集团来说，可以采取如下方案处理二者之间的关系。一是由采编部分成立的事业法人作为母体，由其作为非时政类报刊转制改企后的企业的出资人，虽然这种思路具有一定的可操作性，但是由于其母体是事业单位，只不过是其旗下又成立了几个企业法人而已，这样又回到了事业单位的老路。二是由传媒集团下设事业法人和企业法人，出资人分别把采编部分资产授权给事业法人经营，而把经营部分资产授权给企业法人负责经营。这种方式虽然比第一种方式更为科学，但是由于事业单位的定位是非盈利企业，不以盈利为目的，对于国有资产的保值增值不是最佳选择。三是传媒集团下分设事业法人和企业法人，但是由传媒集团的出资人把传媒集团的全部资产直接授权给企业法人经营，事业法人和企业法人之间签订资产委托经营合同，由企业法人负责包括事业法人资产在内的传媒集团整体资产的保值增值。这种方案事实上形成了以企业法人为主体的统一的经营实体，更有利于实现国有资产的保值增值，比前两种方案都更为科学合理。

非时政类报刊能否剥离成立独立的市场主体

当前，绝大多数传媒集团都是以时政类报刊为旗舰成立的，虽然时政类报刊在传媒集团总体业务中所占的比例不高，但是其在传媒集团中占据着绝大多数核心资源。此外，由于相关部门对于时政类报刊和非时政类报刊的定位不同，其发展目标和方式也就存在很大不同，因此，可以选择把时政类报刊单独剥离出来成立事业法人单位，而把非时政类报刊剥离出来成立专门的传媒集团，二者之间不再存在隶属关系。从传媒业的未来发展趋势和更为有利于传媒业的产业化发展来说，这种方案是一个较优选择，这样会更有利于非时政类报刊的改革和发展。当然，绝大多数以时政类报刊为旗舰的传媒集团都不会选择这种方案，这需要更高层次的管理部门出台相关的政策。

传媒集团能否实现股权多元化

多元化的股权结构能够形成股东之间的制衡，是公司治理完善的必要条件，而传媒集团目前的股权结构多是国有独资，因此，传媒集团必须解决能否实现股权多元化的问题。股权多元化并不等于失去了对传媒集团的控制，理论上说，只要相对控股，即保持第一大股东的身份就能实现对传媒集团的控制，达到党管媒体的要求。因此，传媒集团应大力引进战略投资者，实现股权的多元化。

在具体实施时，还需要考虑以下两个问题，一是战略投资者的身份是什么？在战略投资者的引进上，能不能不局限于国有企业，而可以引进民营企业乃至外资企业？二是国有股权的最低比例是多少？建议可以分步实施，第一步可以要求国有股权的最低比例为51%，保持国有股权的绝对控股地位，第二步可以在保持国有股权相对控股的前提下，逐步降低国有股权的比例。

如何建立起科学合理的管理层激励约束机制

科学合理的管理层激励约束机制是公司治理机制的核心，一般要求遵循“短期激励和长期激励有机结合、物质激励和精神激励并重”的原则。因此，传媒集团在建立健全管理层激励约束机制时，一要确立激励约束制度的范围，即哪些人员关于管理层？如高级采编人员算不算管理层等等；二要确定激励机制的主要形式。是采取管理层年薪制还是采取期权、股权等长期激励约束机制？建议在采取年薪制的基础上引入期权和股权等长期激励机制。三要逐步允许管理层持股。长期激励制度的设计能够在最大程度上保证股东和经营者目标的一致，更好地实现企业价值最大化。因此，

国有文化资产授权经营的“宁报模式”及其启示

发布时间：2008年02月20日

“国有资产授权经营”是我国国企产权制度改革的重要举措，但是，把这一措施运用到对国有文化资产的管理上还是一个新课题。

宁波日报报业集团是我国较早获得国有资产授权经营的报业集团。几年来，**宁波日报报业集团**在国有报业资产的授权经营上积累了较好的经验并形成一种具有鲜明特色的模式。

宁波日报报业集团国有资产授权经营的基本模式

宁波日报报业集团国有资产授权经营的基本模式可以归纳如下特点：

1. 出资人职责上，由[redacted]担当委托人。

与宁波市其他被授权企业一样，**宁波日报报业集团**由宁波市[redacted]授权，明确国资部门作为委托者和“出资人”。

2. 运营主体上，由实体运营机构“**宁波日报报业集团**”担当受托人。

与很多地方先组建控股公司担当受托人，再由控股公司向运营实体投资不同，“宁报模式”的受托人是运营实体“**宁波日报报业集团**”，也就是[redacted]直接授权给**宁波日报报业集团**，这样使授权层次较少，关系较直接。

3. 监管层面上，建立四部门联合监管及考核的“准董事会”机制。

对“由谁监管”的问题，“宁报模式”的解决方式是建立由宁波市[redacted]、市委宣传部、组织部和文化广电新闻出版局“四位一体”的联合监管和考核主体。在具体考核工作的实施上，以上四家单位组成宁波市国有文化资产考核工作小组，由市委宣传部一名副部长任组长，市委组织部、市[redacted]、文广新闻出版局各出一名有关领导为成员。

考核小组由国有资产出资人（[redacted]）代表和重大利益相关者（宣传部、组织部和行政管理部门）代表共同组成，且在小组内有明确分工，实现了“管人、管事、管资产”和坚持“党管媒体不变、党管干部不变、正确的舆论导向不变、党和人民喉舌的性质不变”的统一。小组创立了一套对授权单位的管理制度和考核标准，保证相关工作和有关政策及考核推进有统一出口，而不是政出多门。

从整体来看，“宁报模式”建立了一个“准董事会”的监管层，它以紧密的结构，部分完成了董事会的职责。但这种监管处于集团外部，属于外部监管，因而并非是一个真正的“董事会”。

4. 授权内容上，权利明确，职责清晰。

授权经营无法回避的一个问题是“授什么权”。“宁报模式”对报业集团的授权非常清晰。根据宁波市《关于加快推进市属国有资产授权经营工作的若干建议》的规定，出资者对委托人授予报业集团“资产的产权转让权、资产担保权、收益处置权、投资决策权”。同时，集团在什么条件和范围内行使这些权利也有明确解释和界定。

另外，文件还明确了被授权者是行使授权范围内的国有资产出资者权利的特殊企业法人，要承担相应责任及义务：对授权经营的国有资产承担保值增值责任；对其投资的企业依法行使出资人的权利和承担责任；按照公司法有关规定，对全资、控股和参股企业重大事项作出决策；整合公司资源，发挥整体优势，实现国有资产的合理流动和优化配置。

宁波日报报业集团的双层考核机制

目前一些媒体集团只拿到授权经营的文件，但缺少进一步的制度保证，对授权经营公司和其管理者缺乏相应考核。“宁报模式”则将对集团的考核与对集团主要经营者的考核相结合，通过对系统的考核机制的落实，保证授权经营效果。这套考核机制分为两个层次：首先，确立了报业集团的基本考核框架和指标。

对**宁波日报报业集团**的考核体系首先确定了一套考核框架，框架由三部分构成，分别是“规模指标”“经营考核指标”和“定性考核指标”（见表1）。每个一级指标下又有若干具体、可测量的二级指标。

其次，以对报业集团主要经营者的考核为基础实现国有资产保值增值。授权经营的思路和效果最终要由集团主要管理者推行和实施，“宁报模式”考核机制的亮点就在于具体而规范的管理者考核。其特点体现在：

1. 明确考核对象和范围。

要在政策上允许管理层持股制度的探索，为了保证改革的平稳，第一步可以采取“增量持股”的方式，当条件允许了，再逐步放宽管理层“存量持股”的政策限制。

尤其需要注意的是，对于集团下既设立事业法人又设立企业法人的传媒集团来说，如果允许管理层持股，那事业单位的高层是否允许持股？由于事业单位的本质是非盈利组织，因此，建议事业单位的高层不参与持股，当改制为企业时再考虑管理层持股事宜。

董事会如何构建

董事会作为传媒集团公司治理的关键机构，其人员构成是否科学将直接决定传媒集团公司治理的成败。传媒集团在构建其董事会时，要重点考虑如下问题：一是人员组成问题，是否引入独立董事？是否引入职工董事？如果引入，如何产生？二是对于既设立事业法人又设立企业法人的传媒集团，其事业法人的高层是否允许进入传媒集团董事会？

鉴于传媒集团历来“重采编轻经营管理”以及缺少高级管理人才的现状，建议在组建董事会时，一方面在传媒集团内部吸引更多的经营管理人才进入董事会，另一方面通过引入外部独立董事来强化传媒集团的管理能力。

董事长和总经理是否分设

为了更好地实现制衡，股权多元化的企业一般采取董事长和总经理分设的情况，但是在单一股东的情况下，股东大会和董事会的意义和作用相对弱化，总经理的作用凸显，因此，常常采取董事长和总经理合一的办法。

对于传媒集团来说，应该具体情况具体分析，在现阶段下，如果是国有独资的传媒集团，建议董事长和总经理合二为一，不分设；如果是股权多元化的传媒集团，建议董事长和总经理分设，各负其责。在这里，尤其需要指出的是，目前很多传媒集团的总经理从其职责上讲，实质上是分管经营的副总经理，并不是实际意义上的总经理。

新三会和老三会的关系如何处理

“新三会”是指股东大会、董事会和监事会，是现代企业制度的核心，而“老三会”是指党委会、职工代表大会和工会，老三会是传统国有企业制度的核心。当传媒集团从旧有制度转变为现代企业制度时，妥善处理“新三会”和“老三会”之间的关系就成为一个至关重要的问题。

对于传媒集团来说，一方面要坚持党管媒体和党管干部原则，另一方面必须积极推进传媒集团的公司化改革，尽快建立起现在企业制度，因此，在传媒集团公司的公司制改革中，既要按照公司制度的改革要求构造出规范、科学的公司法人治理结构，同时还必须从中国国情和传媒业的意识形态属性较强等特点出发，处理好传媒集团公司中原有的“老三会”（党委会、职代会、工会）与“新三会”（股东会、董事会、监事会）之间的关系，具体措施如下：一是按照“双向进入”的原则，实行新老“三会”“双向进入，交叉任职”的方式，构造集团公司的全资子公司和控股子公司的党委会、董事会和监事会，妥善解决党委会与法人治理结构的关系问题；二是明确“新三会”和“老三会”的各自职责，建立各负其责、协调运转、有效制衡的机制，妥善处理新老“三会”的关系；三是企业党组织要发挥政治核心作用，并适应公司法人治理结构的要求，改进发挥作用的方式，支持股东会、董事会、监事会和经营管理者依法行使职权，参与企业重大问题的决策；四是坚持党管干部原则，并同市场化选聘企业经营管理者相结合，加强和改进对企业领导班子的管理。

如何处理好母公司和子公司公司治理机制之间的关系

传媒集团存在多种治理的问题，一方面存在其旗下的事业法人的管理问题，另一方面，存在传媒集团公司母公司和子公司的多重治理的问题，因此，传媒集团公司的公司治理机制就更为复杂，而母公司和子公司公司治理机制的科学设计就更为重要。

在处理传媒集团母公司和子公司公司治理机制时，要重点处理好如下问题：一是明确集团公司和子公司在法律上平等的主体地位，正确划分总分公司、母子公司的管理界限；二是按照不同的持股比例来安排子公司的治理机制，由于子公司可以按照持股比例不同分为绝对控股子公司、相对控股子公司、参股子公司等，对于不同类型的子公司，母公司按照自己的股权比例，行使人员安排等权利；三是传媒集团履行国务院赋予的国有资产所有者代表的职责，向子公司派出董事、监事，集团公司的产权代表要依法行使职权，按照《公司法》规范对子公司的管理；四是加强对派出董事、监事、财务总监的培训、管理和考核，建立企业经营业绩考核和决策失误追究制度，条件具备时可试行基本工资、年度奖金、长期激励（如股票期权）相结合的薪金报酬制度。

（作者系管理学博士、高级经济师，中国新闻出版传媒集团董事会秘书）

记者俱乐部：在权力的地盘监视权力

□高井洁司

高井洁司

常见的一种批评称，记者俱乐部是日本独有的、与权力相互依存的机构。是否是“相互依存”暂且不论，实际上记者俱乐部之类的组织并非日本独有。美国白宫给记者们发放“记者证”，组成“记者团”。在总统海外访问之际，记者证会有等级之分，比如有的记者可以直接采访总统，而有的记者只能出席记者招待会。除此之外，华盛顿也设有国家记者俱乐部，换而言之，采访据点和记者聚集的场所在哪儿都有。

在日本，记者俱乐部设置在权力组织中，它一方面是进行权力监督，反过来权力机构也试图利用它进行舆论操纵。所以，记者俱乐部实质上是媒体与权力攻防角力的场所，如果媒体对记者俱乐部作为铆进权力中的楔子的意义理解不够，对随时可能被利用的现实警惕不足的话，记者俱乐部就会被权力所利用，成为信息操纵的场所。

记者俱乐部的实际状况

日本全国约有 800 个记者俱乐部。不仅中央政府的各省厅，司法机关、警察署、政党、国会及各种业界团体也都设有记者俱乐部。在地方，地方自治团体、教育委员会等也设有记者俱乐部。一般情况下，这些机构或组织会为记者提供可以常驻的记者室，并安排负责接电话、备茶的服务人员。

记者仅需每月交付一千日元左右的会费。但近年来由于外界的强烈批判，有些记者俱乐部开始提高费用。过去电话费都不用记者自己掏腰包。

一般来说，由记者俱乐部或其所属组织机构举办新闻发布会，向社会提供信息。在多数情况下，新闻发布会主办方只允许其记者俱乐部的会员参加，没有加盟的单位和自由记者则被拒之门外。新闻发布会是否能定期举办取决于记者俱乐部和其所属机构的力量对比。在地方城市或是记者俱乐部较少的区域内，除了为记者俱乐部提供办公场所的组织机构外，其他组织机构也可以在记者俱乐部里召开新闻发布会，提供信息。比如，北海道警察本部内设有“道警记者俱乐部”，但除了警察署以外，日本铁路北海道分公司也常利用其发布铁道事故信息或做列车时刻表变动等的宣传。

加盟了记者俱乐部，可以很方便地获取其所属组织机构的基本信息。沃尔特·李普曼在 90 年前撰写的《舆论学》第 23 章“新闻的性质”中这样写道，“即使全世界的记者夜以继日地工作，也无法亲眼目睹世界上发生的每一个起事件。”因此，“报纸并不能关注所有的是事件。它派人驻守某些特定的场所——警察局、验尸所、区事务所、市政厅、白宫、参议院、众议院等。”或许正如李普曼所说的，日本记者俱乐部是彻底追求“新闻本质”的组织。其实，人们既对记者俱乐部品头论足地批判，又要求自由参加记者俱乐部，这也说明了记者俱乐部是有可用之处吧。

记者俱乐部的问题出在加盟资格上。多数记者俱乐部只接收“日本新闻协会”的会员报社、广播电视台等。杂志记者、自由记者及外国记者都被拒之门外。由此，在这些被排斥的机构或个人看来，加盟记者俱乐部的报社、广播电视台是享有特权的一伙，对其进行严厉批判，有时不免夸张，

邓小平在日本记者俱乐部。

有时甚至发展成荒唐的偏见。近年来，针对这些批判加盟成员也采取了一些改进措施，比如放宽加盟条件、允许外国记者参加、开放新闻发布会等等。可能是由于经济低迷的缘故，经济团体关闭记者俱乐部的举措引起了强烈的社会关注。

记者俱乐部中存在的问题

记者俱乐部的封闭性表现为俱乐部中掩藏着种种特权、与俱乐部设施提供者关系过密、俱乐部自身成为改革的阻碍。原读卖新闻社的社会部部长山室宽之在《来自实践的记者俱乐部论》一文中，将外界对记者俱乐部的批判归纳为以下四点：

一、封闭性。某周刊杂志申请参加官厅新闻发言人的例行记者招待会却被拒绝，由此引起了严厉批判，指责“记者俱乐部难道是一部分新闻机构与官厅达成默契，垄断新闻自由的场所”。

二、是发表报道之根源。记者俱乐部使报道“堕落成官厅信息发布的发表报道”。甚至有更严厉的批评：“记者俱乐部本来是采访报道的联合会，却成了官厅进行新闻控制的重要手段”。

三、对于接受无偿提供的设施、管理维护以及配置服务人员的批判。

四、质疑记者俱乐部作为“公权力的监视机构”论。有意见指出“对公权力的监视应该由记者个人来进行，在采访和报道方面新闻机构没有必要联手合作”。

从民主主义的“开放”原则来看，记者俱乐部的封闭性及管理经费等问题，显然是难以得到支持的。所以随着批判，一

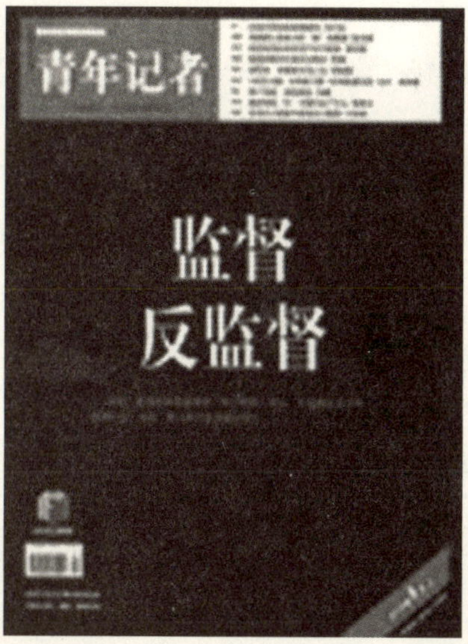

些记者俱乐部和记者招待会正在逐步开放。

不过，开放到什么程度？任何人都可以参加的记者招待会是否可能？如果是社会上备受关注的事件，或者采访对象是名人的时候，那就非常容易出现被批判为无视人权的集团性过热采访。这些都是记者俱乐部开放可能带来的新问题。

另外，一些杂志社和海外媒体要求加入记者俱乐部，但由于采访人数有限，即使加入了记者俱乐部也很难派记者常驻，这样想要达到监视权力的目的实际上很困难。去年秋天，我所居住的札幌市地方检察厅的新闻发布会全面开放。北海道新闻社和我联系让我去新闻发布会现场看看，然后谈谈看法。我看到的情况是有几位杂志记者和自由记者参加，不过他们很少提问，新闻发布会气氛沉闷。这些记者们因为不了解基本情况，甚至不知道发布新闻的当事人的名字，所以提问也就从问姓名开始。这样的话是不可能从权力当局那里挖出可能被掩藏起来的事实的。

报道并不是止于新闻发布会

几个月后，参加了这次新闻发布会的杂志记者来采访我。他提到，在那之后他还参加了几个开放了的新闻发布会，但是都没有见到记者俱乐部加盟成员以外的人参加，好不容易开放了的新闻发布会却活跃不起来，他问我原因何在。我回答他说“如果发布会是特殊感兴趣的事件姑且不论，通常很少有人有那么多的闲暇时间能参加平时的发布会。”只有那些常驻记者俱乐部的记者，才能从记者招待会的发言中察觉到蛛丝马迹，他们由此开始顺藤摸瓜进行采访，这才记者日常所从事的工作。记者招待会不是采访的结束，而是采访开始。

在中国的记者招待会上，记者们常常会得到统一发放的“新闻稿”，越是大事件就越得按“新闻稿”来写。2009年吉林省一钢铁公司总经理被杀，我对当地几家报纸针对这一事件的报道进行了比较，特别注意了一下那些报道中，是否使用了公司名的简称、事件发生时间中是否省略了写入月份等细节，结果百分之九十九的报道完全是一个模样。在日本即使是根据新闻发布会的发布的内容来写稿，媒体报道中也不可能见到这种现象。

比如今年7月22日的读卖新闻和北海道新闻刊载了标题一样的报道——“污染牛肉　政府收购”。这两篇报道都是在讲，一些牛因食用了被福岛核事故释放出的放射性物质污染了的稻草，牛肉中查出了超过国家暂定标准的铯。而报道的来源是前一天农林水产省的副大臣召开的例行记者会，基本事实是一样的。不过，仔细读下去就会发现，读卖新闻指出，同样查出超标放射物质的蔬菜和水产类却没有列为政府收购对象，日后很可能招致农民和渔民的不满。而北海道新闻社则指出，没有查出超标放射性物质的牛肉会因为各种传闻受影响卖不出去。两家的报道都是由常驻记者俱乐部的记者所写，显然他们都在发布内容基础上又进行了采访调查才能写出这样的报道。

记者俱乐部是信息操纵的场所吗?

我曾经是读卖新闻报社的记者，刚入社不久，就被派往福岛支社，也就是如今“世界知名”的福岛县。到任后，我被分配到福岛县警察局总部的记者俱乐部。早晨上班不是去报社，而是直接去记者俱乐部。警察总局每天会开几次信息发布会，但是一般由几名记者分批参加，所以记者俱乐部的记者们并不是每天都忙着开会听警察局发表信息。

对于新记者来说，记者俱乐部是一个能与其他新闻机构的记者切磋学习的场所。其他新闻机构的老记者，也经常传授给新人工作方法、新闻稿的写作方法等等。身处记者俱乐部中，能够更深入的了解自己的工作，关注当局的动向，搜集市民所需的新闻。公共性信息与政府部门有着密切的关联，只有通过平时观察，才能辨别哪些东西是被隐藏起来的，哪些是被暗箱操作的。当然在这一过程中，并不排除当局操纵信息的可能性，但实际上能不能被操纵则取决于记者自身的实力与态度。

从某种层面来讲，无论有没有记者俱乐部，当权者都会尝试进行各种信息操纵。对于当权者来说，时时刻刻注视着自己一举一动的记者着实是一些“讨厌的家伙”，他们想尽办法摆脱记者的监督。自由撰稿人和业余记者只能出席记者会并不能在记者俱乐部常驻，从事持续性的采访，没有比他们更容易被发布信息操纵的了。从这个意义来讲，记者俱乐部可以说是打入权力中的“楔子”。

知情的专家并不支持“废除记者俱乐部”

其实，在批判日本大众媒体的专家当中，了解记者俱乐部实情的专家们多数并不支持“废除记者俱乐部”。比如原每日新闻记者、大众媒体劳动联合会委员长、《周刊星期五》现任社长北村肇曾严厉批判记者俱乐部，但同时他也主张记者俱乐部改革，“我认为记者俱乐部是不能被废除的。废除记者俱乐部，其实是将打入权力中的楔子拔出来，对掌权者有利，而对于市民和读者来讲绝对没有好处。其实主要问题在于，本应站在权力监督的立场上的记者俱乐部，但却反而成了信息操纵的参与者。换句话说，本来应该是有益的事物却出现了不利的问题。我认为有必要将记者俱乐部转向有益，而‘记者俱乐部废除论’则是一种谬论。”

在前文提到过的山室先生，对记者俱乐部的作用也是给予肯定的。他指出：“我并不否认记者俱乐部中存在的问题。特别是，记者俱乐部中的一些记者，没有骨气，只想着引用政府发布的信息写稿子。这些记者应该虚心接受批评。但是，“记者俱乐部无用论”的批判确实带着太多的主观情绪化的内容，它并没有说明‘通过怎样的手段能迅速公正地向国民传达信息’，废止记者俱乐部并不能解决实际问题。其实，在记者俱乐部这样一个有限的空间里，各个报道机关存在着激烈的竞争。当和自己参加同一个发表会的其他报社的记者从独特的角度报道出了新闻时，会受到很大冲击，当采访同一个事件却完全输给另一家报社时，会感到强烈的屈辱和不甘。记者在这种紧张的竞争中，会逐渐磨练自己的新闻敏锐性，提高采访技巧。”

在“北海道警察总部私设‘小金库’事件”的调查报道中，北海道新闻社记者高田昌幸担任了采访组组长，他由此获得了日本“新闻协会奖”。高田记者追述道：“‘小金库’事件的报道之所以成功，原因在两点，一：北海道警察局记者俱乐部的记者穷追不舍，二：报道这一事件的是北海道最大的媒体——北海道新闻社。在一事件的报道中，记者俱乐部发挥了它巨大的优势作用。”

高田记者也表示：“记者俱乐部存在很大问题，像自由记者与杂志记

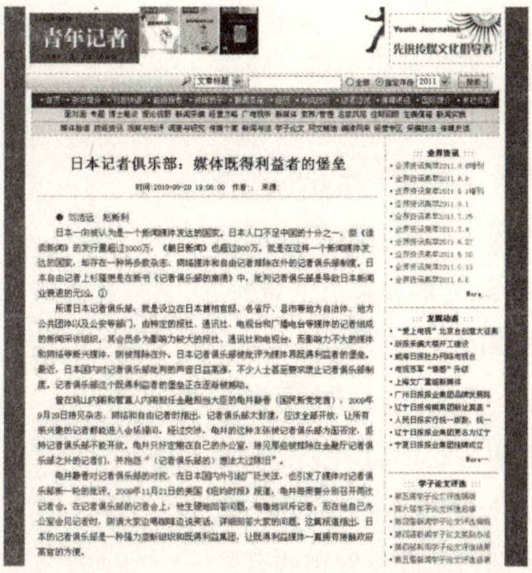

青年记者

先进传媒文化倡导者

日本记者俱乐部：媒体既得利益者的堡垒

时间:2010-09-20 19:06:00 作者: 来源:

● 刘浩远 赵新利

日本一向被认为是一个新闻媒体发达的国家。日本人口不足中国的十分之一，但《读卖新闻》的发行量超过1000万，《朝日新闻》也超过800万。就是在这样一个新闻媒体发达的国家，却存在一种将多数杂志、网络媒体和自由记者排除在外的记者俱乐部制度。日本自由记者上杉隆更是在新书《记者俱乐部的崩溃》中，批判记者俱乐部是导致日本新闻业衰退的元凶。①

所谓日本记者俱乐部，就是设立在日本首相官邸、各省厅、县市等地方自治体、地方公共团体以及公安等部门，由特定的报社、通讯社、电视台和广播电台等媒体的记者组成的新闻采访组织。其会员多为影响力较大的报社、通讯社和电视台，而影响力不大的媒体和网络等新兴媒体，则被排除在外。日本记者俱乐部被批评为媒体界既得利益者的堡垒。最近，日本国内对记者俱乐部批判的声音日益高涨，不少人士甚至要求废止记者俱乐部制度，记者俱乐部这个既得利益者的堡垒正在逐渐被撼动。

曾在鸠山内阁和菅直人内阁担任金融担当大臣的龟井静香（国民新党党首），2009年9月29日接见杂志、网络和自由记者时指出，记者俱乐部太封建，应该全部开放，让所有感兴趣的记者都能进入会场提问。经过交涉，龟井的这种主张被记者俱乐部方面否定，坚持记者俱乐部不能开放。龟井只好定期在自己的办公室，接见那些被排除在金融厅记者俱乐部之外的记者们，并抱怨“（记者俱乐部的）想法太过陈旧”。

龟井静香对记者俱乐部的对抗，在日本国内外引起广泛关注，也引发了媒体对记者俱乐部新一轮的批评。2009年11月21日的美国《纽约时报》报道，龟井每周要分别召开两次记者会。在记者俱乐部的记者会上，他生硬地回答问题，粗鲁地训斥记者；而在他自己办公室会见记者时，则请大家边喝咖啡边说笑话，详细回答大家的问题。这篇报道指出，日本的记者俱乐部是一种强力垄断组织和既得利益集团，让既得利益媒体一直拥有接触政府高官的方便。

业界资讯

发展动态

· “爱上电视”北京台创意大征集

· 新报采编大楼开工建设

· 威海日报社办网络电视台

· 上海文广重组新媒体

· 人民日报实行统一采购、统一

· 辽宁日报报业集团更名为辽宁

· 宁夏日报报业集团挂牌成立

学子论文评选

2007年12月20日，中国驻日本大使崔天凯应邀在日本记者俱乐部举行记者招待会。

者不能自由进入记者室，也不能参加信息发布会等等”，“记者俱乐部是‘在权力的地盘监视权力’，如果能够将其本来应有的‘监视权力’的职能发挥出来的话，记者俱乐部对于调查报道来说是有很大帮助的”，“问题是如何利用‘记者俱乐部’。记者俱乐部的是非论与调查报道并没有直接的关系。实际上，在北海道新闻社的一系列报道中也显示出，那些认为‘记者俱乐部的记者无法做调查报道’的论调其实是毫无根据的。”

不能否认的是，有一些事件的确是通过博客、推特上的内部告发或内部消息被曝光而展露在世人眼前的。但这些通过网络的告发大多数情况下都是零星、游击战式的，没有责任主体，也没有组织，难以对信息进行检证，也很难负起责任。

《读卖新闻》独家报道的内幕

1997年3月，发生在东京的“东京电力女职员被杀”事件震惊全国。东京电力公司的女职员被杀害，居住在其附近的尼泊尔男子作为犯罪嫌疑人被逮捕。虽然在法院审理过程中男子始终否认罪行，但法院依然判处其无期徒刑。2011年7月21日，读卖新闻晨报第一版报出相关独家新闻——时至今日，东京高等检察院依辩护方的要求对犯罪现场进行重新鉴定，在遗留物中检测出除尼泊尔男子之外的其他人的DNA。案件可能被重新审理。

类似“重新鉴定”这样的消息只有检察院，或者鉴定员才有可能掌握。消息一出，高等检察院就表示“由于再审手续不公开，鉴定内容无可奉告”。至今为止，鉴定结果依然保密。那么，读卖新闻是如果得到这一消息的呢？为了保护提供消息的人，读卖新闻当然不会公开其身份。另外，倘若此案重新审理，则很有可能被无罪翻案，那么案发当初忽视了现场搜查工作的法院则将成为被指责对象。因此这一对检察院不利的消息，绝对不会是由检察院自己主动泄露的。

在日本，掌握大量信息的政府职员有“公务员保守秘密义务”，他们不会主动公开信息，在重视政府和社会秩序这一点上和中国有共通之处。欧美人则有所不同，他们有在上帝面前坦白的习惯，事实就是事实，应该让事实公之于众。在美国著名的“水门事件”中，FBI 内部就出现了“内部检举人”。在欧美社会环境下，内部告发、电话采访都被是允许的。而在日本只允许面对面采访，而面对政府职员时则需要苦口婆心地向他们讲道理，才有可能说服他们“开口”。因此培养人脉，建立信赖关系很重要。而离开记者俱乐部是不可能建立起八方通达的关系网的。

在文章的最后，我想通过的我的亲身经历介绍一下海外对日本记者俱乐部的误解。我的一位研究中国问题的友人曾将他指导的中国学生的硕士论文寄给了我，拜托我写评价。这篇论文研究的是日本媒体的中国报道，论文指出日本的中国特派员们在记者俱乐部都是根据日本政府发布的有关中国的信息来写报道的，所以他们的报道都是异口同声，都带有反中色彩。我在评语中写道：“非常遗憾的是在北京并没有记者俱乐部。”

（作者系日本北海道大学传媒研究院教授，翻译西茹、刘亚菲）

社交化媒体化助力微博两翼飞

□支庭荣

支庭荣

作为传播工具，社交和视频分享网站如 Facebook、Twitter、YouTube 等在继续发展，同时也在进入媒体领域。在收集新闻方面，它们的作用日益不可小觑，成为社会化媒体——只需轻轻一点，用户就可以在事件发生后的几毫秒内将其发布到网上。美国海豹突击队对恐怖大亨本·拉登采取行动的当晚，不寻常的直升机盘旋就被当地的网友发现，短、频、快地推上了网。

据互联网监测机构 comScore 称，脸谱吸引 2500 万用户用了三年的时间，推特用了 30 个月多一点的时间。谷歌新的社交网络站点 Google+ 用了不到 1 个月。作为跨国公司，Google 具有十分雄厚的商业素质，在国际间轻松自如地规避税收转移利润，利用个人信息推送广告，其行动的边界有时甚至逾越了法律和国家主权的范围。作为搜索引擎，Google 得到西方大国的支持，也拥有令人生畏的影响内容的能力。不过，Google 在手机和社会化媒体方面的扩张，仍然是新媒体行业的风向标。在国内，微博则成为这一趋势的领头羊。

当炫富遭遇微博

2011 年，微博二年（2010 年被称为微博元年），用户规模近两亿，网络论坛的曝光功能继续弱化，微博成为首选平台。微博直接打通了手机微型屏幕和互联网海量动态之间的隔膜，还把 MSN 等社交手段卷入进来，把实名认证制度吸纳进来。用户更容易发声，可信度和自净功能进一步提升，实力派的意见领袖和偶像派的精神领袖（姚晨、姚明等），都在塑造着网络媒体的舆论格局。微博成为信息平台、意见平台，同时也是公共关系和危机处理平台。

郭美美微博炫富事件的发生，将紧锁于朱门大院中的公益性机构的商业操作，将财富贸然积聚之后的世间万象，一朝暴露于世人面前。在“财经狼眼”的光辉照耀下，不由得令人想起“我见犹怜，何况老奴”的美谈。而包括央视在内的国内媒体，则充分地满足了受众的知情权，不能不说是再一次“前进了一小步”。

在此次公信力危机中，虽然桃花依旧笑春风，但人面不知何处去。各地红十字会收到的捐赠额，从几何级数回归到小学算术。炫富是个人行为，评价和追问是社会行为。同样，宣传是主体实施的行为，效果如何需要由受众来决定。形象宣传片也好，在纽约时报广场竖立的大型广告牌也好，从受众的认知、行为和审美出发，是更为妥当的。

拜微博之赐，拜其他新媒体之赐，P 民寻暇抵隙，贪欲无所遁形，小资顾盼神飞，怨妇偶申正义。媒体是工具，关键是在谁的手里，又是如何使用它们。公务人员网上裸聊、微博约会，多少体现了媒介素养不足的尴尬。但是，这又为网民打开了多少扇窗口！

媒体因为新闻而存在，也因为政治、经济、文化而存在，如果不正视这一点，微博等社会化媒体就不会是成功的新媒体。据中国青年报社会调

查中心在8月初披露的一项网络调查数据，60.8%的受访者曾遭遇网上人身攻击，其中6.6%的人“经常”遭遇。新媒体很难净化到传统媒体版面或屏幕上的程度，这是因为它不仅展示了成品，也会鲜活地实时地展示生产过程。也许传统媒体不会如此地攻击个人，但是这样真的让人满意吗?

当窃听遭遇政治

微博的舆论监督功能，彰显了社会化媒体由于推动意见的表达而逐渐成为主流媒体的过程。

不过，媒体与政治之间的纠葛是更为玄幻的一潭深水。2011年7月，默多克新闻集团旗下报纸的窃听事件，演变成了一场“茶壶里的风暴”。《世界新闻报》的倒掉、英国议会的听证、默多克父子的辩护、邓文迪的身手、新闻集团向美国国会提交的捐款报告等，成为这一媒体－政治关系多幕剧中的主要场景。事过境也迁，老大帝国正在远去，新的秩序正在酝酿，迟暮英雄虽然未到谢幕时，你的红壤在别人可能只不过是一块冻土。

英国小报文化的“劣根性”，由来已久。传媒大亨的事业其实当初也成于小报，但此次未必会毁于小报。窃听云云的调查手段，广为运用，并非惟默氏有才，并非于斯世为盛，不过，媒体却有因目的而不计较手段之失，放在盛世，自难以服众。放在乱世，却是另一种情况，潜伏忠而非奸，深喉勇者无敌。“水门”事件，以窃听起，以探秘终。政治窃听有过，媒体仗义受奖。媒体的责任，在于用正当的手段揭露不义，禁止用不义的手段达到不义的目的。在很大程度上，可以用不尽正当的手段达到正当的目的（隐性采访即如是）；同样在很大程度上，似不宜用不义的手段达到中性的目的（窃听丑闻即如是）。

这始终是一个两难困局。媒体付费购买平民线人的爆料，无人诟病；如果付费给政府官员或警方来购买信息，则成了行贿。而后者掌握着大量信息和获取信息的合法手段，且有着种种不同的政治动机。因此问题主要出在行贿与受贿上，主要出在政治的争斗上。在英国，议员用公款报销花园装修的费用，政党之间的倾轧，旧账历历，不算新闻。

因此默多克帝国的政治大厦，受到了正面一击；其经济大厦，最多是壮士断腕。这一阵众声喧哗，显示了国际新闻报道始终是一个充满话题性的领域。国内媒体今天围观利比亚，当年围观伊拉克，就像我们对待已经故去的西哈努克、阿拉法特，和依然活跃的菲德尔·卡斯特罗等国际明星一样，不是因为我们喜欢盲目地追星，而是因为他们关乎中国的利益，或者说是因为他们关乎中国周边战略势力的一举一动。一些海外媒体，如半岛电视台，对此竟大惑不解。实则挥斥无过，围观有理。

当网民遭遇灾难

“7•23”甬温线特别重大铁路事故发生后，一位最小的幸存者受到了广泛的关注，她的父母在列车行进途中用微博晒出的幸福生活，不幸成为绝唱。两名遇难的中传的大学生，也用手机微博，给世人留下了永久的纪念。在这次事件中，微博以及电视、广播等媒体在线上线下接力，传递关注和温情。

此次事故处理中政府部门新闻发言人的表现，成为又一个“经典”的教学案例。应该说，在事故面前，不可能期待一次成功的发布会，只应该期待一次诚恳的发布会。承担道义责任的勇敢程度，决定着部门形象的受伤程度。正如一位美国总统的名言：礼貌并不意味着怯弱，而诚意永远有待于验证。倘若像主持人白岩松所说的那样，能够在失误与改进中有所进步，则也多少可以是不幸之后的万幸。

无论微博发言，还是新闻发布，“及时发言、准确发言”，“平等对话、真诚对话”，都是其中的基本守则。平等和分享，是互联网的魅力所在，也是我们这个时代的精神内涵。权威信息的掌握者，不能因此而盛气凌人。

只有“互相交心、不计利害”，坦诚相见，才能赢得信任，将负面和损失降至最低。

除了物理上的灾难，也有一些心理上的灾难，令网民难以平复。黑龙江方正县的开拓团碑被砸事件，体现了民众同样难以承受在伤口上的撒盐行为。网络上微博上的广泛关注和呼应，是心理灾难得以挽回的重要助力。

在自然界中，存在不同的生物哲学。虎豹熊罴，遵循的是丛林法则，优胜劣汰，间不容情；蜜蜂蚂蚁，似乎更加强调集体主义（马克·吐温对此有不同的看法）；大型食草动物，介乎两者之间。这些哲学，没有高下之分，适用于不同的物种。然则，不同物种之间的身份难以转换。联想到媒体的专业主义操作，我们的捷报哲学适合自己的国情，好消息接连不断，乡村教师感召天下，相关部门频频挽弓，事故现场领导亲临，“送温暖”农民涕零，而坏消息主要出现在国际版上，但是我们在人均GDP上，人均媒体消费水平，能达到国际平均标准吗？

THE ASAHI SHIMBUN DIGITAL

旧満蒙開拓の慰霊碑撤去　中国、建立から１０日余り

2011年8月7日

数人の男にペンキをかけられている旧満蒙開拓団員の慰霊碑＝中国のウェブサイトから

中国黒竜江省方正県にある日本の旧満蒙開拓団員の慰霊碑が、建立からわずか１０日余りで県当局によって撤去された模様だ。地元関係者が明らかにした。国内で「侵略者の慰霊碑をなぜ建てるのか」といった厳しい批判にさらされ、ペンキをかけられるなどしていた。

碑は日中友好を目的に方正県政府が中国外務省などの承認を受け、７０万元（約８４０万円）で７月２５日に建立。近くには中国残留日本人孤児の養父母の慰霊碑も建てた。地元関係者によると、８月５日夜から６日早朝の間に開拓団員の慰霊碑だけが撤去された。

同県政府は６日午前８時ごろ、中国版ツイッターで「多くの人が疑問を持ち石碑も汚されたため、関連部門は石碑を処理することを決めた」と伝えた。

県によると、第２次大戦末期のソ連侵攻で同県に逃れてきた約１万５千人の開拓団員のうち、約５千人が飢えや感染症などで死亡。身元が判明した約２５０人の氏名を碑に刻んだ。しかし、ネット上で「日本の投資を期待して、方正県が侵略者の石碑を建てた」「満蒙開拓団員も中国侵略の一翼を担った」などと批判が続出。１日には歴史学者や抗日戦争の元軍人ら約３０人が批判の声明を発表した。

３日には５人の男が碑にペンキをかけ、ハンマーで一部を砕いて警察に拘束される事件が起き、ネット上には５人を「壮士」として称賛する声があふれた。翌日、釈放された５人はメディアに「開拓団も日本の侵略者の一部。記念するべきではない」と述べた。

一部メディアも批判を展開。中国共産党機関紙、人民日報系の環球時報は６日、「中国社会の基本的な価値観に反した」とし、同県政府に「社会に謝罪し、碑を撤去するべきだ」とする記事を掲載した。

方正県側は「ファシズムの罪悪を明確に後代に警告し、中華民族の人道主義を感じてもらおうと建設した」などと説明していたが、高まる民族感情にはあらがえなかった。（方

当旧神遭遇新居

历经多年的发酵，今天网络媒体的广场效应，已经撼动了以往牢不可破的受众群体。以至于新版《还珠格格》成为山寨，曾经的收视神话成为不可复制的文化历史，包括选秀节目，也难再现眼球的狂潮。尼尔森的北美民调，拟放弃部分电话访问手段改用网络，因为现代人越来越少用被动的电话获得信息而宁可写Email、在网站留言或是直接在Facebook留下信

息。这是传播力量的大转移，这是新媒体时代的又一个印记。

在新媒体的影响下，传播环境越来越复杂、取向和禁忌越来越多元，娱乐势力越来越不可阻挡。外交部招聘广告引入“淘宝体”，上海徐汇警方的通缉令也可以萌一把，就像美国国旗当内衣一样，没什么不可以。但是，对于西方人来说，总有一些威武不能屈服，也总有一些仪式不可亵渎。最重要的不仅是把公共物品拉下神坛，还需要把一些物品送上圣坛。如果没有了敬畏，还剩下什么？如果只敬畏金钱，还不如不敬畏。

关于旧媒体，我们所知道的是，看看周围的朋友们，看看街头的潮人们，大概就可知道，如果还保持这个廉价的、散发着油墨味的传统新闻纸的样式，如果还保持着起居室里沙发上的观看之道，衰退是不可避免的趋势。近期，虽然香港还有第五份免费报纸《晴报》杀入市场，未必可以改变报业的大方向。但是大国崛起，小国也未必就会彻底衰落。如果我们在对它不断地作出改良、改革，如果掺入更多的技术元素，提供更有说服力的用户体验，甚至改变它的呈现、它的质地，谁说它就不是一种新媒体呢？千年以前，刀斧施于甲骨；百年以前，雕版印于纸。今天，无人机都在试验用打印机直接“打印”出来，试想新闻纸，也将迎来怎样一个“车无辙，马无鞍”的时代？

每一个行业都有不同的层次。露天公园里的秧歌是一层，维也纳音乐厅的歌剧在另一层，不畏浮云遮望眼，只缘身在最高层。媒体界的所有传奇，无不是对过去的某种颠覆。因袭和疲劳导致事故，创新和活力才会成就故事。传统媒体没有终结，只要你比目击证人的口述和随手拍做得更好更专业。倘若不是这样，传统媒体就真的要终结了。

在当前的语境下，传统媒体与社会化媒体还是可以结合起来，渐进地寻求变革。譬如在电视方面产生了所谓的“双屏战略”——即对第二屏的开发与关注——这第二屏恰恰是社会化媒体的主要载体。但是不能忘记，新媒体也好，社会化媒体也好，其实都不是传统媒体的延伸。

（作者系暨南大学新闻与传播学院教授，北京大学管理学博士后）

传媒茶座

传媒茶座

朱学东　媒体的底色

林楚方　新闻业工资为什么这么低

丁补之　记者微博中的“单位与个人”

周志懿　报纸定位要与时俱进

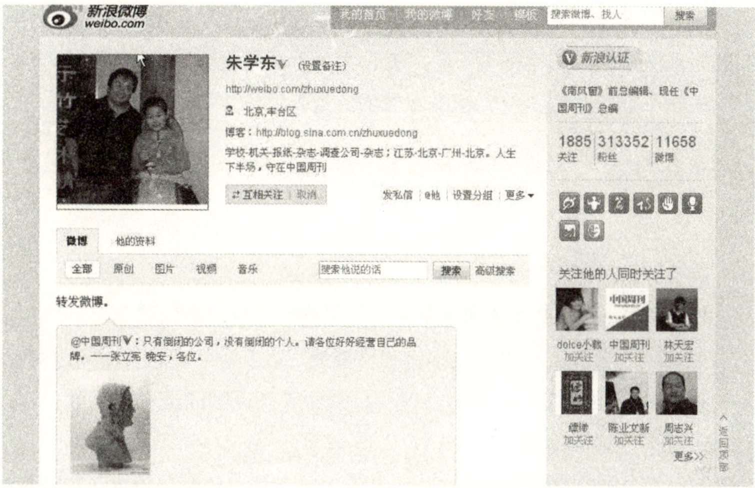

媒体的底色

□朱学东

朱学东

一

任何一个媒体都有自己的底色。

前些日子，新浪围脖上有帖子赞扬某大报今年以来一些言论有明显进步，不再是那么高高在上，空洞乏力，认为这种变化，让人看到了希望。

我以前也曾在文章中肯定过这样的变化。肯定的认识论基础在于个人认为，涉及社会领域的每一个细微进步，我们都要为之鼓与呼，这样才有可能在社会领域积聚力量并发酵。

但是，具体到某一些媒体，这种肯定并不表示我认为变化会让那些媒体脱胎换骨，具体媒体的个别的、偶然的令人耳目一新的变化，并不必然带来根本性的改变。

相形之下的另一些媒体，无论有无

大事，无论遭逢多大困厄，只要在，他们的报道，虽然也会因现实的压力而致轻重深浅有变，但基调不会大变，读者依然是可期的。

一正一反，变与不变，都与媒体的底色有关。，

二

何为媒体的底色？

底色即基本色，是媒体间定界区别的风格。不同的媒体，各有各的底色。

媒体的底色取决于媒体的宗旨和价值观，以及随之在较长时间内对自身价值观的坚持。这一坚持的过程，是媒体底色得到印证和传播的过程，意味着底色的最终确定。

媒体的底色，折射的是媒体从业者的尤其是核心从业者的立场和精神。志同道合者汇聚在同一媒体旗下，形成了这个媒体的底色。

在复杂的现实环境中，一个负责任的媒体，其价值判断应与时代潮流文明进步的相契合，尊重关怀基本的人性，而非其他。不作恶，起码应是所有被称为媒体的底色中的基本色，无论你是左中右，还是保守或激进，严肃或八卦。

媒体的底色，不是口号，也不是偶尔形成的。千万不要轻易相信一个媒体自我宣扬的宗旨和口号。我们看到了太多的媒体标榜自己为国为民，行的却是祸国殃民之实。

底色的形成，在于业者对价值观的坚守，是由一期期的报纸杂志节目，一篇篇一条条的报道，经滴水穿石之功累积而成的。几乎每篇每条报道每期报刊节目都坚守同一立场，日积月累，才会形成媒体的真正底色。

一旦鼎定，虽遇特殊情况，呈现的色彩也会有调和，但底色却再也难有大的变化。

常说危难彰本色，在关键时刻，在重大事件面前，媒体的表现，才真正显露真容。这本色，这真容，就是它的底色。

即如某些媒体，在动车事故之后的表现，其结果并没有超出我们的想象力，因为它们的底色，已经决定了他们的选择。

但另一些媒体则相反。

他们也时常遭遇人员流动之困，遭遇现实政治和商业的压力，媒体和业者也时常需要并会妥协，会隐忍，但他们绝不放纵，绝不模糊底色。

色清尘不染。他们选择了在困厄中坚持自己的底线，有可以不说的真

话，却不能容忍红口白牙地胡说。

支撑他们的，是从业者的职业荣誉、职业操守和专业技能以及他们的济世情怀或悲悯之心。

这是媒体底色与从业者的情怀操守交互辉映的结果。

底色清雅的媒体，自能找到趣味相投之人。而人久受此底色熏陶，耳濡目染，行为举止也渐渐趋同，即逢大变，断不会变得你不认识。

三

当下中国的媒体，基本都脱胎于体制。但在浩荡的时代大潮中，一些面向市场化的媒体，如同孙猴子，受天地精华孕育破石而出。

这天地精华，既有传统体制的优势，也有市场大潮的激荡，更有文明进步的浸染，它们身上所具有的现代性品质，已远远的超越了最初孕育的母体，形成了自己独特的底色，这个底色，契合了时代变化，契合了真正的主流文明和普世的价值。

虽然当下依然跳不出如来佛的掌心，依然带着紧箍咒，但它们的进步，与传统媒体相比，此去已十万里。一些传统媒体虽有进步，但却脱不了传统体制的底色，体制的底色不变，其媒体的底色也不会有变化。哪怕进步中是改进型 2.0 版，其基调依然是传统的。

在承认多元化和多样性的前提下，我们对于应该坚守什么样的底色，还是有明确立场的。

在复杂的现实环境中，一个负责任的媒体，其价值判断应与时代潮流文明进步的相契合，尊重关怀基本的人性，而非其他。

一个负责任的媒体，因为政治或商业情感的压力，会有妥协，会有难言之痛，但却不能玷污自身的底色，突破底线。

不作恶，起码应是所有被称为媒体的底色中的基本色，无论你是左中右，还是保守或激进，严肃或八卦。

（作者系中国周刊总编辑）

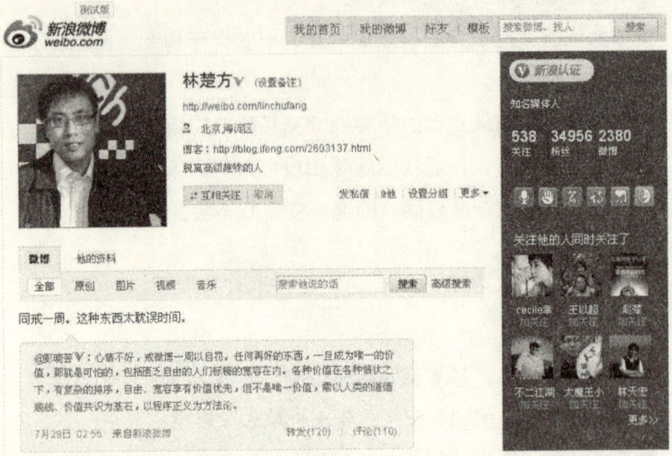

新闻业工资为什么这么低

□林楚方

林楚方

我曾发过一条微博说，新闻业薪酬太低了，十几年前南方周末记者的收入，也比现在大多数媒体主编高，而十多年物价涨多少？所以，我建议老总们，与其抱怨招不到高水平下属，不如把薪水提高一倍，还招不到就调高两倍，再招不到调高三倍，再招不到，清盘算了，你肯定有问题。这种说法禁不起推敲，只是表达一种情绪，但却触到同行敏感神经，引起共鸣——我很少听到不抱怨薪酬的同行。第二天有朋友跟我说，她所在某著名媒体公司，工资奇低，但一有招聘消息，简历就多到爆棚，不乏国外名牌大学毕业生来应聘。后来，我在此基础上又发了一条微博，但没有点名字，很快，不同媒体的人纷纷认领，“普遍认为”在说自己。那几天每遇朋友都会问，“你们那会给员工开高薪？”

但一个做销售的朋友很不以为然，我解释说，“做内容的工资太低，虽然刚入行时工资不低，但做几年下去，同龄人工资都翻几番了，编辑记者工资却总保持稳定。”“不对，这是因为媒体和其他行业不同，比如销售，入行越久客户资源越多，业绩越好，也可以说‘水平’越高，哪像做内容的，越做水平越差，低到一定程度，就只能当主编，还指望人家给你高薪？”她把我说笑了，“也对哈，连我也能当主编，这行当真不咋地。”

她的观点虽然极端，但有几分道理，在中国从事新闻业，很需要激情，而激情又只属于年轻人，上年纪激情自然少，激情少自然跑不动，跑不动自然没好稿，60后搞不过70后，70后正跟80后较劲呢，90后上来了，为了保持收入和地位，大家就只能从级别和“位子”上找出路，只能争当“职业主编”、“职业副主编”，好多曾经很优秀的记者，一经上位，业务能力就自由落体地般下降，只有两个能力在涨，一是把关，二是搞人，给这样的人高薪，天理不容。但也不是这么简单。如果薪水真是问题，其根源在于新闻媒体的定位，而不是一两个老总是否慷慨。

媒体人要想获得制度上的高薪酬，从根本上取决于所在媒体的市场化程度——既然你在市场中卖产品，就要按市场规玩游戏。

表面上，报纸和杂志都在市场上卖，和卖彩电卖服装有本质上的一致，但事实上，报纸杂志的生产和销售又常常脱节，生产车间和销售终端始终无法建立有效沟通。生产车间不能准确了解产品为什么好卖，为什么不好卖，只能以“同行怎么说”，“网上反响多大”，“有多少转载跟帖”，来描述自己的工作；销售终端则常以自己理解做销售：“我们是给中国XXXX人看的”，“我们XXXX”时间长了，生产车间里的人会看轻销售，“做自己的稿，让他们忽悠去吧”。你所在的媒体是不是这样？

销售信号没有有效反馈给生产人员，所以生产车间很难定义员工“好”还是“不好”，是不是你需要的，也无法给员工一个合适的“价格”，长此以往，工资激励信号在编辑团队往往失灵（只有计件工资还保持着）。而以“文人”为代表的编辑部，往往对自己能力高度自信，然后对工资奖金普遍抱怨，抱怨时间长了，氛围变了，各自为政了，看起来只有一个主编，事实上，很多媒体是由N个主编在管生产，这样的产品面目自然是模糊的，面目模糊的产品，自然卖不了好价钱，卖不了好价钱，自然没钱提薪，而卖了好价钱，销售部门又会抱怨，“我们把土豆卖出黄金价，还要给生产土豆的人高工资吗？”所以，会出现sales拿高薪和高佣金，内容生产者过着清贫的文青生活。

基于不同看法，会产生两种模式，一种是内容过得去，把销售和渠道做强，大家可以看到，机场、一线城市，有很多成功案例；一种是把产品做好，以好的产品去引领销售和渠道，有收益再投入制作环节，让优秀员工拿到有尊严的薪酬，再把产品搞得更好。如果是我的话，肯定选第二种。但坦率说，我也没有找到秘诀，我只能说看到一些问题，如果我有机会做一家公司，会努力解决好这些问题。

据我所知，相当多的媒体生产车间，不怎么讲究效率。这里说的效率不是指按期交稿，付印。我理解的效率是一个生产体系的良好运转，比如先清晰描述产品特质，将这种特质分解到每个版块和每个栏目，每个版块和栏目都有清晰而可操作的描述，员工能按这些描述生产内容，主编——产品控制者，能准确判断内容是否符合产品标准。这个时候，主编是要"独裁"的。我曾开个玩笑，即使白痴当主编，哪怕按"白痴标准"制作杂志，杂志的面目也是清晰的，说不定好多白痴会来买杂志。从概率上看，清晰的产品总要超过模糊的东西。所以，主编，哪怕是"白痴"主编，最重要的功能也是产品标准控制者。之后的工作才是奖惩，对"优胜者"以人为本，对平庸者予以提醒或淘汰。

基于此，媒体人要想获得制度上的高薪酬，从根本上取决于所在媒体的市场化程度——既然你在市场中卖产品，就要按市场规玩游戏。也可以说，未来，一个成功的媒体公司，最重要的工作就是解决生产车间与销售终端之间的沟通，谁能把两者有效整合一起，谁就能让自己的产品获得更好市场份额。也不要用美国的市场来套中国市场，基于上述分析，中国媒体市场表面上群雄并起，事实上依然高度不充分竞争，空间还有很多。

最后，我不得不提一个人，就是我以前的老板勘良先生，他在几年内把《Vista 看天下》打造成新闻时政杂志中的 NO.1，他最出色的工作之一，是将生产车间和销售终端有机统和，在这一机制的帮助下，《看天下》成为新闻杂志的标杆，在 10 块钱以上价格杂志中，稳居市场销售第一。这也是勘良先生对媒体业的贡献之一。我有幸参与了这个模式的建立，如果说我对市场的感觉还算灵敏，也是在这个模式中学到的。

（作者系知名媒体人）

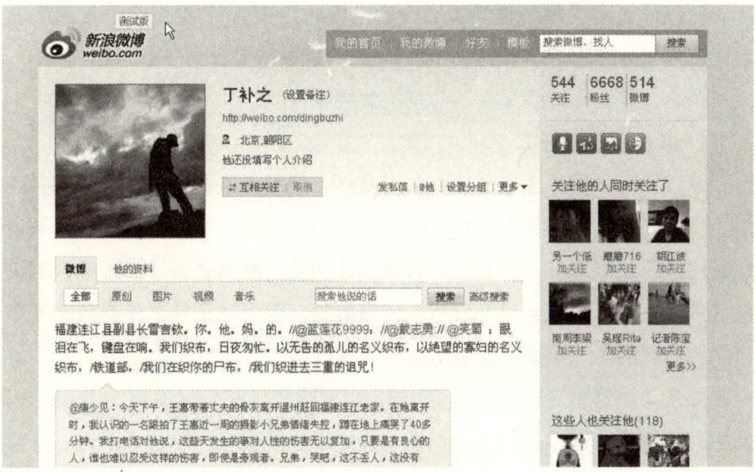

记者微博中的“单位与个人”

□丁补之

丁补之

关于微博认证、内容发布，目前已有很多讨论。现实中这也已是迫切的问题：很多媒体人在说明中会注明个人言论与供职单位无关，但发布的微博却或多或少会涉及供职单位和采编内容；部分人出于规避，认证信息含糊为“资深传媒人”“知名传媒人”或“著名记者”等，无涉所在媒体，但这并不能规避问题本身；还有一些已认证者，更是出于私人表达的方便已去掉V,或正走在“去V化”的路上。

要不要分开

很多人提到路透社出台的《网络报道守则》作为参考。该守则“建议”一节的要求之一是：“工作账号与私人账号分开。”

这条适合于内地媒体吗？在一次内部讨论中，21 世纪经济报道的左志坚认为“分开较好”，因为“分开之后，能解决大部分争议问题”。

那么，这种分开会是一种怎样的效果呢？

1. 形式上的分开

可以预见的是，工作微博将自得其然，但私人微博仍将受制于职务身份。在互联网上，职业行为和个人行为之间的界限已经越来越模糊，两者之间已经无法截然分开。假设，未经认证的私人微博转发了一条错误的信息，那么不可避免地会对任职机构带来影响，因为认证并非外界获知发布者职务信息的唯一渠道。目前这种例子在微博上比比皆是。

即使是路透社《网络报道守则》，也要求员工在个人使用 Twitter 时，向所有人解释：①你是路透的员工；②你表达的观点不能代表路透；③你不得发表任何有损路透声誉的言论。参照前两点，这种私人使用其实已近似于国内的认证微博了。

在互联网上，职业行为和个人行为之间的界限已经越来越模糊，两者之间已经无法截然分开。假设，未经认证的私人微博转发了一条错误的信息，那么不可避免地会对任职机构带来影响，因为认证并非外界获知发布者职务信息的唯一渠道。目前这种例子在微博上比比皆是。

也就是说，分开并未给私人表达带来便利；而即使不分开，所发布的内容是工作内容还是私人表达也较容易区别开来。那么，相对核心的问题已不在于分开与否。

2. 标准的缺失

这里主要有两点。一是认证标准本身的混乱。目前对微博使用者身份的认证主要由提供平台的互联网公司来完成，而这种认证尚未能建立起公信力——“郭美美事件”即为绝佳的例子。

二是国内尚没有媒体出台关于如何使用认证微博的明文规定，从业者各行其是。

3. 在博客时代不曾出现区分个人和单位的问题，微博客时代又何以成为问题？

是因为博客时代没有认证的问题吗？显然不是。目前这点引起关注，与信息发布的多少和频率相关。

在发布的信息越来越多、越来越快的情况下，媒体人的微博更多地涉及工作内容，比起博客时代，自媒体和工作媒体，同样作为信息发布的载体，两者之间的冲突愈发明显。

也就是说，分开并无必要。而争议并非来自公与私的区分，而是来自发布的内容本身。

发布内容的管理

一个大背景是，十多年来，新媒体一路攻城略地，从门户、博客一路到微博，但传统媒体仍只是处于被动应对、随机应对的状态。

在我有限的视野中，绝大部分媒体未对记者（无论认证还是非认证）发布工作微博进行限制，不少传统媒体还鼓励记者发布适当的采访内容以做品牌、营销的传播和推广。另外也有媒体进行统一出口的尝试，将采写的内容交由官方微博进行编辑后发布，但这种费时耗力的做法与新媒体本身的属性天然冲突。

那么如何对发布的内容进行管理？一些个人之见仅供参考。

1. 继续有效的新闻原则

只要稍作观察，我们就会发现，目前使用微博产生的非议，仍主要集中于信息的真实性、客观性和完整性等上面。而这些，在任何时候都是对媒体人最低的要求。

2. 关键、独家信息的使用

由于有 140 字的长度限制，微博客因而与传统媒体最后呈现的新闻产品会有天然的不同（附带链接发出全文由于显而易见的不合适而不在讨论之列）。但由于微博的即时发布客观上会造成信息的提前披露，而形成与最后产品的内在冲突，这种冲突还是媒体人本身，与其任职单位之间的冲突。

路透社的要求是，在微博上发布的新闻，必须保证是在其新闻线路中已发过的。对国内的传统纸媒来说，这点却并不一定适用，目前也没有采用的迹象。

但一般来说，这种发布为任职单位所允许或默许。这可能是因为，记者的认证微博中，对新闻碎片的传播，一定程度上也等同于所在媒体的传播；记者在场，也会被视同于所在媒体的在场。这种双赢的局面，双方乐见其成。

但是有一些特别的信息，比如对新闻有巨大影响的关键、独家的信息，经披露后势必泄露给竞争对手的内容，个人认为还是应该慎重对待，留以在刊发的新闻报道中使用。

3. 非工作内容的微博

在这点上，唯一需要遵循的，应是不给所供职媒体带来损害。

4. 事后及时补救

如同上文提及，微博所发布的信息越来越多、越来越快，在缺乏发布前“审核”的情况下，不可避免会有一些错漏，因而发布后的及时跟进也同样重要。

这种跟进应该包括路透所提及的“第二人核实”：尽管是事后，但这种检查是常规性的。

而在一旦出现错漏的情况下，供职媒体对外应启动及时的调查核实、澄清或道歉；对内则应有必要的追责。在必要的时候，以我曾任职的南方周末为例，在面临较大的新闻争议时，南方周末职业规范委员会会随之启动进行调查，并将结果以公告的形式发布，以负责任并正视听。

也就是说，对待微博的使用，还是要尽可能减少事前的限制。实质问题是，作为媒体人，我们为什么及如何使用新媒体？不过是在不影响本职报道、不损害任职单位声誉的情况下，更多获取、更广泛传播信息。

（作者系财经杂志主管编辑）

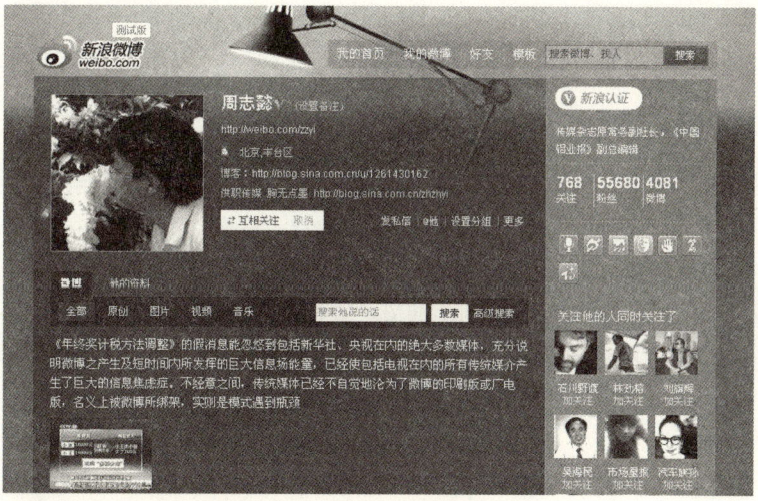

报纸定位要与时俱进

□周志懿

周志懿

关于报纸是否已经边缘化的争论早已不绝于耳，但不容置疑的是，在至今甚至今后相当长的一段时间内，报纸依然是中国社会存在的一种主要传播媒介，报业依然会是掌握雄厚文化资源的媒体集群。因此，关于还要不要办报纸的议论可以休矣，传媒界针对报业的眼光更多应该聚焦在如何办好的问题上。如何办好报纸？首当其冲的就是报纸定位问题。

内容要迎合社会发展大势

记录时代强音，反映时代潮流是报纸与生俱来的使命。但是纵观目前中国报纸的现状，不少报纸还是因循守旧，八股味十足。这样的后果必然是报纸因其无趣无味、读者流失而越来越无法承担自身责任。在新媒体环境下，报纸在内容定位上应充分迎合社会发展的大势，引领社会发展。那么当前我国社会大势是什么？笔者个人以为有三个方面：

一是发展。随着改革的深入，中国社会阶层进一步分化，城乡二元格局进入调整期，因而也可能是局部矛盾多发期。但无论中国还是世界，改革发展依然是当今主流。报纸可以高唱主旋律，但不能回避矛盾；监督权力，揭露矛盾，解决问题，推动发展，这是报纸的价值所在。

二是多元。社会“碎片化”趋势增加了传播的难度，信息消费多元复杂，最直接的结果是个性表达的主观意愿、传播渠道增加。这就要求报纸把握好文化多元与个性表达的关系，把握好主流声音与个性表达的关系。那种讲究形式上“一个鼻孔出气”的报纸内容，是完全不顾文化多元的现实，属于实打实的传播自慰，在效果上只会适得其反。

三是以人为本。报纸受不受欢迎，归根结底在于报纸是否能从读者的利益角度出发，用读者喜欢的语言和方式，报道他们的身边事。

那种讲究形式上“一个鼻孔出气”的报纸内容，是完全不顾文化多元的现实，属于实打实的传播自慰，在效果上只会适得其反。

发展要紧跟媒体行业潮流

报纸是一个相对特殊、既软又硬的行业。软是软在文化，硬是硬在技术。这些年中国报业无论是办报理念还是传播技术上都有了巨大的变化，取得了长足的进步。因此，解决报纸定位的问题，还必须适应传媒业发展的潮流。

生产传播数字化。数字化是媒体业的大趋势。当前大部分报纸，虽然仍然以纸的介质作为其主要存在，但其稿件的来源、生产，报纸的传版、印刷、发行均基本实现了数字化。新数字技术的利用最直接的效果是提高了效率，但新技术的利用绝不仅仅是提高效率那么简单。技术的利用最终会催生新的办报理念。目前流行的全媒体运作、媒体融合等理念均是报业数字化带来的新成果。

竞争品牌化。自2006年开始，中国报业普遍开始重视自身品牌宣传。在同等起跑线上的中国报业的竞争，已经是包涵视觉视别、理念识别、行为识别在内的品牌竞争。同城同质化的报纸，若不能在定位上树立自己独特的品牌特色，很难获得读者与广告商的认可和青睐。

服务平台化。跳出报纸办报纸，是目前大多数报纸已经形成的通行做法。报纸的定位固然是要做精品，但更大量的工作却还是线下的努力。将报纸定位成各方面与社会、与读者沟通服务的平台，才能够为报纸提供源源不断的发展资源和动力。

管理企业化。2010 年，新闻出版总署正式启动非时政类报刊的改革与报刊退出机制，以往非时政类报纸“事业单位、企业化管理”的模式将向完全的“企业化管理”转变。报社在管理定位上应能顺应潮流，一方面坚守新闻专业主义，一方面运用现代企业的管理模式。

办报要紧跟受众信息消费习惯

近十年以来，随着媒体形态的多样化与数量的极大丰富，人们对媒体的可选择率大大增加，报纸的处境更加艰难。所谓“知已知彼，百战不殆”，市场如战场，报纸要与时俱进，自然要充分研究并顺应目标群体信息消费习惯的变化。

读者口味的变化。在信息爆炸的时代，年轻读者群体更多愿意浅阅读；更多愿意读那些独家的、反映读者所在群体生态的内容；更多愿意消费那些生动的、故事化的而非八股式写法的内容。不难发现，那些始终拥有大量读者的报纸，要不就是以深度、独家见长，要不就是专业、有用见长。

阅读终端的变化。随着电子阅读器及平板电脑的普及，报纸的生产者必然会怅然若失：辛苦生产的报纸发行量下降，而移动终端却大行其道。其实大可不必。报纸与电子纸卖的均是内容而不是载体，只要是付费的买卖，内容在哪都是消费。所不同的只是报纸的发行理念必须由传统发行向数字发行的转变。

在移动终端可能部分取代甚至最终完全取代纸介质的形势下，报纸生产的定位不是回避这点，而是要主动适应电子移动终端海量、浅阅读的特点，生产出与之相匹配的内容。另一方面，电子媒介的产生为读者的个性表达提供了条件，现在的报纸还可充分利用这一便利条件，让广大读者参与到报纸内容的生产当中来，请读者提意见，出点子，甚至亲自写稿，如此，报纸的定位才能真正做到与时俱进，时刻与读者的需求相一致。

（作者系中国铝业报执行总编辑）

红包上的记者尊严

缘起

7月16日，@某小微的华尔兹发表微博，称《第一财经周刊》“编者的话”栏目刊登总编伊险峰的文章《让我们的记者更有尊严 》，披露该刊一位记者收500元红包后未按规定处理，被“主动辞职”。文章一经公布，引起了广泛注意，有争议有思考。摘编之，以飨读者。

众议

@原创歌曲征集：行业都有自己的规则，用不着这样公布出来吧，记者哪个没拿过红包的，只是形式不一样而已！

@AUTOV-汽车杂志陈嘉锋：作为汽车媒体的工作者，收红包确实在国内存在。我跟新加坡的亲戚提起我做汽车媒体，也都收红包，他来一句：这是受贿。我无言以对。确实，我难以用言语表达国内的这一普遍现象。

@调查记者1学徒：记者、编辑的工作强度大，经常出差、深夜赶稿。如果用人单位能够在待遇和福利上给员工一个合理的水平，加上严格的管理制度，那么谁还会去拿那500元的红包?

@吕明合：多数媒体高层尸位素餐、寻租成为常态，与一线记者收入出现巨大鸿沟。用开除了之、再讨论“让记者更有尊严”真好。你好我好大家好。

@汽车之友彤华：国外的媒体可都没有所谓的辛苦费呀。照样可以做新闻！

@狼君331：一些没做过记者的人，根本不知道记者的艰辛。记者的收入本来就微薄，而这个工作比99%的行业成本都高。一天采访下来，跑N个地方去参加活动，预约采访。如果把工作成本算上，记者的收入真不如民工。去采访收到几百块车马费补贴，这也算个事？

@大锣锵锵：《第一财经周刊》自揭短，维护了杂志社的名声，整肃记者队伍纯洁，却触动了一些记者的神经。

@活力的春风又生：弄不明白，记者采访，是为完成自己的工作任务，作为被采访人帮助记者完成了工作，记者应给受访者钱才对，怎么搞反了？

@想做薛定谔的猫：虽然我们特稿记者没车马费可拿，但看到此文仍觉物伤其类。这记者已为错误付出丢工作代价，《第一财经周刊》还把事情公开（是哪个记者上周辞职业内一问便知），过了。有种你说杂志社高层从不拿钱，那才体现贵刊气节。

@sologod：呵呵，整天以曝光别人丑陋行径的记者，面对自己的丑陋行径被曝光，竟然都大喊不公！

@鲁承诚：这记者是没平衡好个人利益与组织利益的关系，直接逼人买广告再找报社拿提成，总编才高兴……将个人利益凌驾于集体利益之上，不符合社会主义精神。

@海峡瞭望：记者就不能被曝光吗？

@salome2012：感觉一财在拿这做广告，而丝毫不考虑那被辞记者以后的生计。

@blackpepper：这位记者为什么要拿红包呢？为什么记者的尊严就是不拿红包而不是写好报道呢，这是谁发明的逻辑？

@胡不器：禁止拿红包本身没错，但是拿当事记者的尊严当祭祀品这不合适。记者这个职业被工作本身剥夺尊严的事情太多太多……其他媒体不了解，但平面媒体再这样廉价的对待自己的记者，只会让更多的同行梦想破碎后逃离，文字贬值、行业可危。

@林珊珊N号：以前敬重一财的操守。但在媒体困境与恶劣环境中，拿这

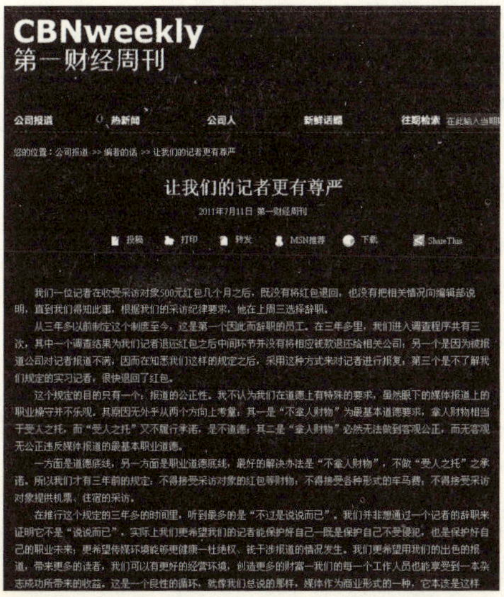
CBNweekly
第一财经周刊

公司报道　热新闻　公司人　新鲜话题　往期检索

您的位置：公司报道 >> 编者的话 >> 让我们的记者更有尊严

让我们的记者更有尊严

2011年7月11日 第一财经周刊

投稿　打印　转发　MSN推荐　下载　ShareThis

我们一位记者在收受采访对象500元红包几个月之后，既没有将红包退回，也没有把相关情况向编辑部说明，直到我们得知此事，根据我们的采访纪律要求，他在上周三选择辞职。

从三年多以前制定这个制度至今，这是第一个因此而辞职的员工。在三年多里，我们进入调查程序共有三次，其中一个调查结果为我们记者退还红包之后中间环节并没有将相应钱款退还给相关公司；另一个是因为被报道公司对记者报道不满，因而在知悉我们这样的规定之后，采用这种方式来对记者进行报复；第三个是不了解我们规定的实习记者，很快退回了红包。

这个规定的目的只有一个：报道的公正性。我不认为我们在道德上有特殊的要求，虽然眼下的媒体报道上的职业操守并不乐观。其原因无外乎从两个方向上考量：其一是“不拿人财物”为最基本道德要求，拿人财物相当于受人之托，而“受人之托”又不履行承诺，是不道德；其二是“拿人财物”必然无法做到客观公正，而无客观无公正违反媒体报道的最基本职业道德。

一方面是道德底线，另一方面是职业道德底线，最好的解决办法是“不拿人财物”，不做“受人之托”之承诺。所以我们才有三年前的规定：不得接受采访对象的红包等财物；不得接受各种形式的车马费；不得接受采访对象提供机票、住宿的采访。

在推行这个规定的三年多的时间里，听到最多的是“不过是说说而已”。我们并非想通过一个记者的辞职来证明它不是“说说而已”。实际上我们更希望我们的记者能保护好自己—既是保护自己不受侵犯，也是保护好自己的职业未来；更希望传媒环境能够更健康—杜绝权、钱干涉报道的情况发生。我们更希望用我们的出色的报道，带来更多的读者，我们可以有更好的经营环境，创造更多的财富—我们的每一个工作人员也能享受到一本杂志成功所带来的收益。这是一个良性的循环，就像我们总说的那样，媒体作为商业形式的一种，它本该是这样

样的人制作标本以代受群体罪过，并为自己的严厉洋洋自得，从而标榜道德崇高，只让我觉得矫情。

@汤维维：媒体的困境在于，再不这么做就通篇软文了。

@夏青_Jimmy：对于一个加班没加班费，没有稿费，又不给倒休，又要熬夜第二天出稿大苦逼网媒编辑来说，这都是辛苦钱！从来我这就极力反对上交。

@综艺－神马才是好片名：利用小记者的小心酸，区区500元，给自己贴上这么厚的金粉，这个广告创意真不错！一财的领导很擅长经营嘛，很有经济头脑嘛！有木有？

@我是刘有才：为伊险峰叫好，这样的媒体人是让人敬佩的。

@李蝴蝶：我怀疑高层的高尚与尊严，不过是牺牲了基层劳动者的生存。

@solegod：收红包就对了是吧？有脸了是吧？曝光怎么了？你们不是最爱曝光别人吗？满嘴仁义道德，自己却又做不到！恶心不？

@魏寒枫：此事要两面看。一财周刊如此做，从新闻独立角度，并无问题，且应褒扬。但考虑到中国媒体无论国有和私营，大多数在对员工进行着无论报道自由还是经济收益方面的残酷剥削，故一财同时尤其需注意将员工搏命所获之巨额利润，合理用于提升员工待遇，而非完全如鸬鸟般交回其东家。

一家之言

“记者为什么要拿红包？”体制原因、商业利益、东方文化、行业转型、个人素质以及职业道德等等，可以找到许多原因，这些因素都在相互影响，不是相互制衡，而在相互勾结。不过，让我感到最直接而深远的原因是：记者的生存状况问题。

我只是想说，拿出体制或发展中的瓶颈去辩解记者的生存状况无法解决，是极为错误的。正因为体制在转型，整体社会才需要保护记者的合法权利和相对宽松的工作和生活环境。在老板与记者相互尊重，沟通的前提下，如何解决工资、社会保险、户口等待遇问题，是个起点。其次是记者如何从独立、客观、批判性的角度写好报道，做好自己的工作。在这个过程中，“拿红包”也好，“有偿新闻”也好，“记者腐败”也好，将自然而然地消失。

——加藤嘉一:《记者为什么拿红包？》，发表于FT中文网“第三眼”专栏

知其黑，守其白

□本刊编辑部

当王功权私奔归来，你还相信爱情吗？当“雷击”使动车追尾，你终于信了“奇迹”吧？

在五味杂陈的时代新酿中，品到什么味道，取决于你我心曲。文字是记者心中无声的歌。只有真正做自己，笔下才能酿出沁人心脾的好曲。娱乐至死的时代，认真的人是痛苦的。认真的傅剑锋遇到严肃的民工生存状态，他注定无法轻松。

王功权是个立体而多面的人，写出他的复杂，是薛芳的追求；回归于人性，是姜英爽的初衷。也许杨瑞春说得对：要理解一位行为艺术家那颗表演的心。然而，艺术家的放纵与坚守是否如硬币的两面得统一来看？

成功只留给坚持不懈做准备的人，也留给了陈承。没有见缝插针般的采访，他找不到关键的证人。这句话也可以送给陈中小路，感谢她让我们知道没有化妆没有盯梢没有围殴，也能揭露这个时代深刻的病灶之一。相形之下，柴会群是“苛刻”的。他的采访手记其实是个很好的实战指南。

动车降速，大连溃坝，新闻一波未平一波又起，记者总是行色匆匆，不是在路上，就是准备上路；抑或不是走在通往主编的路上，就是正主编着。比如林楚方，南瓜泡沫出来的牛人，他的创业记录，将点滴记录在《南方传媒研究》上，希望想像林楚方一样成功或者想去他那蹭高工资的都不要错过。尽管这期的稿子里他也没承诺开出多高的工资，但至少暗示了，做好了就给高工资。这貌似叫期权激励。

如果说林楚方是由新闻民工成了高管、老板，那么，邓飞的“免费午餐”、孙春龙的“老兵回家”，则打开了传媒人士职业空间尘封已久的一道门。邓飞们的“拓荒”之举，无疑具有划时代的意义。

当然，任何圈子也许都可能是圈套，任何场合都只是名利场。不过，做“公益报道”，大公益也好，小公益也罢，一个人的不幸能得到帮忙和救助，都是善与美，都值得庆幸与感恩。至于作恶和行善、沽名钓誉和清正廉洁，我们只能且行且观。连郭美美都要进娱乐圈了，连记者都快赶上娱乐明星了，你还相信绯闻吗？

这真是一个喜感十足的时代。私奔归来，当王功权都知道对老婆没有资格谈爱了，可他老婆并没有离开他，那么，还是相信爱情吧。